财产保护与不动产登记

白楷卿 著

群言出版社
QUNYAN PRESS
·北京·

图书在版编目（CIP）数据

财产保护与不动产登记 / 白楷卿著. -- 北京：群言出版社，2024. 12. -- ISBN 978-7-5193-1027-1

Ⅰ. D923.24

中国国家版本馆 CIP 数据核字第 2024FC6490 号

责任编辑：李　群　张　程
封面设计：李士勇

出版发行：群言出版社
地　　址：北京市东城区东厂胡同北巷1号（100006）
网　　址：www.qypublish.com（官网书城）
电子信箱：qunyancbs@126.com
联系电话：010-65267783　65263836
法律顾问：北京法政安邦律师事务所
经　　销：全国新华书店

印　　刷：北京九天万卷文化科技有限公司
版　　次：2024年12月第1版
印　　次：2024年12月第1次印刷
开　　本：710mm×1000mm　1/16
印　　张：24.75
字　　数：304千字
书　　号：ISBN 978-7-5193-1027-1
定　　价：98.00元

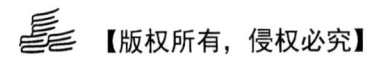

【版权所有，侵权必究】

如有印装质量问题，请与本社发行部联系调换，电话：010-65263836

自　序

不动产登记是通过行政确认的程序对企业和群众合法财产权的保护，是物权公示的核心内容。同时，不动产登记也与老百姓的日常生活息息相关。如今，不动产已经成为家庭的重要资产，我们平时常说的去房管局办理房产证、过户，就是不动产登记的一部分。

2023年是国家建立不动产统一登记制度十周年，也是笔者从事不动产登记工作的第十个年头。十年来，不动产统一登记实现了登记机构、登记人员、登记簿和登记依据的整合，不动产登记从理论到实践都得到了快速发展。

随着《中华人民共和国民法典》《不动产登记暂行条例》等法律、行政法规的颁布实施，以及国家从优化营商环境、便民利企出发，对不动产登记工作提出了包括缩短办理时间、跨省通办、全流程网办等全方位、多维度的新要求，新形势下，不动产登记工作既要做到合法合规，又要做到高效便民，对登记机构是个挑战。

近年来，笔者从事登记业务受理、审核等多个岗位，有幸参与和见证了不动产登记工作的十年发展。在多年的工作中，笔者对不动产登记有所思考，归纳成了若干篇文章。这些文章有的是理论分析，有的是实务研究，均为笔者所原创。笔者一直都想将自己这些年来对专业的思考结集成书，呈现给读者。如果过于专业，可能局限于少数业内人士；过于大众化，又容易沦为泛泛而谈。在这两种思路的驱使下，笔者打算将本书做成专业化与大众化的结合，理论联系实务，兼顾专业性和实用性，读者可从不同角度参考借鉴，市民大众日常生活中遇到办证方面的问题也可参考。

不动产登记是一项专业性较强的工作，具有较强的法律性和政策性特点，从业者要熟悉《民法典》《民事诉讼法》《土地管理法》《规划法》《森林法》《海洋法》《农村土地承包法》《行政法》等法律法规，以及相关实施条例、司法解释，还要熟练地掌握地籍调查规程、不动产登记规程等标准以及行业主管部门下发的有关文件等。笔者在写作过程中力求参考和引用最新的法律法规、规章规程。本书分为三部分，分别是理论篇、不动产登记实务篇和"互联网＋不动产登记"篇。理论篇收录的文章侧重于对不动产登记的法律性质、地位及作用以及不动产登记与不动产权利的关系等展开讨论；不动产登记实务篇重点对不动产登记中各类不动产权利的首次登记、变更登记、转移登记、注销登记，以及更正登记、异议登记、预告登记和查封登记中的典型疑难问题以专题的形式进行探析。笔者将实务中较难处理的重点业务拿出来探析、研究，有些则是在日常工作中经常遇到的业务咨询，而不是面面俱到；"互联网＋不动产登记"篇是在不动产登记面临信息化、智能化等大趋势下，将不动产登记与互联网、大数据、人工智能等充分融合，就此开展相对前沿的研究。

希望本书能对从事不动产登记工作的同人有所帮助，同时亦希望广大读者能通过阅读本书后有所收获。不足之处，欢迎读者批评指正。

肖楷卿

2024 年 8 月

目 录

引论
你身边的不动产登记   1

第一部分
理论篇   25

什么是不动产登记？   27

不动产登记中的登记设立与登记对抗原则   38

不动产登记的三个核心基础：地籍调查、不动产单元和不动产登记簿   45

不动产权利登记与其他登记之间的相互影响关系   52

比较自然资源登记与不动产登记   60

土地承包经营权与土地经营权解析   73

第二部分
实务篇   83

不动产登记申请的疑难问题解析   85

住宅小区车库车位究竟应登记给谁   99

不动产抵押权登记疑难问题解析   110

不动产转移登记疑难问题解析   131

如何审慎审查建设用地使用权转移登记？	137
如何办理"带押过户"？	142
不动产变更登记疑难问题解析	148
如何办理协商收回出让的建设用地的注销登记？	154
如何登记居住权？	157
地役权登记的疑难问题解析	168
不动产更正登记的疑难问题解析	172
不动产异议登记的疑难问题解析	177
不动产预告登记的疑难问题解析	181
不动产查封登记的疑难问题解析	186
哪些不动产登记机构事项需要依职权登记？	192
浅谈不动产名义权利人、实际权利人以及隐性共有人	198
直系亲属之间应该以什么方式将房产转让给对方？	203
继承的房产应该如何办理过户？	207
夫妻之间房产加名、减名如何办理？	216
离婚后如何办理共有房地产分割办证？	228
深圳原农村集体土地国有化后入市路径：回顾与展望	231
土地二级市场预告登记转让制度构建——基于深圳的现实需求	242
深汕特别合作区对"飞地经济"模式下不动产登记的探索与实践	254
"双拼房"如何办理"两证合一"？	261

第三部分
"互联网 + 不动产登记"篇   265

未来的不动产登记	267
不动产登记数据统计体系构建	275

不动产登记数据的深度应用　　　　　　　　　　　　　289
不动产登记数据监管分析系统的建设和应用　　　　　297
"不动产登记 + 金融"的深度融合——以深圳市为例　315
不动产交易登记数据管理及其资产化研究——以深圳市为例　322
如何防范"互联网 +"背景下的登记风险？　　　　　338
不动产登记数字化转型的主要内容与实现路径　　　　349

参考文献　　　　　　　　　　　　　　　　　　　　364

附录
《不动产登记规程》的亮点、创新与探讨　　　　　372

引 论
你身边的不动产登记

不动产登记与人民生活息息相关。每个人的一生几乎都要与不动产登记"打交道",在不同场景申办不同的登记。例如,买卖房产时需要办转移登记,抵押房产时需要办抵押权登记,预售商品房或办房产证之前需要办预告登记……

为了使合法财产得到更好的保护,人们需要了解一些不动产登记方面的专业知识。鉴于不动产登记的官方流程和申请材料纷繁复杂,非专业人士可能看得眼花缭乱,无所适从。本部分就日常生产生活中经常遇到的几种常见的不动产登记类型以及与之相关的上下游流程,力求以通俗易懂的文字做简要介绍,具体流程和申请材料的规定各地可能会有所不同,具体办事时请以当地规定为准。

一、个人购房人在城市登记

场景一:个人全款从开发商处购买一手商品房的申办登记

购房人全款从开发商购买一手商品房,房屋用途是住宅,房产所在地如果有住房限购政策,需要先前往房管部门办事窗口或者网上申请购房资

财产保护与不动产登记

格审核，再与开发商签订新建商品房买卖合同。开发商已办证的，签订买卖合同后直接进入登记申请，进入一窗受理环节，同时申请核税、缴税及合同网签，提交一套材料，一表申请。开发商营业执照能通过信息共享直接获取的无须提交。需要与开发商共同申请办理一手房转移登记，登记机构通过审核、缴费交税后，即可领取属于你的不动产权证书。

对于预售项目而言，房屋用途是住宅，房产所在地如果有住房限购政策，需要先到房管部门办事窗口或者官方网站申请购房资格审核，然后签订预售商品房买卖合同，同时将预售商品房买卖合同报房管部门备案。房屋尚无通过竣工验收，开发商尚未办证的，待房屋符合首次登记条件并办完首次登记后再按上述流程与开发商共同申请办理一手房转移登记。登记机构受理查验申请人提交的申请材料，可通过共享信息核查的，应核查无误后正式受理。通过登记机构缴纳税、费后就可以领取不动产权证书。

场景二：个人贷款从开发商购买一手商品房申办登记

如果是贷款从开发商处购买一手商品房，房屋用途是住宅，房产所在地如果有住房限购政策，购房人需要先到房管部门办事窗口或者官方网站申请购房资格审核，再与开发商签订新建商品房买卖合同，然后购房人需要前往银行申请贷款、进行面签，银行批准贷款后，购房人需要与银行签订贷款合同和抵押合同。购房人需要与开发商、银行一并提交转移登记和抵押登记的一套材料，一表申请，申请核税、缴税及合同网签备案材料也与申请材料一并提交。登记机构受理查验申请人提交的申请材料，可通过共享信息核查的，登记机构核查无误后正式受理。登记机构受理后，购房人需要等待缴费领证。登记机构通过审核，购房人缴纳税、费后就可以领取到属于自己的不动产权证书，银行（抵押权人）领取抵押不动产登记证明。

预售项目，房屋用途是住宅，房产所在地如果有住房限购政策，购房人需要先到房管部门办事窗口或者网上申请购房资格审核，然后签订预售商品房买卖合同，同时将预售商品房买卖合同报房管部门备案。购房人同时需要向银行申请贷款，贷款获批后与银行签订贷款合同和抵押合同。购房人需要一并申请办理预购商品房预告登记和预购商品房抵押预告登记。房屋尚无通过竣工验收，开发商尚未办证的，待房屋符合首次登记条件时需一并申请办理预购商品房预告登记转房屋所有权登记与预购商品房抵押预告登记转抵押权登记。登记机构受理查验申请人提交的申请材料，将通过共享信息核查，核查无误后正式受理。登记机构通过审核，购房人缴纳税、费后就可以领取到属于自己的不动产权证书，银行领取抵押不动产登记证明。

场景三：个人全款自行成交买卖二手房申办登记

全款自行成交买卖二手房，房屋用途是住宅，房产所在地如果有住房限购政策，购房人需要先到房管部门办事窗口或者网上申请购房资格审核，买卖双方自行签订商品房买卖合同，签订买卖合同后直接进入登记申请，进入一窗受理环节。买卖双方共同申请，提交买卖双方身份证明、买卖合同、卖方不动产权证书等材料，申请核税、缴税及合同网签资料也与申请材料一并提交。登记机构受理查验申请人提交的申请材料，将通过共享信息核查，核查无误后正式受理。登记机构通过审核后，缴纳税、费后就可以领取到属于自己的不动产权证书。

场景四：个人贷款通过中介机构买卖二手房申办登记

购房人的贷款通过中介买卖二手房，需要卖房人与中介签订房屋出售

财产保护与不动产登记

委托协议，购房人与中介签订房屋购买委托协议，然后由买卖双方与中介签订三方居间服务合同。房产所在地如果有住房限购政策，房屋用途是住宅，购房人需要先到房管部门办事窗口或者网上申请购房资格审核，再通过中介机构签订买卖合同。买方如果需要贷款买房，需到银行申请贷款，进入面签环节，银行批准贷款后，买方与银行签订贷款合同和抵押合同。买卖双方、银行一并提交转移登记和抵押登记的一套材料，一表申请，申请核税、缴税及合同网签备案资料也与申请材料一并提交。登记机构受理查验申请人提交的申请材料，将通过共享信息核查，核查无误后正式受理。购房人需要在受理后等待缴费领证，登记机构通过审核后，由申请人缴纳税、费，购房人领取新的不动产权证书，贷款银行领取抵押登记证明。

场景五：个人保障性住房上市交易申办登记

如果购房人要买的保障性住房满足上市交易条件，买卖双方达成交易意向，房屋用途是住宅，房产所在地如果有住房限购政策，购房人需要先到房管部门办事窗口或者网上申请购房资格审核，卖方到住房保障部门办理手续后再与买方自行签订买卖合同，签订买卖合同后直接进入登记申请，进入一窗受理环节。买卖双方共同申请，提交双方身份证明、买卖合同、卖方不动产权证书。另外，申请核税、缴税及合同网签资料也与申请材料一并提交。登记机构受理查验申请人提交的申请材料，将通过共享信息核查，核查无误后正式受理。登记机构受理后，需要等待缴费领证，通过审核后，由申请人缴纳税、费，购房人就可以领取到属于自己的不动产权证书。

场景六：个人未经公证办理房屋继承登记

如果购房人需要继承房屋，未提交经公证的材料或者生效的法律文书的，需要按规定提交材料办理继承过户，并且此时需要办理转移登记。

作为继承人，申请继承登记需要提供全部继承人的身份证、户口簿或其他身份证明、亲属关系证明、被继承人死亡证明等材料，公安机关无法出具亲属关系证明的也可由村委会、居委会、被继承人或继承人单位出具能够证明相关亲属关系的证明材料，或者自行承诺。遗嘱继承的，需要提供遗嘱人生前所立的最后一份有效遗嘱，若最后一份遗嘱部分改变了之前遗嘱的内容，需要全部提供材料；被继承人生前如有签订遗赠扶养协议，需提供有效的遗赠扶养协议，受遗赠人超过法定期限未做接受遗赠表示的被视为放弃接受遗赠；被继承人或遗赠人生前与配偶有夫妻财产约定的，提交书面约定协议；法定继承且同一顺序继承人有多人的，继承人之间需就各自继承的遗产份额达成协议。放弃继承的应在不动产登记机构办公场所，在不动产登记机构人员的见证下，签署放弃继承权声明。

继承登记申请需要有继承权的人全部到场，有继承权的人需要接受登记机构的询问和查验，并在登记机构的见证下签署相关文件。继承人在材料备齐后向登记机构申请登记，登记机构查验后将继承登记事项在登记机构门户网站进行公示。公示结束无异议，进入一窗受理环节。登记机构受理查验申请人提交的申请材料，可通过共享信息核查的，应核查无误后正式受理。经登记机构审核后登簿制证，将不动产自然状况、权属状况等记载于登记簿，并打印不动产权证书，继承人缴费后凭受理回执领取新的不动产权证书。

场景七：个人持公证书办理房屋继承登记

如果想继承房屋，又办理了继承权公证，可以持公证材料办继承过户，这时需要办理的同样是转移登记。

继承人需要备齐材料先去公证处申请办理继承权公证，取得继承权公证书（放弃继承权的还要有放弃继承权公证书）后到不动产登记窗口提交登记申请材料，包括继承人身份证明、继承权公证书、被继承人的不动产权证书等材料，向不动产登记机构提出继承登记申请，进入一窗受理环节。登记机构受理查验申请人提交的申请材料，可通过共享信息核查的，应当在核查无误后正式受理。经登记机构审核后登簿制证，将不动产的自然状况、权属状况等记载于登记簿，并打印不动产权证书，继承人缴费后凭受理回执领取新的不动产权证书。

场景八：个人持法院生效法律文书办理房屋过户登记

如通过法院判决、裁定、调解等方式取得房屋所有权，可以持法院给出具的生效法律文书单方申请办理房屋过户，这时需要办理的是依生效法律文书转移登记，生效法律文书可以是改变原有物权关系的判决书、裁决书、调解书，以及人民法院在执行程序中做出的拍卖成交裁定书、变卖成交裁定书和以物抵债裁定书。

通过诉讼取得法院房屋产权归属的判决书、裁定书、调解书等生效法律文书，可以备齐身份证、不动产权证书、法院生效法律文书等材料向不动产登记机构申请登记，同时申请核税、缴税，一套材料，一表申请。登记机构受理查验申请人提交的申请材料，可通过共享信息核查的，应核查无误后正式受理。经登记机构审核、税务部门核税后登簿制证，将不动产自然状况、权属状况等记载于登记簿，并打印不动产权证书，申请人缴费后凭受理回执领取新的不动产权证书。

场景九：个人因姓名、身份证件类型及身份证件号码变更办理登记

若个人姓名、证件类型和身份证件号码发生变更，需要将不动产权证书上的姓名、身份证件类型和身份证件号码改成现在的，你需要办的是变更登记。

如果权利人原为中国内地居民，不动产权证书上记载的权利人姓名和身份证件类型、证件号码为中国内地身份，而当前已成为中国香港、中国澳门、台湾地区居民，或外国国籍，想将不动产权证书上记载的姓名、证件类型、证件号码变更为当前姓名、身份证件类型和证件号码的，需要前往相关部门办理变更登记。

个人的姓名、身份证件类型或者身份证号码发生变化，取得相应证件后向不动产登记机构提出不动产变更登记申请。属于中国内地居民因姓名或身份证件类型变更申请不动产变更登记的，需提交能够证明其身份变更的材料，身份证号码变更的由申请人户籍所在地公安机关出具两个身份证号码为同一人的证明；属于原为中国内地居民转为中国香港、中国澳门居民的，需要我国司法部委托的"中国委托公证人（香港）"出具的两个姓名为同一人的公证书，并经中国法律服务（香港）有限公司加章转递；属于原为中国内地居民转为中国澳门居民的，需要我国司法部委托的"中国委托公证人（澳门）"出具的两个姓名为同一人的公证书，并经中国法律服务（澳门）有限公司加章转递，也可由中国法律服务（澳门）有限公司直接办理；属于中国公民取得外国国籍的，可持所在国护照及原户籍所在地的中国公安机关出具的证明办理，外文文本应翻译成中文。

财产保护与不动产登记

申请人应持新身份证件、变更证明、不动产权证书等材料向不动产登记机构申请变更登记。登记机构受理查验申请人提交的申请材料，可通过共享信息核查的，应核查无误后正式受理。经登记机构审核后登簿制证，将不动产自然状况、权属状况等记载于登记簿，并打印新的不动产权证书，申请人缴费后凭受理回执领取新的不动产权证书。

场景十：夫妻之间在产权证上相互加名或减名办理登记

若权利人想在配偶房产证上添加或去掉个人名字，这时需要办理的是转移登记或变更登记。

夫妻之间在产权证上相互加名或减名，需要夫妻双方共同提交申请。需要的申请材料包括夫妻双方的身份证明、结婚证、房屋归属约定或夫妻财产变更协议、不动产权证书。婚前一方的房产添加配偶名字的，按转移登记申请；婚后购买的房产添加或去掉配偶名字的，按变更登记申请。涉及税费的，同时申请核税、缴税，一套材料，一表申请。免税的由税务机关出具免税证明。登记机构受理查验申请人提交的申请材料，可通过共享信息核查的，应核查无误后正式受理。经登记机构审核后登簿制证，将不动产自然状况、权属状况等记载于登记簿，并打印新的不动产权证书，申请人缴费后凭受理回执领取新的不动产权证书。

场景十一：个人因离婚财产分割办理房屋过户登记

如果权利人与配偶离婚，涉及夫妻共同财产（房产）的分割，需要办理转移登记。

如果是协议离婚，需要提供夫妻双方身份证明、离婚证、离婚协议、关于共有财产分割的约定或者协议、不动产权证书等材料。双方共同向不动产登记机构申请过户登记，涉及税费的，同时申请核税、缴税，一套材料，一表申请。免税的由税务机关出具免税证明。

如果是调解离婚，当事人在调解书上签字调解书生效，无签字的由做出调解书的机关（机构）出具证明书，证明调解书已生效并注明生效日期。调解后双方可以就离婚另行起诉。办理过户需要双方共同到不动产登记机构申请，申请材料有：不动产登记申请表、不动产权证书、申请人身份证明材料、民事调解书（无签字的需调解书生效证明）等材料，免税的由税务机关出具免税证明。

如果是通过法院判决离婚，人民法院仅作出判决书未就此予以裁定并作出协助执行通知书的，双方仍需共同申请，申请材料有：不动产登记申请表、不动产权证书、申请人身份证明材料、民事判决书、税务机关出具的免税证明。人民法院同时就判决作出裁定书、协助执行通知书的，按依生效法律文件办理登记，可由当事人（受让方）一方申请登记。当事人在香港特别行政区、澳门特别行政区、台湾地区判决离婚的，用于房地产登记的离婚判决书等司法文书应经境内房地产所在地中级人民法院裁定予以承认或执行；当事人在国外离婚的，相关司法文书应经境内不动产所在地中级人民法院按国际司法协助的方式裁定予以承认或执行。

登记机构受理查验申请人提交的申请材料，可通过共享信息核查的，应核查无误后正式受理。经登记机构审核后登簿制证，将不动产自然状况、权属状况等记载于登记簿，并打印新的不动产权证书，申请人缴费后凭受理回执领取新的不动产权证书。

场景十二：个人将房屋赠与或买卖给直系亲属申办登记

权利人如需将个人名下的房产过户到自己的直系亲属（父母或者子

女），可以通过赠与或转让的方式实现，权利人需要办理转移登记。

通过赠与的方式过户给直系亲属的，需要就赠与房产签订赠与合同，合同是否公证由当事人自行决定。双方当事人应提交赠与人和受赠人的身份证明、赠与合同、不动产权证书等材料，涉及税费的，同时申请核税、缴税，一套材料，一表申请。

通过买卖的方式过户给直系亲属的，需要网签二手商品房买卖合同，房产所在地如果有住房限购政策，购房人需要先到房管部门办事窗口或者网上申请购房资格审核，双方再网签二手商品房买卖合同，买卖双方应共同申请，提交双方身份证明、二手商品房买卖合同、不动产权证书等材料。涉及税费的，同时申请核税、缴税，一套材料，一表申请。

登记机构受理查验申请人提交的申请材料，可通过共享信息核查的，应核查无误后正式受理。经登记机构审核后登簿制证，将不动产自然状况、权属状况等记载于登记簿，并打印新的不动产权证书，申请人缴费后凭受理回执领取新的不动产权证书。

场景十三：个人因房屋地址变化申办登记

若权利人的房屋地址变化，计划将房产证上的坐落改成现地址，这时权利人需要办理变更登记。

房屋地址在不动产登记簿上实际就是不动产坐落，如果只是坐落发生变化，而涉及不动产的权利人、面积、权利性质、权利类型等权属未发生变化，可以提交身份证明、证明不动产坐落发生变化的材料、不动产权证书等材料向不动产登记机构申请变更登记。

登记机构受理查验申请人提交的申请材料，可通过共享信息核查的，应当在核查无误后正式受理。经登记机构审核后登簿制证，将不动产自然状况、权属状况等记载于登记簿，并打印新的不动产权证书，申请人缴费后凭受理回执领取新的不动产权证书。

场景十四：个人还清房贷申请办理抵押权注销登记

权利人终于还清了房贷，需要与银行联系，由银行出具相关手续委托权利人申请抵押权注销登记，可由权利人申请抵押权注销登记，也可由银行单方申请抵押权注销登记。

抵押权注销登记，原则上应双方共同申请，应提交双方身份证明、同意注销抵押的材料、不动产登记证明等。因债权消灭（如还清贷款）或者抵押权人放弃抵押权的，抵押权人可以单方申请抵押权注销登记。人民法院、仲裁委员会生效法律文书确认抵押权消灭的，抵押人等当事人可以单方申请抵押权的注销登记。已实现线上抵押权注销登记的，可通过在线申办系统办理抵押权注销登记，实现"秒批"。

登记机构受理查验申请人提交的申请材料，可通过共享信息核查的，应核查无误后正式受理。登记机构审核后予以注销抵押权，记载于不动产登记簿的"抵押权登记信息"页。

二、企业主购房人在城市登记

场景十五：企业以招标、拍卖、挂牌方式取得国有土地使用权申办登记

权利人的企业以招标、拍卖、挂牌方式取得国有土地使用权，若要办证，这时权利人需要办理国有建设用地使用权首次登记。

国有土地出让前，自然资源主管部门应开展测绘并确定供地位置、面

积等。企业参与政府组织的土地招标、拍卖、挂牌并竞拍成功后，与自然资源主管部门签订土地出让合同并缴纳土地出让价款。企业向不动产登记机构提交企业营业执照或统一社会信用代码证等身份证明、法人代表证明书、授权委托书及受托人的身份证明等登记申请材料，土地出让合同、土地出让价款凭证、地籍调查成果等材料不动产登记机构可以直接提取的，不再要求申请人提供。涉及税费的，同时申请核税、缴税，一套材料，一表申请。

登记机构受理查验申请人提交的申请材料，可通过共享信息核查的，应当在核查无误后正式受理。经登记机构审核后登簿制证，将不动产自然状况、权属状况等记载于登记簿，并打印新的不动产权证书，企业缴费后凭受理回执领取不动产权证书。

场景十六：企业以划拨方式取得国有土地使用权申办登记

权利人的企业以划拨方式取得国有土地使用权，若要办证，这时权利人需要办理国有建设用地使用权首次登记。

企业要首先取得发改委立项文件及规划用地文件，再依权限向有批准权的政府申请划拨土地并取得划拨用地决定书。然后向不动产登记机构提交企业营业执照或统一社会信用代码证等身份证明、法人代表证明书、授权委托书及受托人的身份证明等申请材料，同时提交县级以上人民政府的批准用地文件、国有建设用地使用权划拨决定书、地籍调查成果等材料不动产登记机构可以直接提取的，不再要求申请人提供。

登记机构受理查验申请人提交的申请材料，可通过共享信息核查的，应核查无误后正式受理。经登记机构审核后登簿制证，将不动产自然状况、权属状况等记载于登记簿，并打印新的不动产权证书，企业缴费后凭受理回执领取不动产权证书。

场景十七：企业新建商品房申办首次登记

权利人的企业新建商品房，项目通过规划验收和竣工验收备案后，若要办证，这时权利人需要办理国有建设用地使用权和房屋所有权首次登记。

企业合法建造房屋并完成商品房建设后，可自行委托测绘机构进行规划核实测绘，再向规划主管部门申请规划核实，向住房和城乡建设主管部门申请工程竣工验收备案，取得规划核实文件和竣工验收备案后，企业可以向不动产登记机构申请国有建设用地使用权和房屋所有权首次登记。企业申请国有建设用地使用权和房屋所有权首次登记应提交企业营业执照或统一社会信用代码证等身份证明、法人代表证明书、授权委托书及受托人的身份证明、建设工程符合规划的材料、房屋已经竣工的材料、房地产调查或者测绘报告、不动产权证书（土地）或者土地权属来源材料等申请材料。建筑物区分所有的，还要提交确认建筑区划内属于业主共有的道路、绿地、其他公共场所、公用设施和物业服务用房等材料。规划核实测绘成果、规划核实文件、测绘报告和竣工验收备案信息等材料不动产登记机构可以直接提取的，不再要求申请人提供。涉及税费的，同时申请核税、缴税，一套材料，一表申请。

登记机构受理查验申请人提交的申请材料，可通过共享信息核查的，应当在核查无误后正式受理。登记机构在审查阶段还要按规定进行实地查看。经登记机构审核后登簿制证，将不动产自然状况、权属状况等记载于登记簿，并打印新的不动产权证书，申请人缴费后凭受理回执领取不动产权证书。

场景十八：企业以在建建筑物作为抵押物向银行贷款申办登记

权利人的企业想以在建建筑物作为抵押物向银行贷款，这时你需要办理在建建筑物抵押权首次登记。

以建筑物抵押的，该建筑物占用范围内的建设用地使用权一并抵押。申请在建建筑物抵押应先由借款企业与银行签订借款合同，由银行与土地及在建建筑物权利人签订抵押合同，提交企业营业执照或统一社会信用代码证等身份证明、法人代表证明书、授权委托书及受托人的身份证明、借款合同、抵押合同、不动产权证书（土地）、建设工程规划许可证等申请材料，已实现在线申请抵押登记的，可通过线上申请系统提交电子合同、电子身份证明等，不动产权证书（土地）、建设工程规划许可证等不动产登记机构可以直接提取的，不再要求申请人提供。

登记机构受理查验申请人提交的申请材料，可通过共享信息核查的，应当在核查无误后正式受理。经登记机构审核后登簿制证，将在建建筑物抵押情况记载于不动产登记簿的"抵押权登记信息"页，并打印不动产登记证明，抵押权人（如银行）缴费后凭受理回执领取不动产登记证明，抵押企业取回不动产权证书。

场景十九：企业以国有土地使用权作为抵押物向银行贷款申办登记

权利人的企业想以国有土地使用权作为抵押物向银行贷款，不转移国有土地使用权的占有，将国有土地使用权抵押给银行，这时需要办理国有建设用地使用权抵押权首次登记。如果权利人对一定期间内将要连续发生的债权提供担保不动产，则应申请最高额抵押权首次登记。

以建设用地使用权抵押的，该土地上的建筑物将一并抵押。申请国有建设用地使用权抵押权登记应先由借款企业与银签订借款合同，由银行与国有建设用地使用权的权利人签订抵押合同，提交企业营业执照或统一社会信用代码证等身份证明、法人代表证明书、授权委托书及受托人的身份证明、借款合同、抵押合同、不动产权证书（土地）等申请材料，已实现在线申请抵押登记的，可通过在线申请系统提交电子合同、电子身份证明等，不动产权证书（土地）可以由不动产登记机构直接提取的，不再要求申请人提供。

登记机构受理查验申请人提交的申请材料，可通过共享信息核查的，应当在核查无误后正式受理。经登记机构审核后登簿制证，将国有建设用地使用权抵押情况记载于不动产登记簿的"抵押权登记信息"页，并打印不动产登记证明，抵押权人（如银行）缴费后凭受理回执领取不动产登记证明，抵押企业取回不动产权证书。

场景二十：企业以土地和房屋作为抵押物向银行贷款申办登记

权利人的企业想以土地使用权以及地上房屋作为抵押物向银行贷款，这时权利人需要办理国有建设用地使用权和房屋所有权的抵押权首次登记。

申请国有建设用地使用权和房屋所有权的抵押权登记应先由借款企业与银签订借款合同，由银行与国有建设用地使用权和房屋所有权的权利人签订抵押合同，提交企业营业执照或统一社会信用代码证等身份证明、法人代表证明书、授权委托书及受托人的身份证明、借款合同、抵押合同、不动产权证书等申请材料，主债权合同中包含抵押条款的，可以不提交单独的抵押合同。已实现在线申办抵押权登记的，可通过线上抵押系统提交电子合同、电子身份证明等材料申办，不动产权证书等材料不动产登记机构可以直接提取的，不再要求申请人提供。

登记机构受理查验申请人提交的申请材料，可通过共享信息核查的，应核查无误后正式受理。经登记机构审核后登簿制证，将国有建设用地使用权和房屋所有权的抵押情况记载于不动产登记簿的"抵押权登记信息"页，并打印不动产登记证明，抵押权人（如银行）缴费后凭受理回执领取不动产登记证明，抵押企业取回不动产权证书。

场景二十一：企业之间转让工业用地及厂房申办登记

权利人的企业有工厂，想将它转让给其他企业，这时需要办理企业间国有建设用地使用权和房屋所有权转移登记。

工业用地及地上建筑物可以依照相关政策转让，转让应符合房地产所在地工业楼宇转让规定和土地出让合同约定的转让条件（如对转让后准入行业和企业等的相关约定），符合转让条件的，双方签订房地产买卖合同。双方共同向登记机构申请登记，提交企业营业执照或统一社会信用代码证等身份证明、法人代表证明书、授权委托书及受托人的身份证明、房地产买卖合同、不动产权证书等申请材料。涉及税费的，同时申请核税、缴税，一套材料，一表申请。

登记机构受理查验申请人提交的申请材料，可通过共享信息核查的，应当在核查无误后正式受理。自然资源主管部门对转让进行内部审查，税务部门核税，经登记机构审核后登簿制证，将不动产自然状况、权属状况等记载于登记簿，并打印新的不动产权证书，买方企业缴费后凭受理回执领取不动产权证书。

场景二十二：企业合并或分立申办国有土地和房屋登记

企业合并或者分立需要将其名下的国有土地使用权和房屋进行处置，需要办理国有建设用地使用权和房屋所有权转移登记。

因企业合并或分立导致土地使用权、房屋发生转移，双方共同申请转移登记，提交企业营业执照或统一社会信用代码证等身份证明、法人代表证明书、授权委托书及受托人的身份证明、企业合并或分立的证明文件、原企业的不动产权证书等申请材料。涉及税费的，同时申请核税、缴税，一套材料，一表申请。

登记机构受理查验申请人提交的申请材料，可通过共享信息核查的，应当在核查无误后正式受理。受理后，税务部门同步核税，经登记机构审核后登簿制证，将不动产自然状况、权属状况等记载于登记簿，并打印新的不动产权证书，合并或分立后的企业缴费后凭受理回执领取不动产权证书。

场景二十三：企业土地、房屋用途变化申办变更登记

企业土地、房屋用途发生变化（如住宅变商业、商业变住宅等），这时需要办理国有建设用地使用权和房屋所有权变更登记。

企业要变更土地、房屋用途，需要先向规划部门申请规划条件变更，规划部门对规划条件进行审核并出具批准文件，再与自然资源主管部门签订土地出让合同补充协议并缴纳土地出让价款。规划和自然资源主管部门的手续办好后，企业可以向不动产登记机构申请变更登记。提交企业营业执照或统一社会信用代码证书等身份证明、法人代表证明书、授权委托书及受托人的身份证明、原不动产权证书等申请材料。规划条件变更批准文件、土地出让合同补充协议并收缴土地出让价款等材料不动产登记机构

可以直接提取的，不再要求申请人提供。涉及税费的，同时申请核税、缴税，一套材料，一表申请。

登记机构受理查验申请人提交的申请材料，可通过共享信息核查的，应当在核查无误后正式受理。受理后，税务部门同步核税，经登记机构审核后登簿制证，将不动产自然状况、权属状况等记载于登记簿，并打印新的不动产权证书，企业缴费后凭受理回执领取不动产权证书。

三、行政机关与事业单位登记

场景二十四：机关事业单位通过划拨方式取得土地申办登记

单位通过划拨方式取得土地，需要办理国有建设用地使用权首次登记。

机关事业单位是非营利机构，其设立主体是政府或政府部门，机关事业单位办公用地一般通过划拨方式取得。机关事业单位用地需先取得发改委立项文件及规划用地文件，然后向县级以上人民政府申请划拨土地并取得批准用地文件、国有建设用地使用权划拨决定书。机关事业单位可以向不动产登记机构申请国有建设用地首次登记。提交机构编制部门核发的机关事业单位社会信用代码证书（事业单位为事业单位法人证书）身份证明、法人代表证明书、授权委托书及受托人的身份证明等申请材料。国有建设用地使用权划拨决定书和地籍调查成果等材料不动产登记机构可以直接提取的，不再要求申请人提供。涉及税费的，同时申请核税、缴税，一套材料，一表申请。

登记机构受理查验申请人提交的申请材料，可通过共享信息核查的，应当在核查无误后正式受理。受理后经登记机构审核后登簿制证，将不动产自然状况、权属状况等记载于登记簿，并打印不动产权证书，机关事业单位缴费后凭受理回执领取不动产权证书。

场景二十五：机关事业单位取得划拨土地建造办公用房申办登记

单位取得划拨土地建造办公用房，通过规划验收和竣工验收后需要办理国有建设用地使用权和房屋所有权首次登记。

机关事业单位取得划拨土地建造办公用房，竣工后需要委托测绘机构开展规划核实测绘及竣工测绘，测绘完成后向规划部门申请规划核实，向住房和城乡建设部门申请竣工验收备案，规划部门核实后出具规划核实文件，住房和城乡建设部门出具竣工验收备案回执。机关事业单位向不动产登记机构申请国有建设用地使用权和房屋所有权首次登记，应提交机构编制部门核发的机关事业单位社会信用代码证书（事业单位为事业单位法人证书）等身份证明、法人代表证明书、授权委托书及受托人的身份证明、建设工程符合规划的材料、房屋已经竣工的材料、房地产调查或者测绘报告、不动产权证书（土地）或者土地权属来源等申请材料。规划核实测绘成果、规划核实文件和竣工验收备案信息等材料不动产登记机构可以直接提取的，不再要求申请人提供。

登记机构受理查验申请人提交的申请材料，可通过共享信息核查的，应核查无误后正式受理。受理后经登记机构审核后登簿制证，将不动产自然状况、权属状况等记载于登记簿，并打印不动产权证书，机关事业单位缴费后凭受理回执领取不动产权证书。

场景二十六：机关事业单位名称变更申办登记

单位名称发生变化时，需要办国有建设用地使用权和房屋所有权变更登记。

机关事业单位因机构改革等原因，经编制部门批准，机关事业单位名称发生变化，取得新的社会信用代码证书（事业单位为事业单位法人证书），向不动产登记机构申请国有建设用地使用权和房屋所有权变更登记，应提交机构编制部门核发的机关事业单位社会信用代码证书等身份证明、法人代表证明书、授权委托书及受托人的身份证明、机构编制部门的机构更名批准文件、不动产权证书等申请材料。

登记机构受理查验申请人提交的申请材料，可通过共享信息核查的，应核查无误后正式受理。受理后经登记机构审核后登簿制证，将不动产自然状况、权属状况等记载于登记簿，并打印不动产权证书，机关事业单位缴费后凭受理回执领取不动产权证书。

场景二十七：机关事业单位调拨办公用房申办登记

单位通过统一调拨取得办公用房，需要办理国有建设用地使用权和房屋所有权转移登记。

办公用房调入的机关事业单位向国有资产管理部门申请办公用房调拨，国有资产管理部门审核后进行统一调拨，明确房屋移交相关事宜，办公用房调拨双方机关事业单位签订房屋移交协议后，双方可向不动产登记机构申请国有建设用地使用权和房屋所有权转移登记。应提交机构编制部门核发的机关事业单位社会信用代码证书（事业单位为事业单位法人证书）等身份证明、法人代表证明书、授权委托书及受托人的身份证明、国有资产管理部门出具的调拨文件、调拨双方签订的移交协议、不动产权证书等申请材料。

登记机构受理查验申请人提交的申请材料，可通过共享信息核查的，应当在核查无误后正式受理。受理后经登记机构审核后登簿制证，将不动产自然状况、权属状况等记载于登记簿，并打印不动产权证书，机关事业单位缴费后凭受理回执领取不动产权证书。

四、农村集体经济组织成员登记

场景二十八：农村集体经济组织成员依法取得宅基地并建造房屋申办登记

农村集体经济组织成员依法取得了宅基地并建造了房屋，若想将自家的房子办证，这时可以申请办理宅基地使用权及房屋所有权首次登记。

农村集体经济成员经批准取得宅基地并建成房屋，可以向不动产登记机构申请宅基地使用权及房屋所有权首次登记。应提交农村村民的身份证和户口簿、宅基地批准用地文件、房屋符合规划的文件等申请材料。宅基地批准用地文件、房屋符合规划的文件不动产登记机构可以直接提取的，不再要求申请人提供。登记机构受理查验申请人提交的申请材料，可通过共享信息核查的，应当在核查无误后正式受理。受理后由不动产登记机构组织开展宅基地和房屋界址、面积和权属情况调查，并按规定进行实地查看。

经登记机构审核后在登簿前将宅基地和房屋登记有、关事项在村集体和登记机构门户网站进行公告，公告期不少于15个工作日。公告结束后无异议或异议不成立的，不动产登记机构将不动产自然状况、权属状况等记载于登记簿，并打印不动产权证书，农村村民凭受理回执领取不动产权证书。

财产保护与不动产登记

场景二十九：农村集体经济成员依法承包集体经济组织的土地申请登记

权利人以家庭承包的方式承包了农民集体所有和国家所有、由农民集体使用的耕地、草地、水域、滩涂地等农村用地从事种植业、畜牧业、渔业等农业生产，可以申请土地承包经营权首次登记。

以家庭承包方式取得的土地承包经营权首次登记，由发包方申请。提交申请人身份证明、土地承包经营权合同（土地承包合同）、地籍调查表、宗地图、宗地界址点坐标等地籍调查成果。

登记机构受理查验申请人提交的申请材料，可通过共享信息核查的，应核查无误后正式受理。受理后由不动产登记机构组织开展宅基地和房屋界址、面积和权属情况调查。

经登记机构审核后在登簿前将土地承包经营权首次登记有关事项在村集体和登记机构门户网站进行公告，公告期不少于15个工作日。公告期满无异议或者异议不成立，不动产登记机构将不动产自然状况、权属状况等记载于登记簿，向承包方核发封皮标注"土地承包经营权"字样的不动产权证书。

场景三十：土地承包经营权流转及通过招标、拍卖、公开协商等方式承包不宜采取家庭承包方式的荒山等农村土地申请登记

（一）承包的耕地、草地、水域、滩涂已经办理了土地承包经营权首次登记，承包方依法采取出租（转包）、入股或者其他方式向他人流转土地经营权且土地经营权流转期限为五年以上的或者通过招标、拍卖、公开协商等方式承包不宜采取家庭承包方式的荒山、荒沟、荒丘、荒滩等农村土地，可以申请办理土地经营权首次登记。

已经办理土地承包经营权首次登记的，承包方依法采取出租（转包）、入股或者其他方式向他人流转土地经营权且土地经营权流转期限为五年以上的，应由土地经营权流转双方共同申请；不宜采取家庭承包方式的荒山、荒沟、荒丘、荒滩等农村土地，通过招标、拍卖、公开协商等方式承包的，应由承包方申请。

申请土地经营权首次登记应提交不动产登记申请书，申请人身份证明；权属来源材料，包括：（1）采取出租（转包）、入股或者其他方式向他人流转土地经营权，提交不动产权属证书和土地经营权流转合同；（2）不宜采取家庭承包方式的荒山、荒沟、荒丘、荒滩等农村土地，通过招标、拍卖、协商等方式承包的，提交土地承包合同，以及地籍调查表、宗地图、宗地界址点坐标等地籍调查成果。

登记机构受理查验申请人提交的申请材料，可通过共享信息核查的，应核查无误后正式受理。

经登记机构审核后将土地经营权首次登记有关事项记载于登记簿，向权利人核发不动产权证书。

（二）若想在土地经营权上依法设立抵押权，可以由抵押人和抵押权人共同申请办理土地经营权的抵押权首次登记。

在借贷、买卖等民事活动中，自然人（含农村承包经营户）、法人或非法人组织在土地经营权上依法设立抵押权的，可以由抵押人和抵押权人共同申请办理不动产抵押权首次登记。

1. 为担保债务的履行，债务人或者第三人不得转移不动产的占有，将该土地经营权抵押给债权人的，当事人可以申请一般抵押权首次登记；

2. 为担保债务的履行，债务人或者第三人对一定期间内将要连续发生的债权提供担保不动产的，当事人可以申请最高额抵押权首次登记。

财产保护与不动产登记

抵押权首次登记应当由抵押人和抵押权人共同申请。应提交不动产登记申请书、申请人身份证明、不动产权属证书、主债权合同。最高额抵押的，应当提交一定期间内将要连续发生债权的合同或者其他登记原因文件等必要材料、抵押合同。主债权合同中包含抵押条款的，可以不提交单独的抵押合同书。最高额抵押的，应当提交最高额抵押合同。同意将最高额抵押权设立前已经存在的债权转入最高额抵押担保的债权范围的，还应当提交已存在债权的合同以及当事人同意将该债权纳入最高额抵押权担保范围的书面材料；通过流转取得的土地经营权办理抵押登记的，还需提供承包方同意的书面材料和发包方备案材料。

登记机构受理查验申请人提交的申请材料，可通过共享信息核查的，应核查无误后正式受理。经登记机构审核后登簿制证，将土地经营权抵押情况记载于不动产登记簿的"抵押权登记信息"页，并打印不动产登记证明，抵押权人缴费后凭受理回执领取不动产登记证明，土地经营权人取回不动产权证书。

不动产登记与我们的生活息息相关，涉及城乡，不分地域，时时刻刻对我们的重要财产即不动产保驾护航。

第一部分
理论篇

CHAPTER ONE
THEORY

什么是不动产登记？

> 本部分就不动产登记的概念、性质和法律效果以及不动产权利体系、不动产登记体系、不动产交易与登记之间的区别和联系进行阐释。弄清这个问题将有助于厘清不动产登记及不动产登记机构的法律性质及地位，一定程度上也可以展望不动产登记机构及不动产登记工作未来的发展方向。

一、不动产登记及不动产登记的性质

（一）不动产登记的概念

我国《中华人民共和国民法典》第209条规定："不动产物权的设立、变更、转让和消灭，经依法登记，发生效力；未经登记，不发生效力。但是法律另有规定的除外。"第210条规定："不动产登记，由不动产所在地的登记机构办理。"由此可见，我国法律将不动产登记视为由登记机构实施的一种具有法律效力的行政行为或准行政行为。第214条规定："不动产物权的设立、变更、转让和消灭，依照法律规定应当登记的，自记载于不动产登记簿时发生效力。"此条即赋予登记的权利推定效力,除非存在相反的证据,登记簿中记载的权利人或者权利证书中确定的权利人被法律推定为相关物权的权利人。

《不动产登记暂行条例》第2条更进一步规定:"不动产登记是指不动产登记机构依法将不动产权利归属和其他法定事项记载于不动产登记簿的行为。"因此狭义来说,不动产登记只是不动产登记机构登簿这一行为,但依申请的不动产登记申请、受理、审核、归档及查询等工作,也是登记机构的法定职责。对此,《民法典》第212条对不动产登记机构应当履行的职责进行了明确的规定,包括查验申请人提供的权属证明和其他必要材料;就有关登记事项询问申请人;如实、及时登记有关事项;法律、行政法规规定的其他职责。申请登记的不动产的有关情况需要进一步证明的,登记机构可以要求申请人补充材料,必要时可以实地查看。这就要求登记机构对登簿结果负责,履行相应的程序和要求,确保登簿信息真实、准确。简言之,不动产登记即不动产登记机构依法对各种登记事项进行审查后将登记结果记载于登记簿,需要发证的机构依法向权利人颁发不动产权证书或者不动产登记证明。

在我国,法定的不动产权利主要通过《民法典》《不动产登记暂行条例》等规定来保障,这些不动产权利主要有国家土地所有权、集体土地所有权、建设用地使用权、宅基地使用权、建筑物构筑物所有权、森林林木所有权、森林林木使用权、土地承包经营权、土地经营权、地役权、海域使用权、抵押权、居住权。其他,如渔业权、矿业权(探矿权、采矿权)、取水权、无居民海岛使用权、水域滩涂养殖权等尚未纳入《不动产登记暂行条例》规定的不动产统一登记范围,采矿权、取水权在原国土资源部《关于启用不动产登记簿证样式(试行)的通知》(国土资发〔2015〕25号)的不动产登记簿填制说明中有所体现，但目前尚未由不动产登记机构进行登记。现纳入不动产统一登记范围的不动产权利体系见图1-1所示。

```
不动产权利体系
├── 所有权
│   ├── 土地所有权
│   │   ├── 国家土地所有权
│   │   └── 集体土地所有权
│   ├── 建筑物构筑物所有权
│   ├── 森林林木所有权
│   └── 建筑物区分所有权
├── 用益物权
│   ├── 土地承包经营权
│   │   ├── 农地承包经营权
│   │   ├── 林地使用权
│   │   └── 草地使用权
│   ├── 建设用地使用权
│   │   ├── 国有建设用地使用权
│   │   │   ├── 划拨国有土地使用权
│   │   │   ├── 出让国有土地使用权
│   │   │   ├── 租赁国有土地使用权
│   │   │   └── 作价出资或入股国有土地使用权
│   │   └── 集体建设用地使用权
│   ├── 宅基地使用权
│   ├── 地役权
│   ├── 海域使用权
│   ├── 森林林木使用权
│   └── 居住权
└── 担保物权
    └── 抵押权
        ├── 一般抵押权
        └── 最高额抵押权
```

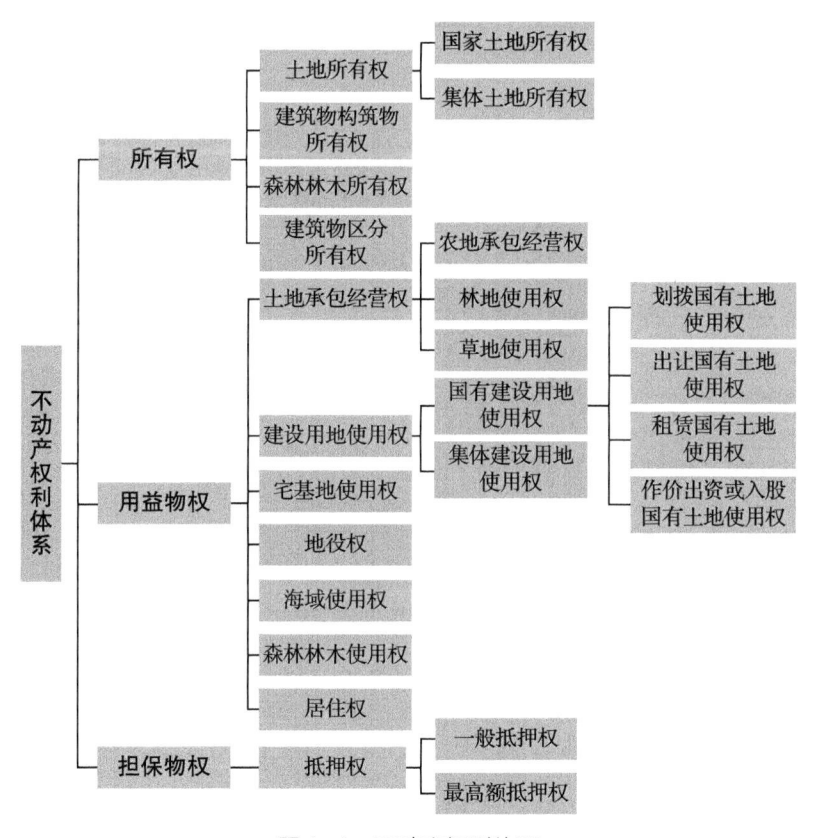

图1-1 不动产权利体系

不动产登记是一项涉及政府、自然资源、住房建设、农业、林草、海洋的多部门联动的系统工程，是一个需要解决人、财、物转移问题和重新定义规则的工作。它需要平台支撑，需要通过技术手段处理庞大的数据，同时不动产登记的政策性、业务性和技术性又很强，对基础数据要求很高的一项具体、细致而又复杂的工作。必须确保能够发新停旧，以实现平稳过渡。要求工作不停不乱，证书不变不换。不动产统一登记是以宗地（宗

财产保护与不动产登记

海)为基础的,最终需要将房、地、农、林、海所有不动产进行整合的一个完整的体系。

除了居住权登记无转移登记外,不动产权利登记类型分为首次登记、变更登记、转移登记、注销登记,其他登记包括查封登记、更正登记、异议登记、预告登记、补换发登记。不动产登记类型见表1-1所示。

表1-1 不动产登记类型表

不动产权利类型	不动产登记类型	情形
集体土地所有权	首次登记	—
	变更登记	—
	转移登记	—
	注销登记	—
国有建设用地使用权	首次登记	—
	变更登记	—
	转移登记	—
	注销登记	—
国有建设用地使用权及房屋所有权	首次登记	—
	变更登记	—
	转移登记	—
	注销登记	—
宅基地使用权及房屋所有权	首次登记	—
	变更登记	—
	转移登记	—
	注销登记	—
集体建设用地使用权及建筑物、构筑物所有权	首次登记	—
	变更登记	—
	转移登记	—
	注销登记	—

续表

不动产权利类型	不动产登记类型	情形
土地承包经营权	首次登记	—
	变更登记	—
	转移登记	—
	注销登记	—
土地经营权	首次登记	—
	变更登记	—
	转移登记	—
	注销登记	—
国有农用地使用权	首次登记	—
	变更登记	—
	转移登记	—
	注销登记	—
林地使用权/森林林木使用权	首次登记	—
	变更登记	—
	转移登记	—
	注销登记	—
林地使用权/林木所有权	首次登记	—
	变更登记	—
	转移登记	—
	注销登记	—
林地承包经营权/林木所有权	首次登记	—
	变更登记	—
	转移登记	—
	注销登记	—
林地经营权/林木所有权和林地经营权/林木使用权	首次登记	—
	变更登记	—
	转移登记	—
	注销登记	—

财产保护与不动产登记

续表

不动产权利类型	不动产登记类型	情形
海域使用权及建筑物、构筑物所有权（含无居民海岛）	首次登记	—
	变更登记	—
	转移登记	—
	注销登记	—
居住权	首次登记	—
	变更登记	—
	注销登记	—
地役权	首次登记	—
	变更登记	—
	转移登记	—
	注销登记	—
抵押权	首次登记	—
	变更登记	—
	转移登记	—
	注销登记	—
其他登记	预告登记	预告登记的设立
		预告登记的变更
		预告登记的转移
		预告登记的注销
	更正登记	依申请更正登记
		依职权更正登记
	异议登记	异议登记的设立
		异议登记的注销
	查封登记	查封登记的设立
		查封登记的注销
	补换发登记	补发登记
		换发登记

（二）不动产登记的性质

不动产登记的性质，是指不动产登记行为的法律属性。关于不动产登记的性质，学界一直存在各种说法，大致有三种学说：行政行为说、证明行为说和准司法行为说。

（1）行政行为说。该学说认为，不动产登记属于行政行为，它的效力内容包括公定力、确定力、拘束力和执行力四个方面。在此基础上，该说结合不动产登记行为的内容，分别论述了这四种法律效力在不动产登记中的具体表现。

（2）证明行为说。该学说认为，不动产登记就是一种行政确认，行政确认虽无授予权利的法律后果，但起着官方证明和赋予公信的作用，不动产登记证明登簿的法律关系和法律事实经过了登记机构的审查和确认，使公众更有理由确信为真实。所以，不动产登记是登记机构依法对不动产法律关系和有关法律事实加以审查、记载和确认，并向社会宣告和公示的一种行政确认行为。

（3）准司法行为说。该学说基于行政法律行为、行政准法律行为和行政事实行为的分类框架，将行政登记（不限于不动产登记）归入行政准法律行为。

笔者认为，不动产登记是重要的物权公示方式，贯彻物权的公示公信原则，它本身不创设新权利义务关系（意为自治），属于程序性行政行为。不动产登记在法律属性上有双重性，它既是登记机构实施的公法行为，也是对民事主体的物权归属产生重要影响的私法行为，《不动产登记暂行条例》也正是对两者的结合。针对前一属性，条例侧重于规范，以促进登记机构依法行为；针对后一属性，条例侧重于保护，维护合法权益。事实上，在我国不动产登记实践中，不动产登记行为也是登记机构履行行政确认职责的行政行为，公民、法人或者非法人组织对登记机构不履行登记职责，或者认为登记机构登记程序不合法或登记错误的权利人或者利害关系人可以申请行政复议，提起行政诉讼，登记机构不履行审查义务、程序违法或者登记错误的，人民法院可以判决登记行为违法或撤销登记。因不动产物权的归属，以及作为不动产物权登记基础的买卖、赠与、抵押等产生争议，当事人应提起民事诉讼。当事人已经在行政诉讼中申请一并解决上述民事争议，且人民法院一并审理的除外。

二、不动产登记的法律效果

不动产登记机构依法将不动产权利归属和其他法定事项记载于不动产登记簿后，物权权利即得以公示，在物权上具有确定的推定力，除非有证据证明登记簿是错误的，则登记簿上记载的事项具有排他性，在法律上具有确定力。

（一）公示力

不动产权利及其他事项经不动产登记机构依法记载于不动产登记簿后，该物权即得以公示，该公示具有排他性，从法律上确定了不动产登记簿记载的合法性，权利人、利害关系人可以按照《不动产登记暂行条例》第27条的规定依法查询包括不动产登记簿在内的不动产登记信息，人民法院、人民检察院、国家安全机关、监察机关及其他有关国家机关执行公务时可以依法查询、复制与调查和处理事项有关的不动产登记资料。

（二）推定力

不动产登记一旦登簿，即具有确定的推定力，除有证据证明登记簿确有错误外，以登记簿记载为准。不动产登记起到定纷止争的作用，相关者可以认为它是准确的、可信赖的。相关者可以基于依法查询到的登簿信息为依据进行民事活动，如因登簿记载错误，使相关者利益受损，登记机构可能承担相应的赔偿责任。

此外，若权利人、利害关系人认为不动产登记簿记载的事项有误，可以申请更正登记。不动产权利人或者利害关系人申请更正登记，不动产登记机构认为不动产登记簿记载确有错误的，应当予以更正；但在错误登记之后已经办理了涉及不动产权利处分的登记、预告登记和查封登记的情况除外。利害关系人认为不动产登记簿记载的事项错误，可以向权利人提出更正登记，权利人不同意更正的，利害关系人可以申请异议登记。

在登记簿的纠错机制方面，除了依申请更正登记和依申请异议登记外，不动产登记机构也可以依职权更正登记。不动产登记机构发现不动产登记簿记载的事项错误，且有证据证明登记簿的确存在错误记载，登记机构应通知当事人在30个工作日内办理更正登记。当事人逾期不办理的，不动产登记机构应当在公告15个工作日后，依法予以更正；但在错误登记之后已经办理了涉及不动产权利处分的登记、预告登记和查封登记的除外。

（三）公信力

不动产登记应具有公信力，这是不动产登记的法律效果之一。不动产登记是由法定的不动产登记机构通过一系列法定程序对不动产登记事项查验、审核后记载于登记簿，其不是所有机构、所有人都可以做的事情，公众有理由相信登记簿是值得信赖的。如果不动产登记簿错误则会损害不动产登记的公信力。

三、不动产交易与登记之间的关系

不动产交易是不动产登记原因的一部分，尤其是不动产转移登记的登记原因中很大一部分是来源于不动产交易。由于政府机构设置的分业管理，使得一项完整的行政管理事项往往涉及多个部门，不动产交易与登记亦不例外。

按照《中华人民共和国城市房地产管理法》第 4 章的规定，房地产交易包括了房地产转让、房地产抵押和房屋租赁。《城市房地产管理法》第 37 条规定，房地产转让，是指房地产权利人通过买卖、赠与或者其他合法方式将其房地产转移给他人的行为，商品房预售和现售均属于转让。根据住房和城乡建设部《房屋交易与产权管理工作导则》规定，房屋交易管理是指对房屋转让、抵押等交易活动以及房屋面积等的管理，具体包括：楼盘表管理；新建商品房销售管理，包含商品房预售许可、商品房项目现售备案、购房资格审核与房源信息核验、商品房买卖合同网签备案、商品房预售资金监管等；存量房转让管理，包含购房资格审核与房源信息核验、存量房转让合同网签、存量房交易资金监管等；房屋抵押管理；房屋面积管理；政策性住房产权与上市交易管理；在建工程抵押合同和主债权合同、预购商品房抵押合同和主债权合同备案、存量房抵押合同和主债权合同备案。由此可见，不动产交易是不动产登记的前置，但该导则中除了商品房预售合同备案有《城市房地产管理法》的规定作依据外，其他的备案似无法律依据。

自《不动产登记条例》实施以来，将原本分散于多个部门的房屋登记、林地登记、草原登记、海域登记和土地登记的职责整合由一个部门承担。《中央编办关于整合不动产登记职责的通知》(中央编办发〔2013〕134号)明确由原国土资源部指导监督全国土地登记、房屋登记、林地登记、草原登记、海域登记等不动产登记工作，会同有关部门起草不动产统一登记的法律法规草案，建立不动产统一登记制度，制定不动产权属争议的调处政策；住房城乡建设部负责制定房屋交易政策、规章制度并监督执行，指导监督房屋产权管理等工作，协同国土资源部指导房屋登记工作。但是该文件内容仍存在模糊之处，如关于住房城乡建设部指导监督房屋产权管理工作的规定，这里所指的房屋产权管理工作该如何理解？历史上在分散登记时期，习惯称登记为产权登记，房屋产权管理容易与房屋登记联系在一起，这就使得房屋交易与不动产登记之间的关系一度变得复杂。各地随着不动产统一登记的实施，整合了原分散于各部门的登记职能，整合为不动产登记机构，有些地方已经将不动产交易与不动产登记机构的职能进行整合，成立不动产交易登记机构，而有些地方还是分设交易和登记机构。有些地区，企业和群众在向不动产登记机构申请存量房房屋转移登记和抵押权登记前，仍需要先到房屋交易管理机构办理网签、备案后手续等，才可到不动产登记机构申请登记。尽管目前多地已经实现了线上办理，但这种机构的分设和职能的切分为不动产交易和登记业务流程的再造和整合带来一定的问题，影响了办理时效和全流程一体化办理。

不动产登记中的登记设立与登记对抗原则

不动产登记中的登记设立与登记对抗原则是《民法典·物权编》中的一个重要法理问题，《民法典》对几种主要的不动产权利登记设立与登记对抗的规定也是民法对不动产登记与民事合同关系不断深化认识的结果。本部分试从法理层面就不动产登记中几种法定的不动产权利的登记设立与登记对抗的区别和联系进行探讨，对登记设立与登记对抗原则进行探析。

《民法典》第209条规定："不动产物权的设立、变更、转让和消灭，经依法登记，发生效力；未经登记，不发生效力，但是法律另有规定的除外。"这些另有规定的条款集中在《民法典》第229条至第232条，主要包括因法律文书、征收决定导致物权变动，因继承取得物权，因事实行为设立物权。此外，《农村土地承包法》第47条规定：承包方可以用承包地的土地经营权向金融机构融资担保，并向发包方备案。受让方通过流转取得的土地经营权，经承包方书面同意并向发包方备案，可以向金融机构融资担保，担保物权自融资担保合同生效时设立。具体来说，在常见的几种不动产权利中，建设用地使用权、海域使用权、抵押权（以土地经营权设立抵押除外）、居住权为登记设立原则，只有经过不动产登记机构依法将不动产物权及相关事项记载于不动产登记簿，权利人才能取得物权；而对集体土地所有权、宅基地使用权、房屋所有权、土地承包经营权、土地经营权、地役权等物权的设立并无明确规定需要登记才可取得物权，登记可以对抗善意第三人。此外，《民法典》还规定，国家土地所有权可以不登记。

一、建设用地使用权依登记设立

建设用地使用权分为国有建设用地和集体建设用地，国有建设用地按照《土地管理法》《土地管理法实施条例》的规定："以出让、国有土地租赁、国有土地作价出资入股、国有土地授权经营等有偿形式或划拨等无偿形式提供给土地使用者使用。"《土地管理法实施条例》第 38 条规定："集体土地所有权人可以通过出让、出租等方式交由单位或者个人在一定年限内有偿使用。"《土地管理法实施条例》第 40 条规定："集体经营性建设用地使用权以及依法利用集体经营性建设用地建造的建筑物、构筑物及其附属设施的所有权，依法申请办理不动产登记。"《民法典》第 349 条规定："设立建设用地使用权的，应当向登记机构申请建设用地使用权登记。建设用地使用权自登记时设立。"由此可见，建设用地使用权合同为要式合同，建设用地使用权生效采用债权形式主义模式，自权属登记时设立，登记是其生效要件。

二、不动产抵押权的登记生效原则与民事合同的成立

《民法典》第394条规定："为担保债务的履行，债务人或者第三人不转移财产的占有，将该财产抵押给债权人的，债务人不履行到期债务或者发生当事人约定的实现抵押权的情况，债权人有权就该财产优先受偿。"不动产抵押权登记是当事人为了保证债权的实现，以不占有抵押物为前提通过签订借款合同、抵押合同并由不动产登记机构将抵押事项记载于不动产登记簿，该抵押权设立。抵押权登记具有绝对效力，其内容与抵押合同的约定不一致的，以登记簿记载为准。

如果当事人不申请以该不动产为抵押物的抵押权登记，该不动产物权上将没有该权利负担，不动产权没有此项限制，当债务人不履行义务，债权人无权就债务行使优先受偿权。但当事人依法签订的借款合同、抵押合同是有效的，当事人不履行借款合同规定的义务，债权人可通过诉讼、仲裁等方式行使债权。

三、居住权依登记设立

居住权是《民法典》新增的一种用益物权，它是指当事人通过合同、遗嘱或生效法律文书等形式在住宅上设定的一种权利，对住宅房屋所有权人而言是义务人，而依照合同约定（或遗嘱或生效法律文书）对他人的住宅享有占有、使用的用益物权，以满足生活居住的需要的人是居住权人。居住权依照《民法典》第368条的规定需要登记才可设立，居住权自登记时设立，未经登记此种权利不成立，但依法签订的居住权合同有效，当事

人可以按照民法典的规定承担相应的民事责任。

四、集体土地所有权、宅基地使用权的特殊物权

集体土地所有权、宅基地使用权，作为农村集体经济组织特有的物权，受《土地管理法》《土地管理法实施条例》的调整，因其历史和现实的特殊性，《农村人民公社工作条例（修正草案）》第17条规定："全大队范围内的土地，都归生产大队所有，固定给生产队使用。"1986年制定的《土地管理法》对这一原则进行确认，并明确规定："农村和城市郊区的土地，除由法律规定属于国家所有的以外，属于农民集体所有；宅基地和自留地、自留山，属于农民集体所有。"故而，对集体土地所有权长期以来由农民集体事实上占有、使用、收益、分配，宅基地使用权更是一种农村集体经济组织成员的身份权和资格权，它不在集体经济组织外部流转。所以，对集体土地所有权以及在此基础上衍生出的宅基地使用权不实行登记生效原则，即便不登记，只要权利人依法依规按程序取得即可取得物权。

五、房屋所有权的复杂性

房屋所有权作为一项物权可分为原始取得和继受取得。原始取得是指非基于他人的所有权及转让权利的意思表示而取得所有权，如合法建造房屋、依法没收房屋、收归国有的无主房屋、合法添附的房屋（如翻建、加层）、继承、因生效法律文书导致物权的设立，此种方式无须登记，只须事实成就即取得所有权。继受取得是指由他人的所有权及让与权利的意思表示而取得所有权，如买卖、赠与、互换等，此种方式即需要依法登记后

方可取得物权。所以，对于房屋所有权而言，需要区分情况分别判断。另外，虽然法律允许建设用地使用权、宅基地使用权与房屋等建筑物所有权分别设权，但由于"房随地走原则"，在建筑物所有权的设立、变更、转让和消灭时，往往与建设用地使用权、宅基地使用权一并处理，一并登记，以使两者的权利主体保持一致。

六、土地承包经营权和土地经营权依合同成立而设立

土地承包经营权是依据《中华人民共和国农村土地承包法》的相关规定，由农村集体经济组织、村民委员会或者村民小组作为发包方按照法律规定的程序，将农民集体所有和国家所有依法由农民集体使用的耕地、林地、草地、水域、滩涂地等农村土地以及其他用于农业的土地从事种植业、畜牧业、渔业等农业生产以土地承包合同的形式发包给本集体经济组织的农户（即以家庭承包方式承包的承包方），土地承包合同记载了发包方、承包方的名称，发包方负责人和承包方代表的姓名、住所，承包土地的名称、坐落、面积、质量等级，承包期限和起止日期，承包土地的用途，发包方和承包方的权利和义务，违约责任等内容。《农村土地承包法》第23条规定："承包合同自成立之日起生效。承包方自承包合同生效时取得土地承包经营权。"《民法典》第333条规定："土地承包经营权自土地承包经营权合同生效时设立。"由此可见，土地承包经营权的设立采意思主义，即合同生效时设立，不是依法律规定的申请、审批程序以及国家机关的授权而产生的，而是通过订立土地承包经营权合同的方式确立的。

土地经营权是土地承包经营权的一种特例。它的设立方式主要有两

种，一种方式是，按照《农村土地承包法》的规定，对不宜采取家庭承包方式的荒山、荒沟、荒丘、荒滩等农村土地，采取招标、拍卖、公开协商等方式承包，其承包方不限于本集体经济组织成员，可以是本集体经济组织成员或者其他组织、个人。通过这种方式签订的土地承包合同，土地承包经营权自土地承包经营权合同生效时设立。另一种方式是，已经办理土地承包经营权首次登记，承包方依法采取出租（转包）、入股或者其他方式向他人流转土地经营权且土地经营权流转期限为五年以上，由承包方与受让方签订土地经营权流转合同，对于承包方来说，其仍保留土地承包经营权，流转的是土地经营权。按照《民法典》第341条的规定，流转取得的土地经营权自流转合同生效时设立。当事人可以向登记机构申请土地经营权登记，未经登记，不得对抗善意第三人。由此可见，土地经营权与土地承包经营权同样采用意思主义，即合同生效时设立，登记只是对抗善意第三人。

七、海域使用权登记设立

海域使用权是《不动产登记暂行条例》规定的一种不动产权利类型，在原《物权法》《民法典》中并无单独的章节予以规定。它是指当事人依据《中华人民共和国海域使用管理法》的规定：向县级以上人民政府海洋行政主管部门申请使用海域，或者通过招标或者拍卖的方式取得国有海域的占有、使用、收益，以及在海域上建造建筑物、构筑物的行为。其合法取得的海域使用权及建筑物、构筑物所有权可以依照规定申请登记。《中华人民共和国海域使用管理法》第19、第20条规定：海域使用申请人自领取海域使用权证书之日起，取得海域使用权。中标人或者买受人自领取海域使用权证书之日起，取得海域使用权。由此可见，海域使用权也是登记设立。

八、地役权依地役合同成立而设立

地役权是指地役权人按照合同约定，利用他人的不动产，以提高自己的不动产的效益，可以是利用他人不动产，也可以是限制他人不动产的利用。他人的不动产为供役地，自己的不动产为需役地。《民法典》第373条规定："设立地役权，当事人应当采用书面合同订立地役权合同。第374条规定，地役权自地役权合同生效时设立。当事人要求登记的，可以向登记机构申请地役权登记；未经登记，不得对抗善意第三人。"由此可见，地役权的设立也是采用债权意思主义，即合同生效地役权即设立，权属登记是其对抗要件而非生效要件。登记属当事人自愿的选择，并不是法律所强制。但是，已经登记的地役权如果需要转移、抵押则需先行办理抵押登记方可转移、抵押，且地役权不得单独转让、抵押。土地承包经营权、建设用地使用权等转让时，地役权一并转让，地役权不得单独抵押，土地承包经营权、建设用地使用权等抵押时，地役权一并转让。

取水权、探矿权、采矿权、房屋租赁权等因在《民法典》《不动产登记暂行条例》中没有明确的规定，暂不属于不动产登记机构的登记权能，是否属于《不动产登记暂行条例》中规定的可以登记的不动产尚无定论，在此不做讨论。此外，国家土地所有权按规定可以不登记，林地承包经营权、林地经营权分别参照土地承包经营权和土地经营权，森林林木所有权或使用权，因《民法典》物权编无专门规定，在此也不作讨论。

不动产登记的三个核心基础：地籍调查、不动产单元和不动产登记簿

一、地籍调查

地籍调查是不动产登记的基础，是不动产统一登记的重要前提条件，其调查成果是不动产登记依据的重要前提条件，完善地籍调查也是切实贯彻落实《民法典》《测绘法》《不动产登记暂行条例》《土地管理法实施条例》等法律法规的重要内容。

历史上，地籍调查规程只是行业标准，先后历经《地籍调查规程》（TD 1001-1993）、《地籍调查规程》（TD 1001-2012）两个版本。2015年，《国土资源部关于做好不动产权籍调查工作的通知》（国土资发〔2015〕41号）及其附件《不动产权籍调查技术方案（试行）》，曾一度将地籍调查改称不动产权籍调查。2023年9月1日，《地籍调查规程》（GB/T 42547-2023）实施，又回归到地籍调查。地籍调查是以土地（海域）权属为核心，宗地（宗海）及其定着物为对象，通过权属调查和不动产测绘，全面查清

土地、海域（含无居民海岛）及其上定着物的权属、位置、界址、面积、用途等权属状况和自然状况，形成数据、图件、表册等调查资料。地籍调查内容分为权属调查和不动产测绘，调查依据统一的地籍调查法律、行政、技术的耦合关系，从齐全性、规范性、有效性、一致性等方面，使地籍调查符合"权属清楚、界址清晰、面积准确"的要求。地籍调查涵盖了包括土地、海域以及房屋、土地承包经营权、林木等定着物等各类不动产的权属调查和不动产测绘。

地籍调查在建设项目用地预审与规划选址、农转用审批、建设用地规划许可、土地供应、建设工程规划许可、确权登记等土地、规划管理等各环节开展，统一调查名目、地物标识、技术标准、成果管理和数据入库，确保调查作业协同衔接、地籍成果共享沿用。地籍调查遵循一定的作业程序后形成地籍调查成果，它由一系列组件构成，包括了地籍调查表、地籍图、不动产单元图和地籍调查报告。地籍调查成果决定了不动产单元、不动产空间坐标、不动产面积等最为核心的部分，使不动产单元具备唯一性。地籍调查成果经不动产登记机构审查入库并认可后成为不动产登记的重要依据，对土地、房屋等不动产开展首次地籍调查后，界址、权属、用途没有发生变化的，调查成果应一直沿用，涉及不动产的坐落、名称、界址、面积等的不动产首次登记、变更登记将依据地籍调查成果。

二、不动产单元

《〈不动产登记暂行条例〉实施细则》第5条规定："不动产单元是指权属界线封闭且有独立使用价值的空间。"不动产单元可以是宗地（宗海），也可以是宗地（宗海）及其上的定着物，定着物可以是房屋等建筑物、构筑物，也可以是森林、林木等定着物，房屋包括独立成幢、权属界线封闭的空间，也可以是区分套、层、间等可以独立使用、权属界线封闭的空间。

不动产登记以不动产单元为基本单位建立登记簿册进行登记，所有的不动产登记均是在不动产单元上登记，不动产主权利登记、他项权利登记均以不动产单元为依据，不动产登记按照地籍调查成果中最小不动产单元进行登记。已经登记的不动产，因分割、合并、界址范围变化等原因导致单元发生变化的，应在确立新的不动产单元后，通过变更登记，将原单元的权利、义务及其内容一次性、完整地承继到新的单元。因此不动产单元是介于地籍调查和不动产登记簿之间的"桥梁"，通过不动产单元将地籍调查、不动产登记和不动产登记簿连接在一起，成为一套完整的登记体系。

对于建设项目，不动产单元在地籍调查阶段即划分，包括宗地划分、宗海（含无居民海岛）划分、定着物单元的划分、不动产单元的划分等。对于建设工程的地籍调查成果中不动产单元的划分要根据权属来源文件（如用地审批文件、土地出让合同及其补充协议、土地划拨协议等）、建设用地规划许可文件、建设工程规划许可文件、规划验收、竣工验收备案等文件为依据，确定最小不动产单元的划分，如果权属来源文件不允许分割分户办证，最小不动产单元应以文件载明的要求划分。

（一）宗地划分

在地籍子区内，要按各种不同的情形划分宗地。依据宗地的权属来源，划分国有土地使用权宗地和集体土地所有权宗地。在集体土地所有权宗地内，划分集体建设用地使用权宗地、宅基地使用权宗地、土地承包经营权宗地和其他使用权宗地等；两个或两个以上农民集体共同所有的地块，且土地所有权界线难以划清的，应设为共有宗；两个或两个以上权利人共同使用的地块，且土地使用权界线难以划清的，应设为共用宗；土地权属未确定或有争议的地块可设为一宗地。

（二）宗海（含无居民海岛）划分

在县级行政辖区内，要按不同情形划分宗海和无居民海岛使用权范围。如依据宗海的权属来源，划分海域使用权宗海；依据无居民海岛的权属来源，划分无居民海岛使用权范围。

（三）定着物单元的划分

在使用权宗地（宗海）内，应将房屋、林木等定着物划分为不同的定着物单元。定着物为房屋等建筑物、构筑物的，分情形划分定着物单元，如同一权利人拥有的独幢房屋宜划分为一个定着物单元；具有多个权利人的一幢房屋，应按照界线固定，且具有独立使用价值的幢、层、套、间等封闭空间划分定着物单元；同一权利人拥有多套（层、间等）界线固定且具有独立使用价值的房屋，每套（层、间等）房屋宜各自划分定着物单元；同一权利人（如：行政机关、企事业单位等）拥有的两幢或两幢以上的房屋可共同组成一个定着物单元。

定着物为森林、林木的，分情形划分定着物单元。权属界线封闭、独立成片的森林、林木可划分一个定着物单元；属于同一权利人多片森林、林木可共同组成一个定着物单元。

定着物为其他类型的，分情形划分定着物单元。每个定着物可各自单独划分一个定着物单元；属于同一权利人全部同类定着物（如：水塔、烟囱等）可组成一个定着物单元。

（四）不动产单元设定

不动产单元的设立应当符合《不动产单元设定与代码编制规则》（GB/T 37346-2019），并具有唯一的单元代码。已经登记的不动产，因分割、合并、界址范围变化等原因导致单元发生变化的，应当按照《不动产单元设定与代码编制规则》（GB/T 37346-2019）进行单元变更，确立新的不动产单元，且具有唯一的单元代码，并与原单元关联。

不动产单元设定的依据为：集体土地所有权宗地应设定不动产单元；无定着物的使用权宗地（宗海）应设为一个不动产单元；有定着物的使用权宗地（宗海），宗地（宗海）内的每个定着物单元与该宗地（宗海）应设为一个不动产单元。

（五）不动产单元表

设立或者变更不动产单元，应根据地籍调查成果或者预测绘成果建立或者变更不动产单元表，并予以发布。不动产单元表包括预设不动产单元表和竣工不动产单元表。以下分别简称预单元表、竣工单元表。

1. 预单元表

预售商品房项目、需办理在建建筑物抵押权登记的项目，应根据预测绘成果建立预单元表。

2. 竣工单元表

首次登记前应按照地籍调查成果或房地产测绘成果发布完整的竣工单元表，并与预单元表衔接，单元未发生分割、合并等界址变化的，单元代码不变；单元发生分割、合并等界址变化的，应按单元变更要求重编单元代码，并通过技术手段或者文字描述等方式明确单元变化前后的关系，变更前后单元相关内容未发生变化的，在变更单元时应当延续记载。以下有

5种情况需要注意

（1）对已经办理了在建建筑物抵押权登记、预查封登记、预购商品房预告登记、预购商品房抵押登记或者备注事项（含裁定过户备注）的，竣工单元应当能够准确、完整地展示以上登记事项。

（2）根据土地出让合同等权属来源材料或地籍调查成果，注记各单元首次登记的权利归属。权属来源材料对产权有约定的，如"产权归政府"等，按约定注记相应的权利人；未约定产权归属，仅约定建成后移交政府、政府回购等后续权属去向的，注记"本房屋需移交政府""政府回购物业"等相关内容。

（3）土地出让合同等权属来源材料约定"整体转让""不得转让""整体抵押""不得抵押"，构成相关整体的部分各自单独设立单元的，应将相关单元进行关联并注记"××××构成的整体限整体转让/不得转让/整体抵押/不得抵押"；有其他特别约定或者特殊管理要求、权利限制的，视具体情况按对应的单元（如宗地、楼栋、层、套等）注记相应内容。

（4）房屋性质根据土地出让合同等权属来源材料的约定或地籍调查成果选择相应类别。暂无法归类的，选择并记载为"其他（××××）"。

（5）根据地籍调查成果或房地产测绘成果注记建筑区划内业主共有情况，对可以区分小区全体业主共有或者部分幢号业主共有的，做进一步详细注记。

三、不动产登记簿

不动产登记簿是指记载宗地、宗海基本信息和不动产权利及其他事项的登记信息并备存于不动产登记机构的簿册。不动产登记簿由登记机构管理并永久保存,不动产登记机构应当建立本行政区域内统一的不动产登记簿。不动产登记簿以宗地、宗海为单位编成,同一宗地、宗海范围内的所有不动产编入同一不动产登记簿。不动产登记簿依据不动产单元进行填写,具体分为宗地、宗海基本信息、不动产权利信息和抵押权登记信息、地役权登记信息、预告登记信息、异议登记信息、查封登记信息等部分。

不动产登记簿上的信息,除了宗地、宗海基本信息,还由各种不动产权利的历次首次登记、变更登记、转移登记、注销登记和其他登记信息构成,不动产权利的首次、变更、转移、注销、更正和其他登记,在登记簿上记载。但宗地、宗海的界址、面积等变化导致宗地、宗海范围变化的,须更换登记簿。房屋等定着物变化导致不动产单元变化的,根据实际情况,须更换或者增加相应登记簿页。不动产设定抵押权、地役权或者发生预告登记、异议登记、查封登记情况的,在原登记簿上加页进行记载,通过不动产单元号,与不动产权利登记信息关联。

不动产登记簿是不动产登记的结果,不动产登记状态在不动产登记簿上分为历史和现势,不动产登记机构办理的每一手登记业务,均须按照法定的程序登簿后在不动产登记簿上体现,因不动产灭失,不动产注销登记后,该不动产单元的所在的登记簿页将终止使用。由此可见,不动产登记簿记载了不动产单元"从生到死"的全过程,所有的不动产登记行为都会在不动产登记簿上体现。《民法典》第216条规定:"不动产登记簿是物权归属和内容的根据。当不动产权证书或不动产登记证明与不动产登记簿不一致时,以不动产登记簿为准,除另有证据证明登记簿确有错误,需要权利人申请更正登记,或者登记机构依职权更正登记外,任何单位和个人不得擅自复制或者篡改不动产登记簿信息,登记机构不得用数据修改代替不动产登记,不能不经登记即在登记簿上记载登记事项。"

不动产权利登记与其他登记之间的相互影响关系

不动产权利登记是对不动产主权利的首次登记、变更登记、转移登记和注销登记，这些主权利包括不动产所有权、不动产用益物权和不动产担保物权，具体有集体土地所有权、房屋等建筑物构筑物所有权、森林林木和林地所有权、土地承包经营权、土地经营权、建设用地使用权、宅基地使用权、海域使用权、森林林木使用权、地役权、居住权、抵押权。其他登记，包括查封登记、预告登记、异议登记、更正登记和补换发登记。这些权利登记和其他登记之间有些存在相互影响、相互制约的关系，而有些已存在的登记不影响后续登记。厘清他们之间的相互关系是不动产登记审核的一大难点。本部分根据《民法典》、《不动产登记暂行条例》、《〈不动产登记暂行条例〉实施细则》、《不动产登记规程》（TD/T 1095-2024）等相关法律、行政法规、规范性文件和标准的规定，对这些关系进行一一梳理，希望能对登记审核工作提供帮助。

第一部分 理论篇

一、不动产存在现势的查封登记

（一）受影响的登记

（1）查封登记可以限制所有的不动产权利。不动产存在现势查封登记的，不可办理处分该不动产的登记，这些登记申请包括转让不动产权利或者设立居住权、地役权、抵押权等其他物权。具体来说，受限制的登记类型有集体土地所有权转移登记，建设用地使用权转移登记，建设用地使用权/房屋所有权转移登记，宅基地使用权转移登记，宅基地使用权/房屋所有权登记转移登记，海域使用权转移登记，海域使用权/建筑物、构筑物所有权转移登记，土地承包经营权转移登记，土地经营权转移登记，设立居住权登记，设立地役权登记，设立预告登记，设立抵押权登记，更正登记[1]。

（2）不动产存在查封登记，不予办理设立抵押权登记，但是在商品房抵押预告登记后办理的预查封登记，不影响商品房抵押预告登记转抵押权首次登记。

（3）不动产存在查封登记，办理建设用地使用权、建设用地使用权/

---

[1] 存在查封登记不能办理更正登记的依据为《〈不动产登记暂行条例〉实施细则》第81条，不动产登记机构发现不动产登记簿记载的事项错误，应当通知当事人在30个工作日内办理更正登记。当事人逾期不办理的，不动产登记机构应当在公告15个工作日后，依法予以更正；但在错误登记之后已经办理了涉及不动产权利处分的登记、预告登记和查封登记的除外。笔者认为，不动产权利处分可参照《最高人民法院关于适用〈中华人民共和国民法典〉物权编的解释（一）》（法释〔2020〕24号）第4条对《民法典》第221条"处分不动产权利"的相关解释，包括转让不动产所有权等物权，或者设立建设用地使用权、居住权、地役权、抵押权等其他物权的均属于处分不动产权利。所以，下文中不动产在错误登记之后办理了居住权登记、地役权登记、抵押权登记的，均不能办理更正登记。

房屋所有权、宅基地使用权、宅基地使用权/房屋所有权、海域使用权、海域使用权/建筑物、构筑物所有权、土地承包经营权、土地经营权的注销登记中，权利人放弃不动产权利办理注销登记，需提交查封机关同意注销的书面材料。

（二）不受影响的登记

（1）不动产存在查封登记，不动产登记机构可以为其他查封机关办理轮候查封。

（2）建设用地使用权被查封，权利人与被执行人一致，不影响办理建设用地使用权首次登记。

（3）建设用地使用权被查封或者预查封，申请人与查封被执行人一致的，不影响办理建设用使用权及房屋所有权首次登记。

（4）商品房被预查封的，不影响办理国有建设用使用权及房屋所有权首次登记以及预购商品房预告登记转国有建设用使用权及房屋所有权转移登记。

（5）在商品房抵押预告登记后办理的预查封登记，不影响商品房抵押预告登记转抵押权首次登记。

（6）不动产被依法查封期间，利害关系人可以申请异议登记，不影响补换发证登记。

二、不动产存在现势的抵押权登记

（一）受影响的登记

（1）不动产存在抵押权登记，可以办理顺位抵押。

（2）抵押权因被担保主债权数额（最高债权额）、债权范围、抵押权顺位、债务履行期限（债权确定期间）发生变更导致抵押权变更的，如果该变更将对其他抵押权人产生不利影响的，应经其他抵押权人同意，否则不发生物权效力。

（3）不动产存在抵押权登记，设立地役权需抵押权人的同意。

（4）不动产存在抵押权登记申请预告登记，如果该申请预告登记的商品房已经办理在建建筑物或者建设用地使用权抵押登记，抵押权应先注销。

（5）不动产在错误登记之后办理了抵押权登记，不能办理更正登记。

（6）不动产存在抵押权登记，对于建设用地使用权、建设用地使用权/房屋所有权、宅基地使用权、宅基地使用权/房屋所有权、海域使用权、海域使用权/建筑物、构筑物所有权、土地承包经营权（设有土地经营权且以土地经营权设立抵押权）、土地经营权的注销登记中，权利人放弃不动产权利办理注销登记，需提交抵押权人同意注销的书面材料。

（二）不受影响的登记

不动产存在抵押权登记，不影响办理查封登记、设立居住权登记、异议登记、补换发证登记。

三、不动产存在现势的地役权登记

（一）受影响的登记

（1）不动产存在地役权登记，再设立地役权时，新旧地役权不得冲突，否则不予登记。

（2）不动产在错误登记之后办理了地役权登记，不能办理更正登记。

（3）不动产存在地役权登记，对于建设用地使用权、建设用地使用权/房屋所有权、宅基地使用权、宅基地使用权/房屋所有权、海域使用权、海域使用权/建筑物、构筑物所有权、土地承包经营权、土地经营权的注销登记中，权利人放弃不动产权利办理注销登记，需提交地役权人同意注销的书面材料。

（二）不受影响的登记

不动产存在地役权登记，不影响办理查封登记、设立抵押权登记、设立居住权登记和办理异议登记、补换发证登记。

四、不动产存在现势的居住权登记

（一）受影响的登记

（1）供役地的不动产存在居住权登记，设立地役权登记需供役地权利人同意。

（2）不动产在错误登记之后办理了居住权登记，不能办理更正登记。

（3）不动产存在居住权登记，不能重复办理居住权登记。

（4）不动产存在居住权登记，建设用地使用权/房屋所有权、宅基地使用权/房屋所有权的注销登记中，不动产权利人放弃不动产权利申请注销登记，需提交居住权人同意注销的书面材料。

（二）不受影响的登记

（1）不动产存在居住权登记，不影响办理查封登记、设立抵押权登记、异议登记、补换发证登记。

（2）不动产存在居住权登记，不影响办理建设用地使用权/房屋所有权、宅基地使用权/房屋所有权的转移登记。

五、不动产存在现势的预告登记

（一）受影响的登记

不动产在错误登记之后办理了预告登记，不能办理更正登记。

不动产存在预告登记，办理设立抵押权登记、设立地役权登记、设立居住权登记，需预告登记权利人同意。

不动产存在抵押预告登记，不能办理单独注销不动产预告登记或者预购商品房预告登记。

不动产存在预告登记，办理集体土地所有权转移登记，建设用地使用权转移登记，建设用地使用权/房屋所有权登记转移登记，宅基地使用权转移登记，宅基地使用权/房屋所有权登记转移登记，海域使用权转移登记，海域使用权/建筑物、构筑物所有权转移登记，土地承包经营权转移登记，土地经营权转移登记，需预告登记权利人同意。

不动产存在预告登记，在建设用地使用权、建设用地使用权/房屋所有权、宅基地使用权、宅基地使用权/房屋所有权、海域使用权、海域使用权/建筑物、构筑物所有权、土地承包经营权、土地经营权的注销登记中，权利人放弃不动产权利办理注销登记，需提交地役权人同意注销的书面材料。

（二）不受影响的登记

不动产存在预告登记，不影响办理查封登记、办理异议登记、补换发证登记。

六、不动产存在有效的异议登记

（1）不动产存在有效的异议登记，异议登记期间，不动产登记簿上记载的权利人以及第三人因处分权利申请登记的，不动产登记机构应当书面告知申请人该权利已经存在异议登记的有关事项。申请人申请继续办理的，应当予以办理，但申请人应当提供知悉异议登记存在并自担风险的书面承诺。处分权利申请登记具体包括集体土地所有权转移登记，建设用地使用权转移登记，建设用地使用权/房屋所有权登记转移登记，宅基地使用权转移登记，宅基地使用权/房屋所有权登记转移登记，海域使用权转移登记，海域使用权/建筑物、构筑物所有权转移登记，土地承包经营权转移登记，土地经营权转移登记，设立居住权登记，设立地役权登记，设立预告登记，设立抵押权登记，更正登记。

（2）不动产存在有效的异议登记，除上述所列的登记外，不影响其他登记。

七、不动产存在现势的土地经营权登记

（1）承包方放弃土地承包经营权申请注销登记，该土地设有土地经营权等权利，应经土地经营权人同意。

（2）承包土地设有土地经营权的，不影响办理查封登记、在土地经营

权上设立抵押权、地役权登记、异议登记、更正登记、补换发登记。

八、结语

对不动产权利登记与其他登记之间的相互影响关系个别还存在争议和认识深化的过程，但各登记间的限制关系是不动产登记审核迈不过去的"门槛"。对此，《不动产登记规程》(TD/T 1095-2024)的内容部分做出了明确规定，部分则语焉不详，后者对前者做出了修改，留待政策、规程、规范做进一步完善，形成明确的、利于执行的不动产登记审核标准。

比较自然资源登记与不动产登记

一、问题的提出

党的十八大以来，把生态文明建设作为统筹推进"五位一体"总体布局和协调推进"四个全面"战略布局的重要内容。自然资源确权登记就是为了推进自然资源确权登记法治化，推动建立归属清晰、权责明确、保护严格、流转顺畅、监管有效的自然资源资产产权制度，实现山水林田湖草整体保护、系统修复、综合治理。同时自然资源确权登记也为了摸清自然资源"家底"，掌握重要自然资源的数量、质量、分布、权属、保护和开发利用状况；明确自然资源所有权代表行使主体（分为直接行使和代理行使两种）的责任，将自然资源的监测结果作为主管部门及地方政府政绩及领导离任审计的一项内容。

自然资源登记与不动产登记是目前两类并存的登记形态，两者之间存在诸多的区别和联系，本部分从两者的登记对象和登记管辖、登记单元划分和登记程序、权利主体等方面进行对比和分析，从而弄清两者之间的区别和联系，以明确以不动产登记为基础的自然资源登记的重点、难点及有待解决的问题。

二、自然资源登记与不动产登记的登记对象及登记管辖之间的联系

根据《自然资源统一确权登记暂行办法》《自然资源确权登记操作指南（试行）》的有关规定，自然资源确权登记的对象是水流、森林、山岭、草原、荒地、滩涂、海域、无居民海岛以及探明储量的矿产资源等自然资源的所有权和所有自然生态空间统一进行确权登记。在登记管辖上，又根据不同的登记对象，按照分级和属地相结合的方式进行登记管辖。中央政府直接行使所有权的国家公园、自然保护区、自然公园等各类自然保护地以及大江、大河、大湖和跨境河流、生态功能重要的湿地和草原、国务院确定的重点国有林区、中央政府直接行使所有权的海域、无居民海岛、石油天然气、贵重稀有矿产资源等自然资源和生态空间的确权登记由自然资源部负责。各省人民政府负责组织开展本行政区域内由中央委托地方政府代理行使所有权的自然资源和生态空间的确权登记工作。包括除了自然资源部直接开展确权登记之外的各类自然保护地、水流、森林、湿地、草原、荒地、探明储量的矿产资源。具体登记工作由省级及省级以下登记机构负责办理。市县做好本行政区域范围内自然资源统一确权登记工作。跨行政区域的自然资源确权登记由共同的上一级登记机构直接办理或者指定登记机构办理。

根据《不动产登记暂行条例》《不动产暂行条例实施细则》的规定，不动产登记的对象主要是"本条例所称不动产，是指土地、海域以及房屋、林木等定着物。"不动产登记除了集体土地所有权，房屋等建筑物、

财产保护与不动产登记

构筑物所有权，森林、林木所有权等不动产权利中的所有权外，还包括建设用地使用权、宅基地使用权、海域使用权、土地承包经营权等不动产用益物权，以及抵押权等担保物权。而自然资源确权登记则只登记由中央政府直接行使所有权以及由中央委托地方政府代理行使所有权的自然资源。

从登记范围来看，自然资源确权登记在不动产物权登记基础上有所扩展、深化和延伸。主要体现在以下3个方面。

（1）自然资源确权登记是从不动产的私有物权登记扩展到自然资源的公共物权登记。自然资源的登记范围比不动产的登记范围更广，但在物权类型上只登记自然资源的所有权，不涉及用益物权和担保物权。自然资源确权登记以不动产登记为基础，已经纳入《不动产登记暂行条例》的不动产权利，按照不动产登记的有关规定办理，不再重复登记。自然资源确权登记涉及调整或限制已登记的不动产权利的，应当符合法律法规，并依法及时记载于不动产登记簿。已按照《不动产登记暂行条例》办理登记的不动产权利，要在自然资源登记簿中记载，并通过不动产单元号、权利主体实现自然资源登记簿与不动产登记簿的关联。自然资源确权登记信息纳入不动产登记信息管理基础平台，实现自然资源确权登记信息与不动产登记信息有效衔接。

（2）自然资源的登记单元中包含不动产登记单元，且登记的主体包括集体所有权，需要在不动产登记的基础上，收集土地、房屋、林地、海域、无居民海岛等不动产登记资料，在自然资源不动产单元中关联登记单元内的不动产权利登记信息。自然资源登记单元边界应当与不动产登记的物权权属边界做好衔接。划清全民所有制和集体所有制之间的边界、全民所有和不同层级政府行使所有权的边界、划清不同集体所有权的边界以及划清不同自然资源之间的边界。

（3）自然资源由于其保护的要求，不仅登记自然资源的物权信息，还要登记自然资源用途管制、生态保护红线、公共管制及特殊保护要求，是不动产物权登记的进一步深化。自然资源确权登记不是简单的不动产物权的叠加，是将各类不动产登记信息整合到一个自然资源登记单元，进行协调统一，是不动产登记的进一步延伸。

三、自然资源登记单元划分与不动产登记单元划分之间的关系

（一）自然资源登记单元的划分

根据《自然资源确权登记操作指南（试行）》，自然资源登记单元的划分与不动产登记单元不同，同一自然资源登记单元中可能存在水流、湿地、森林、草原、荒地等多种自然资源类型（不包括其中的矿产资源，矿产资源需要单独划分登记单元），除可以单独划分不动产单元的，均可能涉及多种自然资源类型。主要的自然资源登记单元划分原则主要有以下7种。

1. 海域登记单元

海域登记单元依据沿海县（市）行政管辖界线，自海岸线起至领海外部界线划定登记单元。

2. 无居民海岛登记单元

无居民海岛按照"一岛一登"的原则，单独划定自然资源登记单元，进行整岛登记。自然保护区、自然公园、自然保护地内的无居民海岛，单独划定登记单元。无居民海岛登记单元依据海岛岸线封闭的空间范围划定。

3. 自然保护地登记单元

依据自然保护地管理或保护审批部门提供的管理或保护审批范围界线划定自然保护地登记单元。

4. 水流登记单元

水流登记单元以河流、湖泊、水库等为单位划定。

5. 国务院确定的重点国有林区登记单元

国务院确定的重点国有林区以国家批准的范围界线为依据单独划定自然资源登记单元。登记单元与自然保护地发生重叠的，登记簿记载层级最高的所有权行使主体。

6. 湿地、森林、草原、荒地等自然资源登记单元

以湿地作为独立自然资源登记单元的，依据全国国土调查成果和湿地专项调查成果，按照自然资源边界划定登记单元。滩涂资源不单独划定登记单元，并入湿地登记单元。森林登记单元、草原登记单元、荒地登记单元原则上应当以土地所有权为基础，按照国家土地所有权权属界线封闭的空间划定。已纳入自然保护地、水流、国务院确定的重点国有林区等自然资源登记单元的湿地、森林、草原、荒地，不再单独划定登记单元。

7. 探明储量的矿产资源登记单元

探明储量的矿产资源，固体矿产以矿区，油气以油气田划分登记单元。

（二）不动产登记单元的划分

依据《不动产登记暂行条例》第8条的规定："不动产以不动产单元为基本单位进行登记。不动产单元具有唯一编码。"《〈不动产登记暂行条例〉实施细则》第5条规定以及《不动产登记暂行条例》第8条规定，不

动产单元是指权属界线封闭且具有独立使用价值的空间。没有房屋等建筑物、构筑物以及森林、林木定着物的,以土地、海域权属界线封闭的空间为不动产单元。有房屋等建筑物、构筑物以及森林、林木定着物的,以该房屋等建筑物、构筑物以及森林、林木定着物与土地、海域权属界线封闭的空间为不动产单元。房屋包括独立成幢、权属界线封闭的空间,以及区分套、层、间等可以独立使用、权属界线封闭的空间。

(三)自然资源登记单元与不动产登记单元的比较

根据自然资源登记单元与不动产登记单元的划分之间的区别和联系,可以看出,自然资源登记单元一般大于不动产登记单元,两者可能存在重叠之处,需要在自然资源登记单元中关联登记单元内的不动产权利登记信息,但其登记主体需要划分清楚。

四、自然资源登记与不动产登记程序的比较

(一)自然资源登记程序

按照《自然资源统一确权登记暂行办法》《自然资源确权登记操作指南(试行)》的有关规定,自然资源登记在登记类型上有首次登记、变更登记、更正登记和注销登记。根据不同的登记对象,按照分级和属地相结合的方式进行登记管辖,登记机构有自然资源部、省级人民政府及省以下登记机构,跨行政区域的自然资源确权登记由共同的上一级登记机构直接办理或者指定登记机构办理。

自然资源首次登记程序为:通告—地籍调查—登记审核—公告—登簿发证。自然资源登记核心是调查与审核。通告和公告是自然资源首次登记

财产保护与不动产登记

与不动产登记在程序上的最大区别。另外自然资源登记是通告后再行地籍调查，通告成为登记机构启动自然资源登记的第一步。通告的内容主要包括自然资源登记单元的预划分、开展自然资源登记工作的时间、自然资源类型、范围及其他事项，通告的目的是为了使自然资源所有权代表行使主体、自然资源所有权代理行使主体、集体土地所有权人、国有土地使用权人等相关主体，积极配合做好自然资源确权登记相关工作。

自然资源变更登记是指因自然资源的类型、范围和权属边界等自然资源登记簿内容发生变化进行的登记。自然资源变更登记又分为依职权变更登记和依嘱托变更登记两大类。登记单元内自然资源类型、面积等自然状况发生变化，登记机构可以全国国土调查和水资源专项调查、湿地资源专项调查、森林资源专项调查、草原专项调查、海域和无居民海岛调查等自然资源专项调查成果为依据直接依职权办理变更登记。自然保护地范围线、水流范围线变化导致登记单元边界变化，登记单元内的国家所有权界线、所有权代表（代理）行使主体、所有权代理行使主体、行使内容等自然资源登记簿主要内容发生变化的，登记机构可依据登记簿上记载的所有权代表行使主体或者代理行使主体的嘱托办理变更登记。在登记流程上，依职权变更登记由登记机构通过数据库关联的方式，对发生变化的自然资源类型、面积等自然状况信息进行自动提取，实现登记簿的定期变更。而依嘱托办理变更登记的流程为：嘱托—接受嘱托—审核—登簿，变更登记涉及所有权权属界线的，应当在登簿前进行公告，公告周期不少于15个工作日。

自然资源更正登记可以是自然资源所有权代表行使主体或者自然资源所有权代表代理行使主体发现自然资源登记簿记载错误嘱托登记机构办理更正登记，也可以是登记机构发现登记簿错误通知自然资源所有权代表行使主体或者自然资源所有权代表代理行使主体嘱托办理更正登记，逾期不嘱托，登记机构可依职权办理更正登记，依职权更正登记的流程为：启动—审核—公告—登簿。此外，更正登记还可以是人民法院、仲裁委员会生效的法律文书确定自然资源权利归属、内容与自然资源登记簿记载的内容不一致，登记机构依据生效的法律文书直接办理更正登记。依嘱托办理更正登记的流程为：嘱托—接受嘱托—审核—登簿，变更登记涉及所有权权属界线的，应当在登簿前进行公告，公告期不少于15个工作日。

自然资源注销登记只能是依嘱托登记。已经登记的自然资源，因不可抗力等因素导致自然资源所有权灭失，登记机构依嘱托办理注销登记。嘱托主体为登记簿上记载的所有权代表行使主体或者代理行使主体。登记流程为：嘱托—接受嘱托—审核—公告—登簿。

（二）不动产登记程序

根据《不动产登记暂行条例》《不动产暂行条例实施细则》的有关规定，不动产登记为属地登记原则，由不动产所在地的县级人民政府不动产登记机构办理，跨县级行政区域的不动产登记，由所跨县级行政区域的不动产登记机构分别办理。不能分别办理的，由所跨县级行政区域的不动产登记机构协商办理；协商不成的，由共同的上一级人民政府不动产登记主管部门指定办理。国务院确定的重点国有林区的森林、林木和林地，国务院批准项目用海、用岛，中央国家机关使用的国有土地等不动产登记，由国务院自然资源主管部门会同有关部门规定。

依据不动产登记程序的不同，不动产登记可分为依申请登记、依职权登记和依嘱托登记。

依申请登记为绝大部分登记事项采用的登记方式，依申请登记按申请事项的不同又分为单方申请和双方申请两种，其程序为申请—受理—审核—登簿。登记机构在办理房屋等建筑物、构筑物所有权首次登记、在建建筑物抵押权登记、因不动产灭失导致的注销登记时，可以进行实地查看。政府组织的集体土地所有权登记、宅基地使用权及房屋所有权，集体建设用地使用权及建筑物、构筑物所有权，土地承包经营权等不动产权利的首次登记等依申请登记事项，不动产登记机构应在登记事项记载于登记簿前进行公告，但涉及国家秘密的除外。公告应在不动产登记机构门户网站以及不动产所在地等指定场所进行，公告期不少于15个工作日。公告所需时间不计算在登记办理期限内。公告期满无异议或者异议不成立的，不动产登记机构应当及时记载于不动产登记簿。

依职权登记按照《不动产暂行条例实施细则》的规定，主要有依职权更正登记和依职权注销登记。依职权更正登记的程序为：启动—审核—公告—登簿。公告应依照《不动产暂行条例实施细则》第17条、第18条的规定进行，公告期不少于15个工作日。

依职权注销登记主要是权利主体不提出注销登记，不动产实际已灭失，不注销登记就可能存在登记簿记载与实际状况不符的情况。依职权注销登记登记机构可按《不动产暂行条例实施细则》第16条的规定进行实地查看，并做好查看记录。依职权注销登记的程序为：启动—审核—公告—登簿。公告应依照《不动产暂行条例实施细则》第17条、第18条的规定进行，公告期不少于15个工作日。

依嘱托登记主要是《不动产暂行条例实施细则》第19条规定的适用情形，包括人民法院持生效法律文书和协助执行通知书要求不动产登记机构办理登记的；人民检察院、公安机关依据法律规定持协助查封通知书要求办理查封登记的；人民政府依法作出征收或者收回不动产权利决定生效后，要求不动产登记机构办理注销登记的。这几种情况不动产登记机构直接办理不动产登记。其登记程序与依申请登记和依职权登记存在较大的不同，只需履行登簿程序，无需对嘱托事项进行实质审查，不动产登记机构认为登记事项存在异议的，应当依法向有关机关提出审查建议，但并不停止协助和配合。

（三）自然资源与不动产登记两者程序的比较

通过对自然资源登记和不动产登记程序的对比可以看出，自然资源登记在登记类型上只有首次登记、变更登记、更正登记和注销登记。而不动产登记在登记类型上则有首次登记、转移登记、变更登记、注销登记，以及更正登记、异议登记、预告登记和查封登记等多种登记类型。

在登记程序上，自然资源登记首次登记为依职权登记，由登记机构组织开展登记工作，不存在依申请登记。自然资源的变更登记和更正登记可以依嘱托登记和依职权登记，但自然资源的注销登记只能依嘱托登记。而不动产登记的首次登记、转移登记、变更登记可以依申请登记和依嘱托登记，更正登记和注销登记可以依申请、依职权及依嘱托登记。

五、自然资源和不动产权利主体的比较

（一）不动产权利主体

按照《不动产登记数据库标准》（TD/T 1066-2021）中对不动产权利的权利主体类型分类，根据不同的不动产权利类型，不动产权利人的类型主要有个人、企业、事业单位、国家机关、家庭、土地储备机构和其他，其中，企业又分为金融机构和非金融机构。

根据《法人和其他组织统一社会信用代码编码规则》（GB 32100-

2015）的有关分类，按照登记管理部门的不同，将法人和非法人组织分为机构编制（机关、事业单位、编办直接管理机构编制的群众团体，其他）、外交（外国常驻新闻机构，其他）、司法行政（律师执业机构、公证处、基层法律服务所、司法鉴定机构、仲裁委员会，其他）、文化（外国在华文化中心，其他）、民政（社会团体、民办非企业单位、基金，其他）、旅游［外国旅游部门常驻代表机构、港澳台地区旅游部门常驻内地（大陆）代表机构，其他］、宗教（宗教活动场所、宗教院校，其他）、工会（基层工会，其他）、工商（企业、个体工商户、农民专业合作社）、中央军委改革和编制办公室（军队事业单位，其他）、农业（组级集体经济组织、村级集体经济组织、乡镇集体经济组织，其他）和其他等登记管理部门负责登记管理的除个人外的法人和非法人组织，事业单位根据登记管理部门的不同又分为机构编制部门登记的事业单位和中央军委改革和编制办公室登记的事业单位。

（二）自然资源权利主体

自然资源的权利类型主要是国家所有权，其权利主体分为：由国务院代表国家行使所有权的自然资源所有权人为全民，代表行使主体为自然资源部。在行使方式上，分为由自然资源部直接行使所有权和中央政府委托地方政府代理行使所有权或中央、国务院有关部门代理行使所有权两种方式。所有权人及行使方式分别在自然资源登记簿上予以记载。

（三）自然资源与不动产权利主体的比较

通过对自然资源和不动产权利主体的比较可以看出，不动产权利人的范围很广，自然人、法人及非法人组织都有可能是不动产权利人。根据

《民法典》的规定，不动产的所有权可以是国家所有权、集体所有权和私人所有权，依法属于国家所有的自然资源，所有权可以不登记。不动产用益物权人可以是依照法律规定取得用益物权的自然人、法人或者非法人组织。不动产抵押权人可以是除法律规定不能成为抵押权人之外的自然人、法人或者非法人组织。

自然资源的权利主体很单一，权利类型只有自然资源所有权，并无用益物权和抵押物权，登记簿上记载的权利人一般是全民，由代表行使主体和代理行使主体分别行使所有权。

六、自然资源确权登记取得的主要成果和经验及主要矛盾和困惑

自国家开展自然资源确权登记试点以来，取得了一系列成果和经验。在理论上取得了以下成果：

（1）验证了自然资源确权登记的现实可操作性，让自然资源确权登记由理论变为现实。

（2）创新了确定自然资源登记范围的模式，使海域、无居民海岛、自然保护地、水流、国有林区、湿地、森林、草原、荒地、矿产资源等自然资源纳入自然资源确权登记范围。

（3）探索了自然资源确权登记工作体系。形成了分级和属地相结合的登记工作体系，按照不同的自然资源类型由国务院自然资源主管部门、省级人民政府及省以下人民政府分别登记。

（4）拓展了自然资源确权登记的空间维度。

（5）探索了自然资源确权登记成果信息化管理的途径，建立了国家统

财产保护与不动产登记

一的自然资源确权登记系统,地方不再另行建立系统,确保自然资源确权登记标准的完整、统一。

在实践上取得了以下主要成果:

(1)探索完成了重要单项自然资源确权登记。

(2)推进了国务院确定的国有重点林区确权登记。

(3)开展探索探明储量的矿产资源确权登记。

(4)构建自然资源登记自动关联不动产登记信息的模式,使自然资源登记簿与不动产登记簿相关联,从而做到不重复登记。

同时,在开展自然资源确权登记工作中也存在一些矛盾和困惑,需要在实际工作中进行解决。自然资源地籍调查成果不完整,反映在自然资源单元划分不完整、地籍调查内容不完整、地籍调查成果和程序不完整、部分地籍调查成果与原管理部门的数据不一致。自然资源地籍调查与不动产地籍调查存在的问题有相似性,存在历史数据整合和新调查的矛盾和冲突,需要在工作实践中通过创新理论、制定工作规程、创新方法等措施加以解决。

土地承包经营权与土地经营权解析

土地承包经营权、土地经营权是《农村土地承包法》《民法典》规定的两种物权形式，《农村土地承包法》规定，国家实行农村土地承包经营制度。承包方可以自主决定依法采取出租、入股、抵押或者其他方式向他人流转土地经营权，并向发包方备案。不宜采取家庭承包方式的荒山、荒沟、荒丘、荒滩等农村土地，通过招标、拍卖、公开协商等方式承包的，适用土地承包的相关规定以其他方式承包农村土地的，应当签订承包合同，承包方取得土地经营权。

根据《民法典》规定，土地承包经营权人依法对其承包经营的耕地、林地、草地等享有占有、使用和收益的权利，有权从事种植业、林业、畜牧业等农业生产。土地承包经营权人可以自主决定依法采取出租、入股或者其他方式向他人流转土地经营权。土地经营权人有权在合同约定的期限内占有农村土地，自主开展农业生产经营并取得收益流转期限为五年以上的土地经营权，自流转合同生效时设立。当事人可以向登记机构申请土地经营权登记；未经登记，不得对抗善意第三人。通过招标、拍卖、公开协商等方式承包农村土地，经依法登记取得权属证书的，可以依法采取出租、入股、抵押或者其他方式流转土地经营权。

从以上法律规定中可以看出，土地承包经营权、土地经营权都属于用益物权，自土地承包经营权合同和土地经营权合同生效时设立。

一、土地承包经营权

（一）土地承包经营权的设立

（1）依法以家庭承包方式承包农民集体所有或者国家所有依法由农民集体使用的耕地、林地、草地、水域、滩涂等农村土地从事种植业、林业、畜牧业、渔业等农业生产的，承包合同自成立之日起生效，承包方自承包合同生效时取得土地承包经营权。

（2）可以向不动产登记机构申请登记，确认土地承包经营权，首次登记由发包方申请（土地承包经营权颁发的是封皮标注"土地承包经营权"字样的不动产权证书）。

> **注意：**
> 1. 主体：仅限本集体组织成员。
> 2. 承包范围：农民集体所有和国家所有由农民集体使用的耕地、草地等农业生产用地。
> 3. 土地承包经营权自土地承包经营权合同生效时设立，未经登记也可对抗善意第三人。
> 4. 承包方案：须经集体组织成员会议 ≥ 2/3 成员或者 ≥ 2/3 村民代表的同意。

（二）土地承包经营权的变更

已经登记的土地承包经营权，有以下4种情形时需要办理变更登记。

（1）承包方代表姓名或者身份证号码、家庭成员情况发生变化（家庭成员情况发生变化的，登记机构在不动产登记簿和不动产权属证书"承包方家庭成员情况"的"备注"栏中说明，不另发证）。

（2）承包土地的地块名称、坐落、界址、面积等发生变化。

（3）承包期限届满，承包方按照国家有关规定继续承包（承包期顺延，发包方统一组织承包方申请变更登记，登记机构依据延包合同在登记簿上做相应变更，在原农村土地承包经营权证书上标注记载，加盖不动产登记专用章，不另发证）。

（4）同一权利人分割或者合并承包土地。

> **注意**：
> 因自然灾害严重毁损承包地等特殊情形对个别农户之间承包的耕地和草地适当调整：须经集体组织成员会议≥2/3成员或者≥2/3村民代表的同意和乡（镇）人民政府和县级人民政府农业农村、林业和草原等主管部门批准。

（三）土地承包经营权的转让

已经登记的土地承包经营权，有以下4种情形时需要办理转移登记。

（1）集体经济组织内部互换、转让。（互换需向发包方备案，转让需发包方同意）

（2）因人民法院、仲裁机构的生效法律文书导致权利发生转移。

（3）因家庭关系、婚姻关系等变化导致土地承包经营权发生转移。

（4）法律、行政法规规定的其他情形。

> **注意：**
> 1. 主体：集体组织的成员。
> 2. 土地承包经营权的流转自互换、转让合同生效时互换、转让即生效，登记对抗善意第三人。
> 3. 转让、互换后权利仍是土地承包经营权。
> 4. 土地承包经营权不可继承，但承包土地上的收益（如未收割的农作物）可由继承人继承。林地承包的承包人死亡，其继承人可以在承包期内继续承包。
> 5. 其他承包方式取得土地经营权（见下文土地经营权专节），继承人可以在承包期内继续承包。

（四）土地承包经营权的消灭

已经登记的土地承包经营权，有以下 6 种情形时需要办理注销登记。

（1）承包经营的土地灭失。

（2）承包经营的土地被依法征收或者转为建设用地。

（3）发包方依法收回或者承包方依法、自愿交回。

（4）承包方放弃土地承包经营权。（存在查封或者设有地役权、土地经营权、抵押权等权利的，应经查封机关、地役权人、土地经营权人、抵押权人同意）

（5）农村承包经营户（承包方）消亡。

（6）因人民法院、仲裁机构的生效法律文书导致权利消灭。

二、土地经营权

（一）土地经营权的设立

（1）取得土地承包经营权后流转土地经营权：已经办理土地承包经营权首次登记，土地承包经营权人依法采取出租（转包）、入股或者其他方式向他人流转土地经营权，流转取得土地经营权（需向发包方备案）。

（2）其他承包方式（招标、拍卖、公开协商等）取得土地经营权：不宜采取家庭承包方式的荒山、荒沟、荒丘、荒滩等农村土地，通过招标、拍卖、公开协商等方式承包的，承包方（本集体组织成员或其他组织、个人）取得土地经营权。（注意：此种方式取得的是土地经营权。）

> **注意：**
>
> 1. 取得土地承包经营权后流转土地经营权
>
> 土地承包经营权登记后才可流转土地经营权，流转期限为五年以上的土地经营权，自流转合同生效时设立。可以申请登记，登记对抗善意第三人。流转的土地经营权期限不超过土地承包经营权的剩余期限。
>
> 2. 其他承包方式（招标、拍卖、公开协商等）
>
> ①主体：本集体组织成员或其他组织、个人。同等条件下本村村民有优先承包权；外人须经集体组织成员会议 ≥ 2/3 成员或者 ≥ 2/3 村民代表的同意和乡镇政府的同意。

> 承包范围：不宜采取家庭承包方式的荒山、荒沟、荒丘、荒滩等农村土地。
>
> ②效力：合同生效时设立，未经登记也可对抗善意第三人。

（二）土地经营权的变更

已经登记的土地经营权，有以下5种情形时需要办理变更登记。

（1）权利人姓名或者名称、身份证明类型或者身份证明号码等事项发生变化。

（2）土地坐落、界址、用途、面积等发生变化。

（3）同一权利人分割或者合并土地。

（4）土地经营权期限变更。

（5）法律、行政法规规定的其他情形。

（三）土地经营权的转让

已经登记的土地经营权，有以下5种情形时需要办理转移登记。

（1）依法采取出租（转包）、入股或者其他方式向他人流转土地经营权后，受让方再流转土地经营权（流转取得后再次流转，需承包方书面同意，本集体经济组织备案）。

（2）不宜采取家庭承包方式的荒山、荒沟、荒丘、荒滩等农村土地，通过招标、拍卖、公开协商等方式承包农村土地取得土地经营权后，依法采取出租、入股或者其他方式流转土地经营权（须办理土地承包经营权后才能流转）。

（3）不宜采取家庭承包方式的荒山、荒沟、荒丘、荒滩等农村土地，通过招标、拍卖、公开协商等方式承包农村土地取得土地经营权，承包期内承包人死亡，其继承人继续承包（首次承包后继承人继续承包。土地承包经营权不可继承）。

（4）因人民法院、仲裁机构的生效法律文书导致权利发生转移。

（5）法律、行政法规规定的其他情形。

> **注意：**
> 1. 流转的土地经营权期限不超过原土地经营权的剩余期限？
> 2. 设有抵押权的，抵押权登记簿如记载存在禁止或者限制抵押不动产转让的约定的流转需取得抵押权人同意？
> 3. 通过招标、拍卖、公开协商等方式承包农村土地取得土地经营权，承包期内承包人死亡，其继承人继续承包的，需在承包期内以及依法取得土地经营权？

（四）土地经营权的消灭

已经登记的土地经营权，有以下 5 种情形时需要办理注销登记。

（1）土地经营权期限届满。

（2）土地被依法征收或者转为建设用地。

（3）土地灭失。

（4）依法解除土地经营权流转合同或者发包方依法终止土地经营权流转合同。

（5）土地经营权人放弃土地经营权（土地经营权人放弃土地经营权，土地经营权上设有抵押权、地役权或者已经办理查封登记的，需抵押权人、地役权人或者查封机关同意）。

（6）因人民法院、仲裁机构的生效法律文书导致权利消灭。

（7）法律、行政法规规定的其他情形。

（五）以土地经营权设立抵押权

自然人（含农村承包经营户）、法人或非法人组织可以在土地经营权上依法设立抵押权。

（1）为担保债务的履行，债务人或者第三人不转移不动产的占有，将该土地经营权抵押给债权人的，当事人可以申请一般抵押权首次登记。

（2）为担保债务的履行，债务人或者第三人对一定期间内将要连续发生的债权提供担保不动产的，当事人可以申请最高额抵押权首次登记。

相关法条：《农村土地承包法》第9条规定，承包方承包土地后，享有土地承包经营权，可以自己经营，也可以保留土地承包权，流转其承包地的土地经营权，由他人经营。第47条规定，承包方可以用承包地的土地经营权向金融机构融资担保，并向发包方备案。受让方通过流转取得的土地经营权，经承包方书面同意并向发包方备案，可以向金融机构融资担保。

担保物权自融资担保合同生效时设立。当事人可以向登记机构申请登记；未经登记，不得对抗善意第三人。

实现担保物权时，担保物权人有权就土地经营权优先受偿。

土地经营权融资担保办法由国务院有关部门规定。

注意：

1. 属最高额抵押的，主债权合同是一定期间内将要连续发生债权的合同。

2. 主债权合同、抵押合同可以是两个独立的合同，也可以合二为一，还可以是主债权合同中包含抵押条款。其中，最高额抵押的，抵押合同应是最高额抵押合同。
3. 同意将最高额抵押权设立前已经存在的债权转入最高额抵押担保的债权范围的，应有已存在债权的合同以及当事人书面同意将该债权纳入最高额抵押权担保范围。
4. 通过流转取得的土地经营权抵押的，还需承包方书面同意和向发包方备案。

三、土地承包经营权和土地经营权之间的关系

从以上对土地承包经营权和土地经营权的设立、变更、转让和消灭可以看出，土地承包经营权与土地经营权是两个既有区别又有联系的权利类型，土地承包经营权的取得仅限于以家庭承包方式承包农民集体所有或者国家所有依法由农民集体使用的耕地、林地、草地、水域、滩涂等农村土地从事种植业、林业、畜牧业、渔业等农业生产的，承包合同自成立之日起生效，承包方自承包合同生效时取得土地承包经营权。土地承包经营权在组织经济组织内部互换、转让流转的仍是土地承包经营权，只有采取出租（转包）、入股或者其他方式向他人流转土地经营权，流转期限为五年以上的土地经营权，自流转合同生效时设立。对这个问题，很多人都存在模糊认识，将流转后的土地承包经营权与土地经营权混为一谈，有的还将以其他承包方式（招标、拍卖、公开协商等）取得的权利认为是土地承包权，类似的问题有很多，需要进行区分。

81

财产保护与不动产登记

土地经营权的取得则有两种,一种是,取得土地承包经营权后流转土地经营权即已经经办理土地承包经营权首次登记,土地承包经营权人依法采取出租(转包)、入股或者其他方式向他人流转土地经营权,流转期限为五年以上的土地经营权,自流转合同生效时设立(需向发包方备案);另一种是,以其他承包方式(招标、拍卖、公开协商等)取得土地经营权,即不宜采取家庭承包方式的荒山、荒沟、荒丘、荒滩等农村土地,通过招标、拍卖、公开协商等方式承包的,承包方(本集体组织成员或其他组织、个人)取得土地经营权。

土地承包经营权和土地经营权之间的关系见图1-2所示。

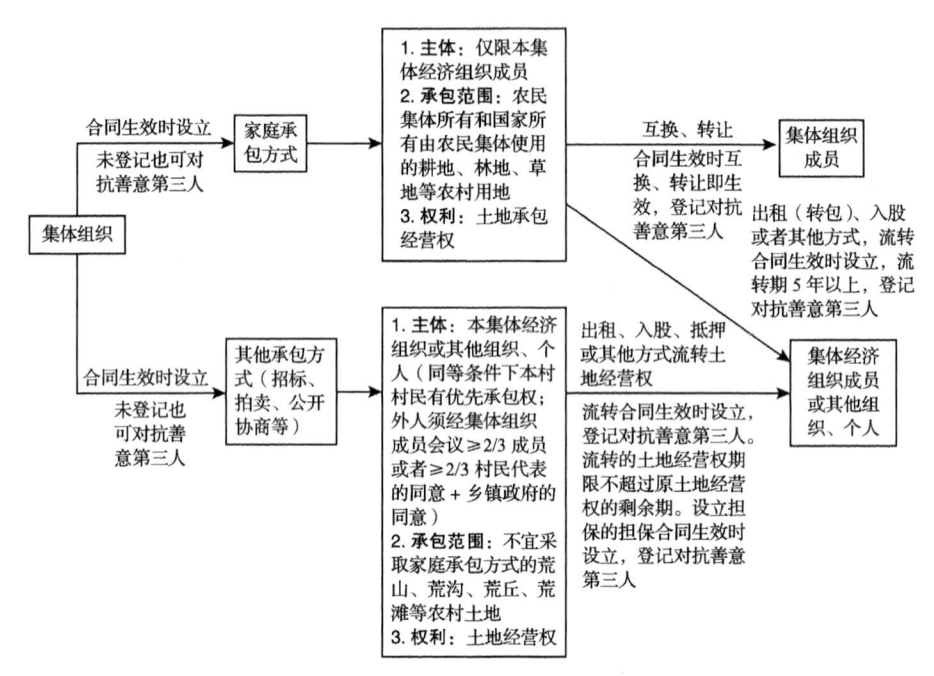

图1-2 土地承包经营权和土地经营权关系图

第二部分
实务篇

CHAPTER TWO

REAL ESTATE PRACTICE

不动产登记申请的疑难问题解析

> 按照《不动产登记暂行条例》的规定，不动产登记主要有三种形式：依申请登记、依职权登记和依嘱托登记，这三种形式中依申请登记是其中最主要的形式，本部分主要就依申请登记中的疑难问题展开探讨。

当事人申请是启动依申请不动产登记程序的起始，除规范性法律文件另有规定外，没有当事人的申请，不动产登记机构就不能开始登记程序。为了规范当事人的申请，法律也规定了申请需要提交的申请材料等事项。根据《民法典》第211条规定，当事人申请登记，应当根据不同登记事项提供权属证明和不动产界址、面积等必要材料。《不动产登记暂行条例》《〈不动产登记暂行条例〉实施细则》又进一步对登记申请作出更为详尽的规定。

一、申请原则：双方申请是原则，单方申请是例外

《不动产登记暂行条例》第14条第1款规定，因买卖、设定抵押权等

财产保护与不动产登记

申请不动产登记的,应当由当事人双方共同申请。

民事法律行为,一般以双方意思表示的一致为前提。因法律行为而产生的物权变动情形(不动产买卖、互换、转让、赠与、抵押等),都属于双方法律行为,故体现到不动产登记程序,需要双方申请。双方申请为原则,既符合不动产物权变动的实质,也有利于保证登记的真实与准确,防止登记错误。以协议或调解离婚财产分割办理转移登记,需要双方共同申请。

以下 5 种情况按规定应当由当事人双方共同申请的,也可以在符合政策规定的情况下单方申请。

(1)开发企业灭失但房屋已经办理首次登记的,可由购房人单方面申请办理转移登记。过去实务操作上,经常会遇到房屋竣工验收并入住后开发企业与购房人延迟办证,年代久远有可能导致开发企业因破产等原因致使市场主体注销、营业执照被吊销,或者联系不到负责人,无法配合购房人共同申请转移登记,使购房人无法办证。这种情况在实操上过去会让购房人对开发企业提起诉讼,购房人凭法院判决书可单方申请转移登记。《自然资源部关于加快解决不动产登记若干历史遗留问题的通知》(自然资发〔2021〕1号)规定,已办理首次登记,开发企业或有关单位已经灭失的,购房人可单方申请办理转移登记。

(2)因房屋所有权多次转移、土地使用权未同步转移导致房屋、土地权利主体不一致的,经核实,权属关系变动清晰且无争议的,可以根据规定程序由房屋所有权人单方申请办理房地权利主体一致的不动产登记。

(3)以出让方式取得国有建设用地上的房屋已全部出售,但一直未办理房屋所有权证,现业主申请办理不动产权证书时,开发商不予配合或找不到的,可以单方申请。

(4)国有划拨建设用地上的房屋依法办理房屋所有权证但未办理土地

证，或房屋所有权证和土地证都有，但房屋所有权发生多次转移后一直未办理土地变更登记的，现业主申请不动产转移登记，可以单方申请。

（5）预售人未按约定与预购人申请预购商品房预告登记，预购人申请预告登记，可以单方申请。

二、单方申请是"可以"而不是"必须"

《不动产登记暂行条例》第14条第2款规定可以由当事人单方申请的情形：尚未登记的不动产首次申请登记的；继承、接受遗赠取得不动产权利的；人民法院、仲裁委员会生效的法律文书或者人民政府生效的决定等设立、变更、转让、消灭不动产权利的；权利人姓名、名称或者自然状况发生变化，申请变更登记的；不动产灭失或者权利人放弃不动产权利，申请注销登记的；申请更正登记或者异议登记的；法律、行政法规规定可以由当事人单方申请的其他情形。

以上法定权利可以由当事人单方申请的，不动产登记申请表上由一方当事人单方签字（签章），身份证明材料只需要提供一方当事人的证明材料，但是登记原因证明文件应当是生效文件。例如，单方申请登记原因文件如是合同、协议等双方意思表示需要双方签名（或者盖章），并注明日期，以示合同成立。

三、申请主体

《不动产登记暂行条例》第15条规定："当事人或者其代理人应当向不动产登记机构申请不动产登记。代理包括法定代理与委托代理，代理人可以是普通的民事主体，也可以是专业从事不动产代理的机构和人员。"

（一）申请人为自然人或者个体工商户

（1）申请人为境内自然人的，应提供居民身份证

未成年人可提交户口簿或出生证；被宣告失踪的，由其财产代管人作为申请主体，并提交人民法院宣告失踪的材料及法院指定其为财产代管人的材料；无民事行为能力、限制民事行为能力人由其监护人作为法定代理人代为申请登记，详见后文"（三）法定代理中的监护人代为申请"部分。

（2）军人，香港、澳门特别行政区自然人，台湾地区自然人，华侨，外国人分别提供其合法、有效的身份证件

其中，军人的身份证明可以是军官证、士官证；香港、澳门特别行政区自然人的身份证明可以是香港、澳门特别行政区居民身份证、护照，或者来往内地通行证；台湾地区自然人的身份证明是台湾居民来往大陆通行证；华侨的身份证明是中华人民共和国护照和国外长期居留身份证件；外籍自然人的身份证明是中国政府主管机关签发的居留证件，或者其所在国护照。

（3）个体工商户和农村土地承包户属于特殊的自然人

《民法典》将这两类民事主体列为自然人，个体工商户和农村土地承包户的不动产可以登记在自然人名下（农村以家庭承包方式取得土地承包经营权办理的不动产权证书登记为承包方家庭代表并注明家庭成员）。就个体工商户而言，个体工商户可以起字号，因此起字号的个体工商户可以根据其申请登记在自然人名下或者其所起字号名下，申请时需要提供相应的证件。

（4）农村土地承包户以家庭承包方式取得土地承包经营权，可以登记在承包方代表名下，同时记载承包方家庭成员情况。申请时需要提供承包方代表及其家庭成员的身份证件。

（二）申请人为法人或者非法人组织

（1）申请人为境内法人

申请人中的法人或者非法人组织申请时，申请表只需要加盖法人或者非法人组织的公章，无须其法定代表人签名。但应提交营业执照或者统一社会信用代码证、事业单位法人证书，或者其他身份登记证明（能够通过共享获取的不得要求提交，在授权委托书注明企业统一社会信用代码和企业名称；无法通过共享获取的，提交加盖公章的营业执照复印件）。企业强制清算与破产清算的，提交人民法院受理清算案件的《民事裁定书》以及人民法院指定清算组或者管理人的决定书；企业营业执照吊销后，可申请非处分行为的登记，如注销抵押登记、异议登记等，此处所指的处分，按照《最高人民法院关于适用〈中华人民共和国民法典〉物权编的解释（一）》（法释〔2020〕24号）第4条的规定，是指转让不动产所有权等物权，或者设立建设用地使用权、居住权、地役权、抵押权等其他物权；公司法人自行清算的，应当提交清算组通过国家企业信用信息公示系统公告的材料；其他法人或者非法人组织自行清算的，应当提交主管部门批准成立清算组的文件。

（2）申请人为香港特别行政区、台湾地区的法人或者非法人组织

提交经公证、转递或者转寄的设立文件和注册证明，或者其在境内设立分支机构或者代表机构的批准文件和注册证明。

（3）申请人为澳门特别行政区的法人或者非法人组织

提交经公证、核验或者经中国法律服务（澳门）公司公证的设立文件和注册证明，或者其在境内设立分支机构或者代表机构的批准文件和注册证明。

（4）申请人为境外法人或者非法人组织

提交经公证、认证的设立文件和注册证明，或者其在境内设立分支机

构或者代表机构的批准文件和注册证明。外国组织提交的组织身份证明，应当在所在国家公证机关公证并经外交认证。如属于 2023 年 11 月 7 日后《取消外国公文书认证要求的公约》缔约国名单范围内的其他缔约国送中国内地使用的公文书，只需办理该国附加证明书，无须办理该国和中国驻当地使领馆的领事认证。

使用外文书写的设立文件和注册证明，须同时提交中文译本。申请人应签字确认其中文译本的真实性和准确性。申请表中的申请人应使用其中文证件名称，颁发的不动产权证书或不动产登记证明中记载的权利人应以其中文翻译名称为准。

（三）法定代理中的监护人代为申请

监护人代为申请的，监护人是法定代理人。父母是未成年子女的监护人。未成年人的父母已经死亡或者没有监护能力的，由下列有监护能力的人按顺序担任监护人：祖父母、外祖父母；兄、姐；其他愿意担任监护人的个人或者组织，但是须经未成年人住所地的居民委员会、村民委员会或者民政部门同意。

无民事行为能力或者限制民事行为能力的成年人，由下列有监护能力的人按顺序担任监护人：配偶；父母、子女；其他近亲属；其他愿意担任监护人的个人或者组织，须经被监护人住所地的居民委员会、村民委员会或者民政部门同意。

监护人代为申请不动产登记，需要提供的申请材料包括：当事人是无民事行为能力人、限制民事行为能力人的证明材料；监护人与被监护人的身份证或者户口簿、监护关系证明材料（监护关系证明材料可以是户口簿、监护关系公证书、出生医学证明，或者民政部门、居民委员会、村民委员会或人民法院指定监护人的证明材料,或者遗嘱指定监护、协议确定监护、意定监护的材料);因处分不动产而申请登记的,还应当提供为被监护人利益的书面保证。此处所指的处分,按照《最高人民法院关于适用〈中华人民共和国民法典〉物权编的解释(一)》(法释〔2020〕24号)第4条的规定,是指转让不动产所有权等物权,或者设立建设用地使用权、居住权、地役权、抵押权等其他物权。监护人在不动产登记申请表的代理人处签字,无须被监护人签字。

有关监护的相关常识:

1. 对未成年人来说,只要父母没有丧失监护能力,父母就必然是监护人。也不能自己有监护能力但约定免除监护职责,但可以约定自己丧失监护能力由其他人担任监护人。

2. 意定监护:"完全民事行为能力人+以书面形式",确定自己的监护人;子女依然要赡养。顺位优先法定。

3. 遗嘱监护:①父母担任监护人才可以适用;②父母遗嘱指定的人不同意,按照法定监护确定监护人;③父亲遗嘱指定了爷爷,但是母亲有监护能力,监护人是母亲。

4. 协议监护:可几人一起担任监护人,且不受法定顺位限制。

5. 指定监护:可以直接向法院申请指定;指定前,被监护人住所地居、村、民政等担任临时监护人;指定后,擅自变更监护人不免除责任。

6. 委托监护:委托人是监护人,受托人不是监护人。

7. 监护撤销(但不能自己撤销,只能请求人民法院撤销)。

> 后果：丧失监护权，但要继续支付扶养费。
>
> 恢复：只有父母或子女担任监护人才有资格恢复；故意犯罪不能恢复。
>
> 8. 以被监护人名义进行高风险投资，不是为被监护人利益，构成无权代理，合同效力待定。监护人要进行赔偿，诉讼时效自法定代理终止之日起算3年。

（四）委托代理人代为申请

委托代理人代为申请不动产登记，应提供委托人和受托人的身份证明原件和授权委托书，如授权委托书未公证，申请涉及处分不动产的登记事项时应当在申请登记时与代理人共同到登记机构现场，在登记机构工作人员的见证下签订，未现场签署的应办理公证。授权委托书中应当注明双方姓名或者名称、公民身份号码或者统一社会信用代码、委托事项、委托时限、法律义务、委托日期等内容，双方签字、盖章。代理人为两人或者两人以上，代为处置不动产，全部代理人应当共同代为申请，但另有授权的除外。

委托人如是法人和非法人组织，提交法定代表人或负责人证明书、委托书、法定代表人身份证明和代理人的身份证明。

委托书如是在香港特别行政区拟定，应当经司法部委托的"中国委托公证人"公证，并经中国法律服务（香港）有限公司审核加盖转递章公证证明；委托书如是在澳门特别行政区形成，应当经司法部委托的"中国委托公证人"公证，并加盖中国法律服务（澳门）公司核验专用章，或者提交经中国法律服务（澳门）公司公证的委托书；委托书如是在台湾地区形成，应当经当地公证机关公证，并经所在省级公证员协会转寄；委托书如是在国外形成，应当办理公证并经中国驻该国使、领馆认证，或者经中国驻该国使、领馆公证；该国如与中国无外交关系，由与中国有外交关系的第三国驻该国的使、领馆认证，再转由中国驻第三国使、领馆认证。如属于 2023 年 11 月 7 日后《取消外国公文书认证要求的公约》缔约国名单范围内的其他缔约国送中国内地使用的公文书，只需办理该国附加证明书，无须办理该国和中国驻当地使领馆的领事认证。

授权委托书作出后委托人撤销委托，仍应按照以上程序办理，并送达至不动产登记机构。

关于受托人的特别提示是，涉及不动产权属发生转移，受托方为第三人，且是非利害关系人；不涉及不动产权属转移，受托方未作特殊要求；涉及不动产权属转移，双方不可委托同一人办理不动产转移登记。此行为属于双方代理又称同时代理，在交易中，当事人双方的利益往往相互冲突，通过讨价还价，才能使双方的利益达到平衡，而由同一个人代表双方利益，可能会只反映了代理人一人的意志，难免顾此失彼。因此，我国《民法典》将双方代理行为认定为效力待定的民事行为，如果被代理人对代理行为不予追认，则此代理行为无效。

四、关于没有法律依据的申请材料

关于不动产登记申请材料，《民法典》第 11 条规定，当事人申请登记，应当根据不同登记事项提供权属证明和不动产界址、面积等必要材料。

《不动产登记暂行条例》第 16 条又具体规定了申请人申请不动产登记

应提交的材料，并对申请材料的真实性负责，具体有以下6种材料。

（1）登记申请书；

（2）申请人、代理人身份证明材料、授权委托书；

（3）相关的不动产权属来源证明材料、登记原因证明文件、不动产权属证书；

（4）不动产界址、空间界限、面积等材料；

（5）与他人利害关系的说明材料；

（6）法律、行政法规以及本条例实施细则规定的其他材料。

有些地方在当事人不动产登记申请时，诸如要求申请人提交交易确认单、交易告知书以及商品房交易网签合同、存量商品房买卖合同备案、抵押合同备案，以及房屋维修基金、物业管理费缴交凭证都是没有法律依据的。

五、一并申请和办理

一并申请是指在不动产登记申请中，同一申请人可以一并申请两个及两个以上相关联的登记事项。申请人一并申请的，不动产登记机构应一并受理，就不同的登记事项依次分别记载于不动产登记簿的相应簿页。

（一）一并申请的适用情形

不动产登记实务中，可以一并申请的事项主要有以下事项。

（1）预购商品房预告登记与预购商品房抵押预告登记；

（2）预购商品房预告登记转房屋所有权登记与预购商品房抵押预告登记转抵押权登记；

（3）建筑物所有权首次登记与在建建筑物抵押权登记转建筑物抵押权登记；

（4）不动产变更登记导致抵押权变更的，不动产变更登记与抵押权变更登记；

（5）不动产转移登记与抵押权首次登记或者抵押权变更登记；

（6）不动产变更、转移登记致使地役权、土地经营权变更、转移的，不动产变更登记、转移登记与地役权、土地经营权变更、转移登记；

（7）不动产坐落位置等自然状况发生变化的，变更登记可与其他登记一并申请；

（8）因流转取得的土地经营权，土地被依法征收或者转为建设用地、土地灭失、土地承包经营权消灭的，土地承包经营权注销登记可与土地经营权注销登记一并办理；

（9）因遗嘱设立居住权的，居住权的首次登记可与因继承、受遗赠不动产的转移登记一并办理；

（10）围填海造地工程竣工后，海域使用权的注销登记可与国有土地使用权的首次登记一并办理。

除了上述可以一并申请的登记事项情形以外，已办理首次登记的不动产，申请人因继承、受遗赠，或者人民法院、仲裁机构的生效法律文书取得该不动产但是尚未办理转移登记，又因继承、受遗赠，或者人民法院、仲裁机构的生效法律文书导致不动产权利转移的，两个转移登记可以并申请，但前一个转移登记可以登簿不缮证。

特殊情况下，对于未办理首次登记的不动产，因继承、受遗赠导致不动产权利转移的，由继承人或者受遗赠人一并申请首次登记和转移登记。首次登记申请人已经不能亲自申请，其继承人和直系亲属可以代为申请。

（二）一并申请登记的办理

（1）办理预售商品房买卖预告登记、预购商品房抵押登记时，要注意核查是否有在建建筑物抵押的相关信息。存在在建建筑物抵押的，当事人可先申请注销在建建筑物抵押权，也可一并申请办理，审核人员按先办理在建建筑物抵押权注销登记、再办理预售商品房买卖预告登记或预购商品房抵押登记的次序审核登簿。

（2）预购商品房预告登记转房屋所有权登记在登记操作上应际上是由两个登记行为构成，即房屋所有权首次登记、注销预告登记，可先行办理房屋所有权首次登记后再行注销预告登记；预购商品房抵押预告登记转抵押权登记在登记操作上实际由两个登记行为构成，即抵押权首次登记和预购商品房抵押预告登记的注销登记，应在办理预购商品房抵押预告登记转抵押权登记的同时一并办理抵押权预告登记转本登记，即办理抵押权首次登记后，再注销抵押权预告登记。注销前述预告登记的原因记载为"已转本登记"。

（3）存在在建建筑物抵押的，当事人应组合申请转建筑物抵押权登记。办理转建筑物抵押权登记，审查时应注意：转为建筑物抵押的范围不包含已办理预售商品房买卖预告登记、预购商品房抵押登记或预售备案的商品房、移交政府的房地产、拆迁赔偿的房地产、归业主共有的房地产以及产权归政府等不属于开发建设单位所有的房屋及所占土地权益；权属来源材料约定限整体抵押的，在转建筑物抵押时应保持相应整体的完整性。抵押权登记簿页应注意选择"土地和房屋"，登记类型选择变更登记，登记原因以及登记簿、登记证明的附记栏记载"在建建筑物抵押转建筑物抵押"。

（4）不动产变更登记指不动产登记簿记载事项发生变化，包括不动产的坐落、名称、界址、空间界限、面积、用途等自然状况，不动产权利的主体、类型、种类、内容、来源、期限、权利变化等权属状况，涉及不动产权利限制、提示并记载于登记簿的事项等发生变化。不动产变更登记导致抵押权变更的（不动产变更登记可能导致抵押权变更的情形包括不动产单元号、不动产权证书号、坐落、抵押人），不动产变更登记与抵押权变更登记可以一并申请，一并办理，可以先行办理不动产变更登记，再办理抵押权变更登记。

（5）不动产转移登记与抵押权首次登记或抵押权变更登记多见于"带押过户"，不动产转移登记与抵押权首次登记或者抵押权变更登记可以一并申请一并办理。

不动产转移登记与抵押权首次登记一并申请一并办理，借款人通过"借新贷还旧贷"的无缝衔接，实现"带押过户"。买卖双方及涉及的贷款方达成一致，约定发放新贷款、偿还旧贷款的时点和方式等内容，不动产登记机构合并办理转移登记、新抵押权首次登记与旧抵押权注销登记。

不动产转移登记与抵押权变更登记一并申请一并办理，即抵押权变更模式。通过抵押权变更实现"带押过户"。买卖双方及涉及的贷款方达成一致，约定抵押权变更等内容，不动产登记机构合并办理转移登记、抵押权转移登记以及变更登记。

（6）不动产的变更登记致使地役权变更的情形主要有，不动产（需役地或供役地）权利人姓名或者名称、身份证明类型或者身份证号码变更、不动产（需役地或供地）共有性质变更、需役地或者供役地自然状况（包括不动产的坐落、名称、界址、空间界限、面积、用途等）变更导致地役权相应事项变更；已经登记的地役权不得单独转让、抵押，因建设用地使用权、宅基地使用权、土地承包经营权等转让办理转移登记的，所设立的

财产保护与不动产登记

地役权一并转让并与建设用地使用权、宅基地使用权、土地承包经营权转移登记一并申请一并办理转移登记。

（7）不动产坐落等自然状况（包括不动产的坐落、名称、界址、空间界限、面积、用途等）发生变化的，变更登记可与其他登记可一并申请一并办理，可先行办理变更登记，再办理其他登记。

（8）预查封的被执行人为预购人，在预查封期间办理转移登记在被执行人名下的，同步办理预查封转查封。

预查封登记转查封登记，在登记程序上，需要先办理房屋所有权转移登记，再将预购商品房预告登记注销登记，然后在已转移登记至预购人名下的房屋上办理查封登记，后再将预查封登记注销，实际上需要办理 4 个登记业务。

住宅小区车库车位究竟应登记给谁

随着城市汽车的保有量的不断增长,停车位却无法满足正常的停车需要,停车位问题已成为重大的民生问题和社会关注度较高的问题。同时,经营性停车场较少,绝大多数的住宅小区车位又由开发商办理停车场收费许可证,对业主按月或按时收取停车费,有的车位甚至以长租合同的方式变相出售给他人,还有的被挪作他用,引发了众多业主的停车位纠纷。但在法律及实际管理层面,面对数量众多的住宅小区车库车位的确权登记却长期处于空白,既违背了物权法定原则,又造成大量的小区业主与开发商、小区与物业管理单位之间的矛盾纠纷,不利于社会的和谐稳定。随着《中华人民共和国民法典》的颁布实施,对住宅小区车库车位的确权登记应依法开展,对于存量住宅小区车库车位的确权登记也应按照自然资源部《关于加快解决不动产登记若干历史遗留问题的通知》(自然资发〔2021〕1号)的相关规定结合各地实际妥善解决。

一、住宅小区车库车位确权登记与建筑物区分所有权之关系

已经废止的《中华人民共和国物权法》首次引入了"建筑物区分所有权"概念，将建筑物按所有权分为业主专有部分、区分所有权业主共有部分及不区分所有权部分。住宅小区车库车位作为建筑物的一部分必然面临着按法律规定进行确权登记。但《物权法》虽然在一定程度上对住宅小区停车位权属的问题给予了明确界定，但是由于各方对法律在该问题上过于原则化规定的理解存在差异，对法条的具体理解适用的侧重角度也不尽相同，相关司法解释又缺乏对具体实施层面的指导，给实务中解决此类矛盾造成了不小的困扰。然而于2021年1月1日正式施行的《民法典》物权编有关停车位权属的规定较《物权法》并未调整，对停车位的权属仍沿用"约定归属"的规则，社会反响强烈。

目前，国内司法界、学术界及不动产登记实务界对住宅小区车库车位权属问题存在较大争议，如有登记说、面积分摊说、业主所有说、开发商所有说及约定归属说等各种说法，对住宅小区车库车位的确权登记各地处理的方式也不尽相同。鉴于我国《民法典》当前采用"约定归属"规则，看似是一种公平的方式，但并未改变住宅小区车库车位归属不明的状况，在法律没有明确住宅小区车位车库权属的情况下，仅靠当事人根据房地产买卖合同约定归属极易引起各种纠纷，更何况如果法律没有明确住宅小区车位车库归开发商所有，开发商与受让方签订的车位买卖合同的合法性也存异，这种状况也已无法适应我国社会经济发展需要。

针对住宅小区车库车位的归属和流转问题，《民法典》第275条和

《关于审理建筑物区分所有权纠纷案件具体应用法律若干问题的解释》（法释〔2009〕7号，2020年12月23日修正）第2、3、5、6条对其权属进行了初步的规定，但其规定不明确、过于原则化，导致不同种类的车位在适用时陷入困境。各地出台的管理条例和办法等地方规定虽然对车位的归属和流转进行了细致的规定，但是其侧重点不同，且地方条例及规定对物权作出规定似有越权之嫌，对物权的归属必须由法律作出规定。因此，中国目前并没有一个统一的法律体系解决住宅小区车库车位的权属问题，导致对住宅小区车库车位的确权登记也缺少法定依据，不动产登记实际工作中处理方式也是五花八门，不利于行政管理的合法性和规范性。为此，在解决住宅小区车位的问题上，笔者主张以建筑物区分所有权制度为框架，从建设工程规划文件到不动产登记载体都应该明示共有部分的内容，而不仅仅是从专有部分的角度公示建筑物区分所有权，将住宅小区车库车位划分为独立停车位、地面停车位、地下停车位、首层架空型车位和楼顶平台车位，根据停车位的不同特点，在建筑物区分所有权的理论框架下对其能否作为专有权的客体进行分类明确，最终采用区分原则对其进行权利归属的确定。为了进一步明确小区停车位的权属，笔者建议在研究建筑物区分所有权、物权理论及我国现有立法现状的基础上，立法应进一步明确和完善住宅小区停车位各类权属规定，并在不动产登记首次登记环节予以确权登记。

二、现行法律、行政法规对住宅小区车库车位的权属规定

《民法典》第275条（建筑区划内车位、车库的归属规则）规定："建

筑区划内，规划用于停放汽车的车位、车库的归属，由当事人通过出售、附赠或者出租等方式约定。占用业主共有的道路或者其他场地用于停放汽车的车位，属于业主共有。"法律对于车位车库的归属采用"约定归属"的规则。

《不动产登记暂行条例》作为程序法，对包括业主专有部分、共有部分及其他如停车位等未明确权属的未提及。

《〈不动产登记暂行条例〉实施细则》第35条规定："申请国有建设用地使用权及房屋所有权首次登记的，应当提交下列材料：（一）不动产权属证书或者土地权属来源材料；（二）建设工程符合规划的材料；（三）房屋已经竣工的材料；（四）房地产调查或者测绘报告；（五）相关税费缴纳凭证；（六）其他必要材料。"此规定更多是侧重于对申请不动产登记的程序及要件作出规范，在法律没有作出规定的前提下对确定权属亦未提及。

《〈不动产登记暂行条例〉实施细则》第36条规定："办理房屋所有权首次登记时，申请人应当将建筑区划内依法属于业主共有的道路、绿地、其他公共场所、公用设施和物业服务用房及其占用范围内的建设用地使用权一并申请登记为业主共有。业主转让房屋所有权的，其对共有部分享有的权利依法一并转让。"但对住宅小区车库车位是否属于"公共场所""公用设施"尚未明确。

三、不动产登记实务对住宅小区车库车位的确权登记

（一）不动产权籍调查与不动产首次登记的关系

不动产首次登记是不动产权利的第一次登记。未办理不动产首次登记的，不得办理不动产其他类型登记，但法律、行政法规另有规定的除外，

不动产首次登记对不动产在法律层面的归属具有重要的意义，其后的转移登记、变更登记和抵押登记均是依据首次登记所确立的权属进行，如果首次登记不对不动产的权属进行确权登记，则在其后的一系列登记程序中对不动产的权属则无从谈起，所以对住宅小区车库车位的确权登记首先就是要在首次登记环节予以明确。

不动产首次登记建筑物区分所有权及不区分所有权的依据主要为经不动产登记机构审查后的不动产权籍调查成果、不动产权籍测绘成果及判定不动产权属的其他材料。不动产权籍调查应按照《不动产权籍调查技术方案（试行）》开展，分为权属调查、不动产测量、成果审查和入库等内容，而不动产权属调查的核心是查清不动产的权利人，其依据是法律法规规定、不动产权属来源证明材料等。房屋等建筑物/构筑物权属调查的内容是：查清房屋等建筑物/构筑物权利人、坐落、项目名称、房屋性质、构（建）筑物类型、共有情况、用途、规划用途、幢号、户号、总套数、总层数、所在层次、建筑结构、建成年份、建筑面积、专有建筑面积、分摊建筑面积等内容。针对宗地内的建筑物区分所有权的共有部分，还应查清其权利人、构（建）筑物名称、构（建）筑物数量或者面积、分摊土地面积等。

不动产权籍调查成果主要是不动产权籍调查表：国有建设用地使用权的应包含地籍调查表（宗地图、界址点坐标表等）；国有建设用地使用权及房屋所有权的应包含地籍调查表、房屋调查表［项目信息表、房屋基本信息表、宗地图（分栋）、房产分户图等］；不动产权籍测绘成果：国有建设用地使用权的应包含地界放点报告等；国有建设用地使用权及房屋所有权的应包含不动产测绘成果审核意见书、房屋建筑面积测绘报告和建设工程竣工测量报告等。判定不动产权属的其他材料包括但不限于土地权属证明文件：土地出让合同书、划拨决定书、权利证书等；项目规划文件：建设工程规划许可证、规划复函、规划验收合格证等；其他材料：配套公共设施的归属说明、开发建设单位提供涉及区分所有权的说明、商品房预售许可证及商品房预售房号清单、合同约定移交政府的公建配套、属全体业主共有的物业管理用房等。

但是土地出让合同书、权籍调查成果、商品房买卖合同对住宅小区车库车位尤其是地下车库车位的权属记载往往不明确或无记载，无法确定是业主专有部分还是区分所有权业主共有部分，再加上法律对住宅小区车库车位归属的模糊规定，使得实操中对住宅小区车库车位的确权登记也处于模糊状态。

（二）不动产首次登记对建筑不同部分的分类处理

1. 登记建筑面积

实务中，多地不动产登记机构在建设单位申请国有建设用地使用权及房屋所有权首次登记时对可以明确权利人的采用登记发证的方式，根据土地使用权出让合同、建设工程规划验收合格证、不动产权籍调查成果等材料，在房屋首次登记环节确定可登记的部分及建筑面积。房屋首次登记的建筑面积等同于规定建筑面积（含地上、地下）与核增建筑面积（不含车库建筑面积）的总和，首次登记的权利人为建设单位。

地上建筑物面积分为地上规定建筑面积和地上核增建筑面积。地上规定建筑面积是指规划、土地行政主管部门在建设用地规划许可证、土地使用权出让合同书和规划验收合格证中规定的地上建筑面积；地上核增建筑面积是规划行政主管部门为了公共安全，方便公共活动、改善公共环境、鼓励配建机动车停车位等目的，经核定允许在地上规定建筑面积指标以外增建的特定用途的地上建筑面积，如架空层、避难层等。地下建筑面积分为地下规定建筑面积和地下核增建筑面积。地下规定建筑面积为规划、土地行政主管部门在建设用地规划许可证、土地使用权出让合同书和规划验收合格证中规定的地下建筑面积；地下核增建筑面积是规划行政主管部门为了利于公共安全、方便公共活动、改善公共环境、鼓励配建机动车停车位等目的，经核定允许在地下规定建筑面积指标以外增建的特定用途的地上建筑面积，如地下车库、设备用房等。

首次登记后分割分户到最小不动产单元（可以是栋、层、套）后除套内建筑面积和分摊面积登记在权利人名下外，对土地使用权出让合同、建设工程规划验收合格证、不动产权籍调查中记载的如物业服务用房、业委会办公用房、物业服务设备用房、消防控制室、人防报警间、架空绿化休闲、内庭院、消防车道、公用设备用房、地下通道、核增的建筑面积（不含车库建筑面积）计建筑面积的在不动产登记簿上予以记载，权利人为业主共有，不予分户登记办证。土地使用权出让合同中约定未计收地价款的警务室、居委会、文化活动室、垃圾房等可以确定权利人的配套房屋性质为非商品性质。

2. 不登记建筑面积

建筑物区分所有权业主共有部分为计登记建筑面积范围内共有部分和不计建筑面积的业主共有部分。所有权业主共有部分中的道路、绿地、广场、游泳池等不计建筑面积业主共有部分，填写共有部分名称、类别、占地面积，附一张总平示意图标识各部位位置及范围；在首次登记建筑面积范围内，计建筑面积未分摊的共有部分，如架空/架空绿化、避难层、城市公共通道、平台、物业管理用房、消防控制室等，填写共有部分名称、类型、建筑面积，所在位置填写在栋及层数。（属地下核增及地上停车等未明确产权的车库，不用记载在共有部分）

对小区内不计入建筑面积的部分如架空停车、地下停车库以及道路、绿地、空地、休憩地、连廊、走廊、天台、广场、泳池等不予登记。区分所有权业主共有部分未计建筑面积的共有部分如绿地、小区道路等通过总平面图标识各共有部分位置；计建筑面积未分摊共有部分的，在楼盘表中记载所在栋及所在层。

这样一来，在房屋首次登记及分户分证登记后，住宅小区车库车位就成了不被确权登记和发证的空白地带。

四、分类明确住宅小区车库车位的权利归属和不动产登记

（一）住宅小区地面停车位及非人防工程地下停车位的产权归属和不动产登记

以建筑物区分所有权理论为切入点，从住宅小区停车位所有权的原始取得与继受取得两方面对其权属界定进行确权登记。

对于除地面车库车位、人防工程涉及的地下车库车位外，其他车库车位如不在业主分摊建筑面积之内，应依据《民法典》建筑区划内车库、车位的权利归属采用"约定归属"的规则，停车位可以通过约定归属的方式，由业主继受取得其所有权，但属于区分所有建筑物共有部分的停车位不得约定由开发商所有；在未约定或未明确约定归属时，地面停车位属于全体业主共有，建筑物首层架空层停车位、地面独立多层停车楼停车位、地下非人防停车位属于开发商所有，建筑物屋顶平台停车位属于该栋建筑物的全体业主共有或为顶楼特定业主专有。

（1）地面停车位属于业主共有。对住宅小区地面停车位，应依据《民法典》第275条的相关规定对占用业主共有的道路或者其他场地用于停放

汽车的车位且在规划文件上明确为停车位的，应明确为业主共有，不得约定由开发商所有，开发商无权处置，不能将停车位随意出售或租借。应于房屋权属调查时权利人为"业主共有"，不填写具体业主姓名或名称，在办理国有建设用地使用权及房屋所有权首次登记时由不动产登记机构在登记簿上予以记载其面积及用途。

（2）建筑物首层架空层停车位属于专有部分。建筑物首层架空层停车位如不在业主分摊建筑面积之内，属于专有部分，开发商因建造行为，按照"谁投资、谁所有"原则，由开发商原始取得其所有权。应于房屋权属调查时权利人填开发商名称，在办理国有建设用地使用权及房屋所有权首次登记时由不动产登记机构在登记簿上予以记载其位置、面积及用途。

（3）地面独立多层停车楼停车位属于专有部分。地面独立多层停车楼停车位如不在业主分摊建筑面积之内属专有部分，开发商因建造行为，按照"谁投资、谁所有"原则，由开发商原始取得其所有权。应于房屋权属调查时权利人填开发商名称，在办理国有建设用地使用权及房屋所有权首次登记时由不动产登记机构在登记簿上予以记载其位置、面积及用途。

（4）地下非人防停车位属于专有部分。地下非人防停车位如不在业主分摊建筑面积之内属专有部分，开发商因建造行为，按照"谁投资、谁所有"原则，由开发商原始取得其所有权。应于房屋权属调查时权利人填开发商名称，在办理国有建设用地使用权及房屋所有权首次登记时由不动产登记机构在登记簿上予以记载其位置、面积及用途。

（5）建筑物屋顶平台停车位属于共有部分或专有部分的组成部分。建筑物屋顶平台停车位属于该栋建筑物的全体业主共有或为顶楼特定业主专有。

（二）人防工程涉及的地下车库权利归属及不动产登记

目前，人防工程涉及的地下车库权属国家尚无法律法规予以明确，这不利于人防工程建设的资本扩张，不利于平战结合开发利用层次的提升，不利于平时维护管理和平战转换措施的落实，同时也引发了利益归属的纠纷，增加了社会不稳定因素。从实践看，目前部分省市对人防工程产权的认定并不统一。如湖南省于2004年颁布的《湖南省人民防空工程产权管理办法》（省政府187号令）规定了人防工程实行"谁投资、谁所有"的产权确权原则，明确了人防工程涉及的地下车库用途、产权归属问题并规定了人防工程涉及的车库产权登记按房屋登记办法办理。根据这一办法，该省对人防工程办理了产权证书。江苏省有关文件规定人防工程归国家所有。而《广州市人民防空工程建设和使用管理实施办法》第35条规定："凡建设费用列入商品房综合开发成本，按规划统一建设的人防工程，均列入本市公共人防工程管理，作为国家的人防战备设施。开发建设单位不得出售，并按开发建设单位的隶属关系，移交市、区人防办统一管理和使用。"

由于相关法律法规对车库车位的产权归属未作出明确规定，导致人防工程在实际执行过程中没有明确产权归属，也没有对此涉及的地下车库车位进行不动产登记，所以用作地下车库的人防工程，也出现了产权不统一的情况。

笔者认为，人防工程涉及的地下车库应视为《民法典》第274条所述的"建筑区划内的公用设施"，属于业主共有，应于房屋权属调查时权利人为"业主共有"，不填写具体业主姓名或名称，登记机构在办理国有建设用地使用权及房屋所有权首次登记时由不动产登记机构在登记簿上予以记载其面积及用途。

五、结语

一方面，针对目前住宅小区车位车库困境，建议通过完善《中华人民共和国民法典》《中华人民共和国人民防空法》《中华人民共和国土地管理法》《中华人民共和国城乡规划法》《中华人民共和国城市房地产管理法》《物业管理条例》《不动产登记暂行条例》《〈不动产登记暂行条例〉实施细则》以及在未来出台的《不动产登记法》的有关条款中予以明确车位车库确权及不动产登记，使住宅小区车库车位，尤其是人防工程涉及的地下车库确权和登记有法可依。

另一方面，地方可试点国有建设用地地上地下空间确权登记，制定包括地下车库车位在内的地下房屋等建（构）筑物所有权确权登记办法，允许国有地上、地下使用权分层设立、分层使用、分层确权登记。与地表建筑结建的地下建（构）筑物，其土地权利确定为地表国有建设用地使用权，应与地下建（构）筑物一并办理首次登记。不与地表建筑物直接连为一体，独立开发建设的地上、地下建（构）筑物，其土地权利确定为国有地上、地下使用权，可单独办理国有地上、地下使用权首次登记，并在登记簿和不动产权证书中分别注明"地上空间"或"地下空间"字样。

不动产抵押权登记疑难问题解析

> 抵押权登记在不动产登记业务中占据半壁江山，是不动产登记机构日常主要业务，但是抵押权登记仍会存在一些疑难问题，本部分就不动产抵押登记中几种常见的疑难问题从法律和业务层面进行分析。

一、关于抵押权成立与抵押合同的有效性的问题

《民法典》第394条规定："为担保债务的履行，债务人或者第三人不转移财产的占有，将该财产抵押给债权人的，债务人不履行到期债务或者发生当事人约定的实现抵押权的情况，债权人有权就该财产优先受偿。不动产抵押权登记是当事人为了保证债权的实现，以不占有抵押物为前提通过签订借款合同、抵押合同并由不动产登记机构将抵押事项记载于不动产登记簿，该抵押权设立。"

抵押权登记具有绝对效力，其内容与抵押合同的约定不一致的，以抵押登记为准。自然人、法人或者非法人组织为保障其债权的实现，依法以

不动产设定抵押的，可以由当事人持不动产权属证书、抵押合同与主债权合同等必要材料，共同申请办理抵押登记。抵押合同可以是单独订立的书面合同，也可以是主债权合同中的抵押条款。

不动产抵押权成立的条件有4个，一是抵押物不属于《民法典》第399条规定的禁止抵押的财产；二是抵押权人和抵押人的主体是可以作为抵押权人和抵押人的自然人、法人或者非法人组织；三是借款合同、抵押合同有效；四是经不动产登记机构依法登记。抵押权尽管登记设立，但是未经登记的抵押合同除非出现合同无效的情形，均是有效的，只是抵押权未登记的不具有优先受偿权。

（一）禁止抵押的财产范围

按照《民法典》第399条的规定，禁止抵押的不动产有：土地所有权；宅基地、自留地、自留山等集体土地所有权，但法律规定可以抵押的除外；学校、幼儿园、医疗机构等为公益目的成立的非营利法人的教育设施、医疗卫生设施和其他公益设施；所有权、使用权不明或者有争议的财产；依法查封、扣押、监管的财产；法律、行政法规规定不得抵押的其他财产（如《文物保护法》第24条规定，国有不可移动文物不得转让、抵押）。

需要指出的是，部分抵押物的种类虽然属于《民法典》规定的禁止抵押的财产，但是法律另有规定且符合条件可以抵押的不动产仍然可以抵押，如以划拨方式取得的建设用地，集体建设用地（乡镇、村企业的建设用地使用权不得单独抵押，以乡镇、村企业的厂房等建筑物抵押的，其占用范围内的建设用地使用权一并抵押），宅基地使用权（仅限试点区域，且应与农房一并抵押），教育设施、医疗卫生设施、养老服务设施和其他公益设施以外的不动产。

财产保护与不动产登记

根据《全国人民代表大会常务委员会法制工作委员会对〈关于私立学校、幼儿园、医院的教育设施、医疗卫生设施能否抵押的请示〉的意见》（法工办发〔2009〕231号）的规定，私立学校、幼儿园、医院的教育设施、医疗卫生设施也是社会公益设施，不得抵押。但是，根据《最高人民法院关于适用〈中华人民共和国民法典〉有关担保制度的解释》（法释〔2020〕28号）第6条的规定，登记为营利法人的学校、幼儿园、医疗机构、养老机构等提供担保，当事人以其不具有担保资格为由主张担保合同无效的，人民法院不予支持。由此可见，对营利法人的学校、幼儿园、医疗机构、养老机构的教育设施、医疗卫生设施、养老服务设施和其他公益设施能否抵押，及其抵押效力如何，不能一概而论地认定其不能抵押或其抵押合同无效。同样的，根据《最高人民法院关于适用〈中华人民共和国民法典〉有关担保制度的解释》（法释〔2020〕28号）的规定，在购入或者以融资租赁方式承租教育设施、医疗卫生设施、养老服务设施和其他公益设施时，出卖人、出租人为担保价款或者租金实现而在该公益设施上保留所有权，抵押合同有效；当事人以依法被查封或者扣押的财产抵押，抵押权人请求行使抵押权，经审查查封或者扣押措施已经解除，抵押权人可以行使抵押权。抵押人以抵押权设立时财产被查封或者扣押为由主张抵押合同无效的，人民法院不予支持。此规定同样适用于以依法被监管的财产抵押；以违法的建筑物抵押的，抵押合同无效，但是一审法庭辩论终结前已经办理合法手续的除外；当事人以建设用地使用权依法设立抵押，抵押人以土地上存在违法的建筑物为由主张抵押合同无效的，人民法院不予支持；抵押人以划拨方式取得的建设用地使用权抵押，以及以划拨建设用地上的建筑物抵押的，亦可行使抵押权，抵押权实现时所得的价款优先用于补缴建设用地使用权出让金。

抵押财产对抵押合同效力的影响见表 2-1 所示。

表 2-1　抵押财产对抵押合同效力影响一览表

抵押财产种类	对抵押合同效力的影响
土地所有权	抵押合同无效（土地公有，不可流通，无法变现）
宅基地、自留地、自留山等集体土地所有权	抵押合同无效（有社会保障性质），除非法律规定可以抵押 1. 宅基地使用权，试点地区农房可与宅基地一并抵押 2. 土地经营权可以抵押 3.《土地管理法》第 63 条规定，通过出让等方式取得的集体经营性建设用地使用权可以转让、互换、出资、赠与或者抵押，但法律、行政法规另有规定或者土地所有权人、土地使用权人签订的书面合同另有约定的除外 4. 乡镇、村企业建设用地使用权可以抵押（只能随厂房一并抵押）。乡镇、村企业的建设用地使用权不得单独抵押。以乡镇、村企业的厂房等建筑物抵押的，其占用范围内的建设用地使用权一并抵押
学校、幼儿园、医疗机构等为公益目的成立的非营利法人的教育设施、医疗卫生设施和其他公益设施	抵押合同无效。但以下情形除外： 1. 在购入或者以融资租赁方式承租教育设施、医疗卫生设施、养老服务设施和其他公益设施时，出卖人、出租人为担保价款或者租金实现而在该公益设施上保留所有权 2. 以教育设施、医疗卫生设施、养老服务设施和其他公益设施以外的不动产、动产或者财产权利设立担保物权 3. 登记为营利法人的学校、幼儿园、医疗机构、养老机构等提供担保，当事人以其不具有担保资格为由主张担保合同无效的，人民法院不予支持

续表

抵押财产种类	对抵押合同效力的影响
违法建筑物	抵押合同无效，除非一审法庭辩论终结前已经办理合法手续 注意：以建设用地使用权抵押，抵押合同不因土地上有违法建筑物而无效
划拨建设用地使用权	合同有效 以划拨建设用地使用权或其上的建筑物抵押，即使未办理批准手续，抵押合同也不会因此无效，只是影响实现抵押权，实现时优先补缴出让金
所有权、使用权不明或者有争议的财产	合同有效 物权效力：经调查为有权处分，可以继受取得抵押权；经调查为无权处分，满足善意取得条件可善意取得抵押权
查封、扣押、监管财产	合同有效 1. 查封或者扣押措施已经解除的，抵押合同有效，抵押权人可行使抵押权，只是影响抵押权实现 2. 查封、扣押、监管措施解除的，才能实现抵押权

（二）抵押人主体资格的限制

关于抵押人的主体资格，机关法人一般不能成为抵押人，但是经国务院批准为使用外国政府或者国际经济组织贷款进行转贷的除外；居民委员会、村民委员会一般不能成为抵押人，但是依法代行村集体经济组织职能的村民委员会，依照村民委员会组织法规定的讨论决定程序对外提供担保的除外。

如果当事人不申请以该不动产为抵押物的抵押权登记，该不动产在物权上将没有该权利负担，不动产权没有此项限制，当债务人不履行义务，债权人无权就债务行使优先受偿权。但当事人依法签订的借款合同、抵押合同是有效的，当事人不履行借款合同规定的义务，债权人可通过诉讼、仲裁等方式行使债权。

（三）对抵押权人主体资格的限制

抵押权人并无法律限制，理论上除了机关法人和居民委员会、村民委员会等不宜作为抵押权人外，自然人、法人和非法人组织均可以作为抵押权人，最常见的抵押权人就是金融机构。但是，原国土资源部《关于规范土地登记的意见》（国土资发〔2012〕134号）第5条规定，取得金融许可证的金融机构以及经省级人民政府主管部门批准设立的小额贷款公司等可以作为放贷人申请土地抵押登记。实践中，有的不动产登记机构会以该规定为依据，拒绝给金融机构以外的企业与个人办理不动产抵押登记。

《国务院办公厅关于完善建设用地使用权转让、出租、抵押二级市场的指导意见》（国办发〔2019〕34号）提出，放宽对抵押权人的限制。自然人、企业均可作为抵押权人申请以建设用地使用权及其地上建筑物、其他附着物所有权办理不动产抵押相关手续，涉及企业之间债权债务合同的须符合有关法律法规的规定。

《自然资源部 国家税务总局 中国银保监会关于协同推进"互联网+不动产登记"方便企业和群众办事的意见》（自然资发〔2020〕83号）指出，保险公司、金融资产投资公司、保险资产管理公司、银行理财子公司、金融资产管理公司在相关业务经营中，均可以按照《中国银监会国土资源部关于金融资产管理公司等机构业务经营中不动产抵押权登记若干问题的通知》（银监发〔2017〕20号），作为抵押权人申请办理不动产抵押登记。

二、关于集体建设用地和宅基地使用权抵押的问题

《民法典》第399条所指的法律法规规定可以抵押的不动产主要有《土地管理法》第63条规定的通过出让等方式取得的集体经营性建设用地使用权可以转让、互换、出资、赠与或者抵押，但法律、行政法规另有规定或者土地所有权人、土地使用权人签订的书面合同另有约定的除外。所以，以出让方式取得的集体建设用地使用权是可以依法抵押的。随着我国农村土地实行集体所有权、农户承包权、土地经营权"三权"分置改革，即土地所有权归集体、土地承包权归农户、土地经营权归土地经营权人，由集体土地所有权、土地承包经营权衍生出的土地经营权是可以依据《农村土地承包法》的有关规定抵押的。

依照《民法典》的规定，集体所有的宅基地使用权不得设定抵押权。但是，2017年12月27日第十二届全国人民代表大会常务委员会第三十一次会议通过了《全国人民代表大会常务委员会关于延长授权国务院在北京市大兴区等二百三十二个试点县（市、区）、天津市蓟州区等五十九个试点县（市、区）行政区域分别暂时调整实施有关法律规定期限的决定》，先后两批次共107个县（市、区）试行农村宅基地制度改革试点。试点期间，在试点地区暂时调整实施《民法典》关于集体所有宅基地的使用权不得抵押的规定，允许以公民住房财产权（含宅基地使用权）抵押贷款。试点地区列入农民住房财产权抵押贷款试点的地区可依法办理，但须按照一体登记原则依申请办理宅基地使用权及房屋建筑物抵押登记，不得单独办理农村房屋所有权抵押登记。

三、关于已有未竣工建筑物单独办理土地抵押登记的问题

疑难问题：房屋等建筑物、构筑物未竣工验收，是否可以申请国有建设用地使用权抵押登记？国有建设用地上有违法建筑，可否申请国有建设用地使用权抵押登记？

《民法典》第397条规定，以建筑物抵押的，该建筑物占用范围内的建设用地使用权一并抵押。以建设用地使用权抵押的，该土地上的建筑物一并抵押。抵押人未依照前款规定一并抵押的，未抵押的财产视为一并抵押。《最高人民法院关于适用〈中华人民共和国民法典〉有关担保制度的解释》（法释〔2020〕28号）第49条规定，当事人以建设用地使用权依法设立抵押，抵押人以土地上存在违法的建筑物为由主张抵押合同无效的，人民法院不予支持。根据司法解释，国有建设用地上有违法建筑的其抵押合同有效，违法建筑不得办理抵押，但可以办理建设用地使用权抵押登记。

已有房屋等建筑物的宗地，在竣工验收通过后，建设用地使用权和房屋等筑物应当一并申请抵押登记；房屋等建筑物尚未工的，审查是否存在土地闲置问题之后，可以一并申请建设用地使用权以及在建建筑物抵押权的首次登记。

四、关于有房产证无土地证可否办理抵押登记的问题

《不动产登记暂行条例》及其实施细则均规定：实施统一登记前依法

颁发的各类不动产权证书继续有效，登记的权利没有变动，不得强制要求更换不动产权证书。《民法典》第 349 条规定："设立建设用地使用权的，应当向登记机构申请建设用地使用权登记。建设用地使用权自登记时设立。"《民法典》第 356 条规定："建筑物、构筑物及附属设施转让、互换、出资或者赠与的，该建筑物、构筑物及其附属设施占用范围内的建设用地使用权一并处分。"

根据"不变不换"原则，对原相关部门依法已经颁发的证书实行继续有效，原权利没有变更，不得强制换证。只要经查询原房产证合法有效且没有限制信息，核实土地权属来源清晰、合法，就可申请办理不动产转移、变更和抵押登记，可以依法颁发不动产权证书和不动产登记证明。对于有房地产而无土地证的，应由申请人提交相关申请材料，先办理建设用地使用权和房屋所有权首次登记。已有土地总证的，可依据《民法典》第 349 条和 356 条的规定："直接办理相应不动产登记，但是应由申请人对此出具具结书，由不动产登记机构予以公告后办理"。

五、关于划拨国有建设用地抵押的问题

《民法典》第 395 条和第 399 条规定了财产可以抵押和不得抵押的情形。《城镇国有土地使用权出让和转让暂行条例》第 45 条规定：符合下列条件的，经市、县人民政府土地管理部门和房产管理部门批准，其划拨土地使用权和地上建筑物、其他附着物所有权可以转让、出租、抵押。（一）土地使用者为公司、企业、其他经济组织和个人；（二）领有国有土地使用证；（三）具有地上建筑物、其他附着物合法的产权证明；（四）依照本条例第二章的规定签订土地使用权出让合同，向当地市、县人民政府补交土地使

用权出让金或者以转让、出租、抵押所获收益抵交土地使用权出让金。

原《担保法》第56条规定，拍卖划拨的国有土地使用权所得的价款，在依法缴纳相当于应缴纳的土地使用权出让金的款额后，抵押权人有优先受偿权。《最高人民法院关于适用〈中华人民共和国民法典〉有关担保制度的解释》（法释〔2020〕28号）第59条规定，抵押人以划拨建设用地上的建筑物抵押，当事人以该建设用地使用权不能抵押或者未办理批准手续为由主张抵押合同无效或者不生效的，人民法院不予支持。抵押权依法实现时，拍卖、变卖建筑物所得的价款，应当优先用于补缴建设用地使用权出让金。《城市房地产管理法》第51条规定，设定房地产抵押权的土地使用权是以划拨方式取得的，依法拍卖该房地产后，应当从拍卖所得的价款中缴纳相当于应缴纳的土地使用权出让金的款额后，抵押权人方可优先受偿。《国土资源部关于国有划拨土地使用权抵押登记有关问题的通知》（国土资发〔2004〕9号）规定，以国有划拨土地使用权为标的物设定抵押，土地行政管理部门依法办理抵押登记手续，即视同已经具有审批权限的土地行政管理部门批准，不必再另行办理土地使用权抵押的审批手续后，抵押权人方可优先受偿。划拨土地使用权不得单独抵押，但权利人以依法取得的建（构）筑物进行抵押的，划拨土地使用权可与建（构）筑物一并抵押。《国务院关于第五批取消和下放管理层级行政审批项目的决定》（国发〔2010〕21号）最终取消了"国有划拨土地使用权抵押审批"这一行政审批事项。《国土资源部印发〈关于完善建设用地使用权转让、出租、抵押二级市场的试点方案〉的通知》（国土资发〔2017〕12号）中，对划拨土地使用权抵押问题再次回应，提出要"合理确定划拨建设用地使用权抵押价值。以划拨方式取得的建设用地使用权依法抵押，其抵押价值应根据划拨建设用地使用权权益价格设定"。

由此可见，国有划拨土地使用权为标的物设定抵押的，可依法办理不动产抵押登记，不必再另行办理土地使用权抵押的审批手续，但《民法典》及其他法律法规禁止抵押的除外。但是，能否抵押，一是对抵押物是否属于法律规定禁止抵押的财产，二是抵押人是否为适格主体。抵押人不得是国家机关以及以公益目的的事业单位、社会团体，应当提交国有土地使用证和地上建筑物、其他附着物的产权证明或提交土地出让金，在抵押权实现时，拍卖、变卖建筑物所得的价款，应当按此时土地价格优先用于补缴建设用地使用权出让金。

六、关于顺位抵押的问题

疑难问题：对国有建设用地已设立抵押权，申请在建建筑物抵押权登记或房屋等建筑物抵押登记，可否受理？怎么办？

一方面，《民法典》并未禁止重复抵押。《民法典》第414条规定：同一财产向两个以上债权人抵押的，拍卖、变卖抵押财产所得的价款依照以规定清偿：抵押权已登记的，按照登记的先后顺序清偿。第200条规定，建设用地使用权抵押后，该土地上新增的建筑物不属于抵押财产。该建设用地使用权实现抵押权时，应将该土地上新增的建筑物与建设用地使用权一并处分，但新增建筑物所得的价款，抵押权人无权优先受偿。

另一方面，对于多次抵押的登记顺序，《〈不动产登记暂行条例〉实施细则》第67条规定，同一不动产上设立多个抵押权的，不动产登记机构应当按照受理时间的先后顺序依次办理登记，并记载于不动产登记簿。当事人对抵押权顺位另有约定的，从其约定办理登记。

国际上，德国和瑞士实行顺位固定主义，即不论前面的抵押是否注销，后面的抵押都不可变更顺位；而法国、日本、中国等国家则实行顺位升进主义，前面抵押注销，后面抵押可依法顺位，并且抵押权人之间也可协商变更抵押顺位。

对国有建设用地已设定抵押权，在建房时或建房后，可办理在建工程抵押登记或房屋等建筑物抵押登记。不必先行注销建设用地使用权抵押登记。抵押权人应签署已知悉国有建设用地已经抵押，且自担风险的书面承诺，且房地产主体必须前后一致。房地产开发商在建设用地使用权、在建建筑物抵押后如需进行商品房预售，不动产登记机构应在抵押权人同意后办理相关不动产登记。将预售的商品房及其分摊土地排除在抵押房产之外。根据《实施细则》第67条的规定，同一不动产上有多个抵押权，不动产登记机构应当按照受理时间的先后顺序依次办理登记，并记载于不动产登记簿。当事人对抵押权顺位另有约定，从其约定办理登记。

七、关于超额抵押的问题

原《担保法》第35条规定，抵押人所担保的债权不得超出其抵押物的价值。依据这一规定，超额抵押在我国原来是不允许的。2006年，中国人民银行等三部门文件规定，确定抵押物价值时可协商确定，可不需评估报告。《民法典》对抵押人所担保的债权是否可以超出其抵押物的价值并无明确限制，且《民法典》第213条规定，登记机构不得要求对不动产进行评估。这一规定实质上就为超额抵押提供了可能。

实务中，有关不动产价值的评估的问题，不动产登记机构不能做强制要求，是否存在超额抵押的问题，主要依据债权双方约定的内容进行合理审慎审查。有些地方在受理抵押登记时，对申请人进行询问是否存在超额抵押的情况，是否明显超出当地房地产市场价格的问题。实际上这种做法也超出了登记机构的法定职责，应慎用。

八、关于民间借贷抵押问题

《民法典》第394条对抵押权进行了界定，规定抵押权是指债务人或者第三人以不转移对本法第34条所列财产的占有，将该财产作为债权提供担保。债务人不履行债务时，债权人有权依照本法规定以该财产折价或者以拍卖、变卖该财产的价款优先受偿。《〈不动产登记暂行条例〉实施细则》第66条规定，自然人、法人或者非法人组织为保障其债权的实现，依法以不动产设定抵押的，可以由当事人持不动产权属证书、抵押合同与主权合同等必要材料，共同申请办理抵押登记。

自然人、法人或者非法人组织在借贷、买卖等民事活动中，为保障其债权实现，依法以不动产设定抵押的，可以申请办理不动产抵押登记，法人或非法人组织之间因民间借贷申请不动产抵押权登记的，应提交借贷行为确为生产、经营需要的书面证明材料，以及借贷行为不违反法律法规强制性规定的书面保证，自然人作为抵押权人的需按照《民法典》第679条"自然人之间的借款合同，自贷款人提供借款时生效"的规定出具收款证明、提供凭证。

九、关于土地出让合同对抵押有限制性约定的工业用地、高新园区用地及其地上建筑物的抵押问题

有些地方的土地出让合同对出让的土地及地上建筑物抵押会有限制性约定，如只允许整体抵押，抵押金额不超过土地及地上建筑物的净值等。

如《深圳经济特区高新技术产业园区条例》第 32 条规定，以协议方式取得的高新区土地使用权和建筑物用于抵押的，可以申请房地产抵押登记。土地抵押价格不得高于原出让合同的剩余地价，建筑物抵押价格不得高于建筑物成本价减折旧价。《深圳市工业及其他产业用地供应管理办法》第 22 条规定，以出让方式供应的重点产业项目用地和一般产业项目用地允许抵押，但抵押金额不得超出合同剩余年期地价与建筑物残值之和。

因此，对工业用地及高新园区用地及其地上建筑物抵押，不同于一般房地产抵押，需要依照相关规定进行审查办理。

十、关于在建建筑物抵押的问题

在建建筑物抵押，是指以正在建造、尚未办理所有权首次登记的房屋等建筑物连同其所占的建设用地设定的抵押。在建建筑物抵押前提是建设用地使用权已登记（已取得建设用地使用权的不动产权证书）、未办房屋首次登记，项目已取得建设工程规划许可证。

在建建筑物的抵押范围应当为建设用地使用权以及全部或者部分在建建筑物，具体范围由抵押权双方当事人约定，抵押合同应约定不包含已经办理了预售商品房买卖预告登记、预购商品房抵押登记或预售备案的商品房、建成后移交政府的房地产、拆迁赔偿的房地产、归业主共有的房地产以及产权归政府等不属于开发建设单位所有的房地产。土地权属来源材料对抵押有特别约定的，应同时执行其特别约定。

在建建筑物抵押权登记，要基于预设的房屋单元建立登记簿册，再将登记事项记载于该簿册的抵押权登记簿页，不动产类型选择"土地和在建建筑物"，应注意抵押范围不包含已经办理了预售商品房买卖预告登记、预购商品房抵押登记或预售备案的商品房、建成后移交政府的房地产、拆迁赔偿的房地产以及归业主共有、产权归政府等不属于开发建设单位所有的房地产。

办理在建建筑物抵押权登记，应按照《〈不动产登记暂行条例〉实施细则》的规定进行实地查看，查看的内容主要是查看抵押的在建建筑物坐落及其建造等情况，并填写查看记录。

十一、关于不动产登记簿与抵押登记证明的问题

根据《国土资源部关于启用不动产登记簿证样式（试行）的通知》（国土资发〔2015〕25号）不动产登记簿"抵押权登记信息"页通过不动产单元号与不动产权利信息关联，匹配相应的抵押不动产类型，登记簿记载项包括抵押权人、证件种类、证件号码、抵押人、抵押方式、登记类型、登记原因、在建建筑物坐落、在建建筑物抵押范围、被担保主债权数额（万元）、最高债权额（万元）、担保范围、债务履行期限（债权确定期间）、是否存在禁止或限制转让抵押不动产的约定、最高债权确定事实和数额、不动产登记证明号、登记时间、登簿人、注销抵押业务号、注销抵押原因、注销时间、登簿人、附记。

抵押登记证明记载事项：权利人、共有情况、义务人、不动产单元号、权利类型、权利性质、用途、面积、使用期限、权利其他状况。权利人就是抵押权人，义务人为抵押人。权利其他状况栏主要记载不动产权证号、担保范围、担保的主债权数额（最高债权额）。

通过不动产登记簿（抵押权登记信息）与抵押登记证明的对比，两者在记载事项上并不完全一致，抵押登记证明并不需要记载抵押合同编号、债

务履行期限（债权确定期间），在办理抵押权变更登记时，也无须记载抵押权首次登记日期，这与抵押权人实际需求不一致，需要进一步完善。

十二、关于一般抵押和最高额抵押的异同

一般抵押和最高额抵押是抵押权登记设立的两种方式。一般抵押是指为担保债务的履行，债务人或者第三人不转移不动产的占有，将该不动产抵押给债权人，当事人依登记设立的是一般抵押权。最高额抵押是指为担保债务的履行，债务人或者第三人对一定期间内将要连续发生的债权提供担保不动产的，当事人依登记设立的是最高额抵押权。一般抵押和最高额抵押在担保的主债权数额（最高债权额）、债务履行期限（债权确定期间）及债权确定并不相同，但除此之外，在担保范围、抵押权实现的规则是相同的。一般抵押与最高额抵押的异同见表2-2。

表2-2 一般抵押与最高额抵押的异同表

项目	一般抵押	最高额抵押
定义	为担保债务的履行，债务人或者第三人不转移不动产的占有，将该不动产抵押给债权人的，当事人依登记设立的是一般抵押权	为担保债务的履行，债务人或者第三人对一定期间内将要连续发生的债权提供担保不动产的，当事人依登记设立的是最高额抵押权
设定	登记时设立	登记时设立
担保的债权	被担保主债权数额	最高债权额 注意：最高额抵押权设立前已经存在的债权，经当事人同意，可以转入最高额抵押担保的债权范围

续表

项目	一般抵押	最高额抵押
期限（期间）	债务履行期限	债权确定期间（有约定的从约定，无约定或约定不明，自设立之日起两年）
债权确定	—	最高债权确定：事实和数额 1. 约定的债权确定期间届满 2. 没有约定债权确定期间或者约定不明确，抵押权人或者抵押人自最高额抵押权设立之日起满二年后请求确定债权 3. 新的债权不可能发生 4. 抵押权人知道或者应当知道抵押财产被查封、扣押 5. 债务人、抵押人被宣告破产或者解散。 注意：最高债权确定后应申请最高额抵押确定登记（或者为最高额抵押变更登记，将最高额抵押转为一般抵押）
债权人转让部分债权	—	最高额抵押权担保的债权确定前，债权人转让部分债权的，除当事人另有约定外，不得办理最高额抵押权转移登记。 债权人转让部分债权，当事人约定最高额抵押权随同部分债权的转让而转移的，应当分别处理： 1. 当事人约定原抵押权人与受让人共同享有最高额抵押权的，应当申请最高额抵押权转移登记和最高额抵押权变更登记 2. 当事人约定受让人享有一般抵押权、原抵押权人就扣减已转移的债权数额后继续享有最高额抵押权的，应当一并申请一般抵押权转移登记和最高额抵押权变更登记 3. 当事人约定原抵押权人不再享有最高额抵押权的，应当一并申请最高额抵押权确定登记和一般抵押权转移登记

续表

项目	一般抵押	最高额抵押
担保的范围	有约定的,依照约定。无约定或约定不明的,担保范围包括主债权及其利息、违约金、损害赔偿金、实现抵押权的费用。(注:不动产抵押担保范围无保管担保财产的费用)	
一并抵押原则	1. 以建筑物抵押的,该建筑物占用范围内的建设用地使用权一并抵押。以建设用地使用权抵押的,该土地上的建筑物一并抵押。未一并抵押的,未抵押的财产视为一并抵押 2. 建设用地使用权抵押后,该土地上新增的建筑物不属于抵押财产。该建设用地使用权实现抵押权时,应当将该土地上新增的建筑物与建设用地使用权一并处分。但是,新增建筑物所得的价款,抵押权人无权优先受偿 3. 以集体所有土地的使用权依法抵押的,实现抵押权后,未经法定程序,不得改变土地所有权的性质和土地用途 4. 抵押权人应当在主债权诉讼时效期间行使抵押权;未行使的,人民法院不予保护	
抵押财产的确定	1. 债务履行期限届满,债权未实现 2. 抵押人被宣告破产或者解散 3. 当事人约定的实现抵押权的情形 4. 严重影响债权实现的其他情形	
抵押的效力	对标的物的效力: 1. 抵押效力及于从物 2. 对孳息的效力:债务人不履行到期债务或者发生当事人约定的实现抵押权的情形,致使抵押物被人民法院依法扣押的,自扣押之日起,抵押权人有权收取由抵押物分离的天然孳息或者法定孳息,但是抵押权人未通知应当清偿法定孳息义务人的除外。收取的孳息首先充抵收取孳息的费用,其次是主债权的利息,最后是主债权 3. 对添附物的效力:添附物归第三人时适用物上代位的有关规定。添附物归抵押人所有时抵押权及于整个抵押物 4. 对共有物的效力:共有时,抵押权及与抵押人的份额	

财产保护与不动产登记

续表

项目	一般抵押	最高额抵押
抵押的效力	对抵押人的效力——抵押人的权利： 1. 占有、使用、收益的权利 2. 处分权 ①抵押期间，抵押人可以转让抵押财产。当事人另有约定的，按照其约定。抵押财产转让的，抵押权不受影响。抵押人转让抵押财产的，应当及时通知抵押权人。抵押权人能够证明抵押财产转让可能损害抵押权的，可以请求抵押人将转让所得的价款向抵押权人提前清偿债务或者提存。转让的价款超过债权数额的部分归抵押人所有，不足部分由债务人清偿 简言之就是：没有约定的可以转让，有约定的也可以转让，但是应及时通知抵押权人 （注意：民法典实施前设立的抵押权须经抵押权人同意，民法典实施后的抵押权应通知抵押权人 ②就标的物再次设定抵押权 ③就抵押物为他人设定用益物权）	
	对抵押权人的效力——抵押权人的权利： 1. 抵押权的保全。抵押人的行为足以使抵押财产价值减少的，抵押权人有权请求抵押人停止其行为；抵押财产价值减少的，抵押权人有权请求恢复抵押财产的价值，或者提供与减少的价值相应的担保。抵押人不恢复抵押财产的价值，也不提供担保的，抵押权人有权请求债务人提前清偿债务 2. 处分抵押物的权利。在债权到期而未受清偿时，债权人有权将标的物进行处分以受偿 3. 对抵押权人的权利限制 ①抵押权人在债务履行期限届满前，与抵押人约定债务人不履行到期债务时抵押财产归债权人所有的，只能依法就抵押财产优先受偿 ②抵押权人可以放弃抵押权或者抵押权的顺位。抵押权人与抵押人可以协议变更抵押权的被担保主债权数额（最高债权额）、债权范围、抵押权顺位、债务履行期限（债权确定期间）发生变更导致抵押权变更的，如果该变更将对其他抵押权人产生不利影响的，应经其他抵押权人同意，否则不发生物权效力	

续表

项目	一般抵押	最高额抵押
抵押权实现	抵押权实现的条件： 1. 须抵押权有效存在 2. 须债务已届清偿期 3. 须债务人未清偿债务	
	抵押权实现的三种方式：折价、拍卖、变卖 债务人不履行到期债务或者发生当事人约定的实现抵押权的情形，抵押权人可以与抵押人协议以抵押财产折价或者以拍卖、变卖该抵押财产所得的价款优先受偿。协议损害其他债权人利益的，其他债权人可以请求人民法院撤销该协议	
	1. 抵押权人与抵押人未就抵押权实现方式达成协议的，抵押权人可以请求人民法院拍卖、变卖抵押财产 2. 抵押财产折价或者拍卖、变卖后，其价款超过债权数额的部分归抵押人所有，不足部分由债务人清偿	
	清偿顺序：同一财产向两个以上债权人抵押的，拍卖、变卖抵押财产所得的价款依照下列规定清偿： 1. 抵押权已经登记的，按照登记的时间先后确定清偿顺序 2. 抵押权已经登记的先于未登记的受偿 3. 抵押权未登记的，按照债权比例清偿 （注意：根据《最高人民法院关于商品房消费者权利保护问题的批复》（法释〔2023〕1号）第3条、《最高人民法院关于审理建设工程施工合同纠纷案件适用法律问题的解释（一）》（法释〔2020〕25号）第36条，在房屋不能交付且无实际交付可能的情况下，商品房消费者主张价款返还请求权优先于建设工程价款优先受偿权、抵押权以及其他债权。 清偿总顺序：商品房价款返还、建设工程价款＞已经登记的抵押权＞未登记抵押权＞其他债权。）	

十三、抵押权与租赁权之间的关系

抵押权与租赁权在法律性质上不同，抵押权是物权，租赁权是债权，两者在面临冲突时按照法律的规定行使其相应权利，总体来说分为以下两种情况，按具体情况分别处理。

（一）抵押权设立前，抵押财产已经出租并转移占有的，原租赁关系不受该抵押权的影响。《民法典》第405条规定，抵押权设立前，抵押财产已经出租并转移占有的，原租赁关系不受该抵押权的影响。抵押权实现时新的受让方应承继原租赁合同的权利义务，承租人有权请求房屋受让人继续履行原租赁合同。

（二）抵押权设立后，权利人出租抵押物，租赁关系不破抵押，抵押权人行使抵押权时租赁人无权干涉。《最高人民法院关于审理城镇房屋租赁合同纠纷案件具体应用法律若干问题的解释》（2020年修正）第14条规定，租赁房屋在承租人按照租赁合同占有期限内发生所有权变动，承租人请求房屋受让人继续履行原租赁合同的，人民法院应予支持。房屋在出租前已设立抵押权，因抵押权人实现抵押权发生所有权变动的除外。该司法解释应与本部分（一）结合起来看，两者的法律效果是相反的。其判断依据即看所涉房屋是"先租后抵"还是"先抵后租"，如果是"先租后抵"，在租赁期内物权处分，租赁合同不受影响；如果是"先抵后租"，租赁合同就不能对抗物权处分。

不动产转移登记疑难问题解析

> **问题提出：**
>
> 1. 划拨土地上房改房、单位集资房和经济适用住房等政策性住房如何办理不动产转移登记？
> 2. 国有划拨土地上涉及的拆迁安置小区自建安置房等房屋如何办理不动产转移登记？
> 3. 国家机关办公用地、城市广场、公共绿地、公园、文体、教育和医疗卫生等公益性划拨用地，改变为经营性用途申请转移登记的如何办理不动产转移登记？

不动产转移登记是指不动产因买卖、交换、赠与、继承、分割、强制性转移等原因致使其权属发生转移而进行的登记。如深圳市将不动产转移登记划分为二级转移登记和三级转移登记。一般将开发建设单位办理不动产首次登记后，第一次转移不动产而办理的登记称为二级转移登记；之后再次转移不动产而办理的登记称为三级转移登记。

财产保护与不动产登记

转移登记在不动产权利登记中四大主要的业务类型，不动产登记机构在日常工作中经常会遇到一些疑难问题，本部分就不动产转移登记中几种常见的疑难问题分析，提供业务处理的路径。

一、关于划拨土地上土地使用权及房屋所有权办理转移登记的问题

《不动产登记规程》（TD/T 1095-2024）规定，划拨国有建设用地使用权及房屋所有权流转的，应当提交有批准权的人民政府的批准文件；依法需要补交土地出让价款、缴纳税费的，应当提交土地出让价款缴纳凭证、税费缴纳凭证。

财政部、国土资源部、建设部《关于已购公有住房和经济适用住房上市出售补交土地出让金和收益分配管理的若干规定》（财综字〔1999〕113号）第2条规定，已购公有住房和经济适用房上市出售时，由购房人按规定缴纳土地出让金或相当于土地出让金的价款。

原国土资源部《关于已购公有住房和经济适用住房上市出售中有关土地问题的通知》（国土资用发〔1999〕31号）规定，已购公有住房和经济适用住房所在宗地为划拨土地的，从同一建筑的第一套房屋上市交易之日起计算土地出让年期，确定出让土地使用权截止日。此后其他各套房屋上市时，其土地出让年期相应缩短。已购公有住房和经济适用住房所在宗地为划拨土地的，只在同一建筑内第一套房上市交易时，购买方与土地行政主管部门签订土地使用权出让合同，确定土地有关权益和土地权益人的权利义务后，其他各套房屋上市交易时，只履行相应手续，不必再重复签订合同。

根据建设部等七部委《关于印发〈经济用住房管理办法〉的通知》

（建住房〔2007〕258号）第30条和第35条之规定，购买经济适用住房满5年，购房人上市转让经济适用住房的，应按照届时同地段普通商品住房与经济适用住房差价的一定比例向政府交纳土地收益等相关价款，具体交纳比例由市、县人民政府确定，政府可优先回购。购房人也可以按照政府所定的标准向政府交纳土地收益等相关价款后，取得完全产权；单位集资合作建房是经济适用住房的组成部分，其建设标准、优惠政策、供应对象、产权关系等均按照经济适用住房的有关规定严格执行。

划拨土地上的经济适用住房等政策性住房，可按《经济适用住房管理办法》的规定。在购买经济适用住房满5年，并按标准交纳土地收益等相关价款后，取得完全产权变更登记为商品房；或办理国有建设用地使用权及房屋所有权转移登记。房改房、单位资建房参照经济适用住房政策办理。

划拨土地上涉及的拆迁安置小区自建安置房等房屋办理不动产转移登记先必须要有房产证，并且土地权属来源合法，可参照经济适用住房政策办理，地方根据实际情况研究制定相应办法和标准。

国家机关办公用地、城市广场、公共绿地、公园、文化与体育、教育和医疗卫生等公益性划拨用地，改变为经营性用途申请转移登记的，必须经有批准权的人民政府审批同意、城乡规划部门出具宗地规划条件，在办理出让手续、缴纳土地使用权出让金之后，才能办理建设用地使用权及房屋所有权转移登记。

二、分散登记时期登记的房屋已登记土地未登记的转移登记问题

如原开发建设单位已注销、吊销或下落不明的，不动产登记机构应在

本地主流媒体上公告六十日，期满无异议，不动产登记机构将公告留存并归档。也可按照《自然资源部关于加快解决不动产登记若干历史遗留问题的通知》(自然资发〔2021〕1号)的规定办理转移登记。

对原房屋已登记土地未登记的情形主要把握三方面要点：一是仅限于"国有土地上"，集体土地不包括在内。这就与"小产权房"区别开来，若"小产权房"不合法，仍不能登记。二是只针对个人住宅或业主，不包括开发商等企业。对国有土地上个人通过合法途径出资购买且已取得房屋所有权证，考虑到购房人属善意取得方，并不具备鉴别其房屋所占用土地手续是否完善的能力。三是在具体操作层面，增加了如实告知、详细注记及建议依法查处等规范内容。

三、不动产登记信息不一致的转移登记问题

房地范围不一致，采取区别对待的方法，对建筑物超出原宗地界址或跨宗建设且已取得房屋所有权证的，购房人现申请办理不动产转移、抵押登记的，不动产登记机构应当受理，按实际用地范围确定用地界址，并在不动产登记簿证上如实记载相关情况。同时，通知相关部门要查明超出界址原因，存在违法用地行为的，将依法处理。对房屋未登记的，应取得自然资源主管部门会同规划主管部门出具的宗地调整批准文件后，方可申请办理不动产登记。

四、已购公房、福利房、经适房的转移登记问题

对已购公房、福利房、经济适用住房符合转移登记条件的，土地出

让金按照成交价的 1% 缴纳，土地使用期限调整为 70 年。如成交价低于税务部门计税评估价的，以税务部门认定的计税评估价为准。土地使用年限起始期为该宗地内第一套房屋上市交易之日起计算，其土地性质变更为出让。

五、住宅建设用地到期转移过户问题

在有关新政出台前，对少数住宅建设用地使用权期间届满的，可参照《国土资源部办公厅关于妥善处理少数住宅建设用地使用权到期问题的复函》（国土资厅函〔2016〕1712 号）办理，不需要提出续期申请，也不收取费用，可正常办理交易和登记手续。

涉及"土地使用期限"仍填写该住宅建设用地使用权的原起始日期和到期日期，并注明："根据《国土资源部办公厅关于妥善处理少数住宅建设用地使用权到期问题的复函》（国土资厅函〔2016〕1712 号）办理相关手续"。

六、房屋已经颁发房屋所有权证，但由于开发商未取得土地使用权、擅自增加容积率或者变更土地性质、超出批准范围，导致房屋难以办理不动产登记的问题

基于尊重历史、面对现实、信守政府承诺、维护群众合法权益的原则，将登记发证与处理历史遗留问题分开，结合具体区域、具体案例，提出解决问题清单，提请政府专项研究解决。只要权利人拥有合法的权属证书，都应予以承认其合法性，并及时办理不动产登记。

七、集体土地上的房屋所有权人去世，其继承人不属于该集体经济组织成员继承房屋的问题

我国《宪法》规定，城市的土地属于国家所有。农村和城市郊区的土地，除由法律规定属于国家所有的以外，属于集体所有。《土地管理法》也规定，宅基地和自留地、自留山，属于农民集体所有。因此，公民对宅基地（包括空置宅基地）只有使用权，没有所有权，因而宅基地不属于个人的合法财产。我国《民法典》规定，公民死亡时遗留的个人合法财产可以继承。而宅基地由于不属于个人的合法财产，因而公民死亡后宅基地不能继承。但如果地上建有房屋，则继承人有权继承房屋。根据"房地不可分离"的原理，继承房屋后宅基地使用权不是遗产不能继承，而且要有本集体成员的身份才可以有使用权。但现实情况是地随房走，继承了房屋而当然占有了该房屋范围之内的土地，这也不属于使用权的继承。因此，非集体经济组织成员可依法继承宅基地上的房屋，但不可继承宅基地使用权，如因房屋倒塌等灭失的，则不可单独继承宅基地使用权。继承人应进行必要的登记手续，在不动产登记簿附记和《不动产权证书》附记栏应注记"该权利人为本农村集体经济组织原成员住宅的合法继承人"。所继承的房屋未登记的，应按宅基地使用权/房屋所有权首次登记的要求登记后再予办理继承登记，宅基地规划、用地及房屋建设手续不齐的，可按有关历史遗留问题不动产登记的有关规定办理。

如何审慎审查建设用地使用权转移登记？

建设用地使用权转移登记，包括因买卖、赠与、继承、交换、作价入股（出资）、企业改制、企业分立合并、企业清算、调拨、土地分宗合宗等多种原因导致权属发生转移而由申请人申请办理的转移登记。在登记实务中，因法律法规、规范性文件以及土地出让合同对建设用地的再次转让有着诸多限制，此种登记类型相对少见，特别是以买卖形式转让建设用地的，更受到政策的限制而多以其他形式申请转移登记。

对此类转移登记的审慎审查有利于从法律法规和政策层面维护土地市场的有序转让，避免以"炒卖"土地为目的对建设用地使用权进行转移登记而违背产业用地支持产业发展初衷的情况出现。因此，登记人员应严格遵守法律法规、规范性文件及土地出让合同约定的要求，做到合法合规办理登记。

财产保护与不动产登记

一、审查建设用地使用权权属状况

建设用地使用权转移登记除常规的需要审查权属证书是否真实以及是否存在有效的抵押登记、查封登记、异议登记、地役权登记、司法文书裁定过户备注信息、内部行政限制措施备注信息等情形外,还应留意所申请转移登记的建设用地是否存在以下情形:

宗地是否已认定为闲置土地。依据《闲置土地处置办法》第4章第24条的规定,被认定为闲置土地的禁止转让、出租、抵押和变更登记。涉及建设用地使用权转移的,如涉案土地为已批未建用地,应向土地管理部门核实是否为闲置土地;如涉嫌闲置或已认定为闲置土地但未处置完毕的,应暂缓办理建设用地使用权转让工作。如已被土地管理部门认定为闲置土地,需要提供土地管理部门出具的《征缴土地闲置费决定书》及缴费凭证,且需提供《土地使用权出让合同补充协议》注明已征缴土地闲置费及其金额。如土地管理部门已认定为闲置土地但尚未办理后续处理的,建议审慎办理建设用地使用权转移登记。

宗地上是否有未批先建建筑物或虽报建但未办理房屋所有权首次登记。登记人员在办理建设用地使用权转移登记时,还应向有关部门核实所申请转移登记的宗地上是否有未批先建建筑物,如有关部门出具的意见已明确宗地上有未批先建建筑物,根据房地一体登记的原则不可单独办理土地转移,建议将违法建筑物处理后(拆除并经相关部门确认)再办理土地使用权转移登记,或者补报建手续对该房地产进行首次登记后再一起办理不动产转移登记,在违建未处理前转移登记应审慎办理。

核查所有土地使用权出让合同及其补充协议。登记人员在办理建设用地使用权转移登记时，除审查国有建设用地使用权不动产权证书本身的权属状况外，还应审查其原土地出让合同及其补充协议对宗地开发、转让是否有限制性条款，如土地使用人没按土地使用权出让合同及其补充协议的约定履行义务的，转移登记应审慎办理。多数土地出让合同对首次转让均有约定条件，在办理转移登记时应由土地主管部门审查其是否达到约定的首次转让条件，如房屋建设工程未达到投额比例的一般不予转让。有的地方政府也会以政府令的形式对国有建设用地使用权的转让做出规定，建议登记机构尽合理审慎审查义务。如《广东省土地使用权交易市场管理规定》要求国有企业、集体企业和公有经济成分占主导地位的公司、企业土地使用权转让（含以土地使用权为条件进行的合营合作建房），必须在土地交易机构公开进行；如《深圳市土地交易市场管理规定》明确提出，依出让方式取得土地使用权、已签订出让合同、交清市场地价后进行的土地使用权转让，应在交易中心通过招标、拍卖和挂牌交易方式公开进行。这些规定对建设用地使用权的转让都有具体的规定，当地登记机构在办理转移登记时应按照规定配合执行。

核查涉及土地是否有收地决定。登记人员在办理国有建设用地使用权转移登记时，应核查所申请转移登记的宗地是否已被人民政府或其授权土地管理部门决定收回土地，如人民政府或其授权的土地管理部门已对土地使用人发出《收回土地使用权决定书》，则应根据具体情况要求申请人提供土地管理部门与权利人签订的《收地补偿协议书》和新的《建设用地方案图》，另外还需提供土地使用权补充协议（注明收回的土地面积和新的用地面积）。如只是收地但没有后续处理，转移登记应审慎办理。

二、审查申请材料是否齐全

登记人员在办理建设用地使用权转移登记时，除了需要前置审查权属状况外，还应审查申请材料是否齐全且符合法定形式。

建设用地使用权转移登记申请材料除常规登记所需要的登记申请表、申请人身份证明、权属来源证明文件、划拨建设用地有批准权的人民政府批准文件、涉税完税凭证或不征免征证明外，还应根据不同的情况审查其申请材料是否齐全且符合法定形式。

因买卖申请转移登记的，提交买卖合同；因互换的则提交互换合同。登记人员应根据法律法规规章及规范性文件办理，并调阅该宗地办理土地使用权证所依据的土地出让合同及其补充协议，如土地出让合同或补充协议禁止对建设用地使用权再次转让或附有条件转让的，应按照其约定办理。

因赠与申请转移登记的，除一般申请材料外还应提交赠与合同公证书，或者赠与公证书和接受赠与公证书。

因继承申请转移登记的，还应提交继承权公证书。申请人未做继承权公证的，则应将按照《不动产登记规程》（TD/T 1095-2024）的要求提交相关材料。登记人员应审慎审查其继承权材料是否齐全且符合法定形式和要求。

以土地作价入股（出资）申请转移登记的，还应提交作价入股（出资）协议。协议对建设用地使用权作价有价款约定的，以其价款作为登记价。

因企业改制、分立合并导致权属发生转移的，还应提交上级主管部门批准改制文件和土地管理部门土地资产处置批准文件、企业分立合并材料及建设用地使用权转移材料。

因企业清算申请转移登记的，还应提交建设用地使用权买卖合同或转让协议、成立清算组或者管理人的法院裁定书或者其他证明文件。

因建设用地分宗合宗导致权属发生转移的，还应提交建设用地分宗合宗协议书或者记载有关宗地分宗合宗内容的生效判决书或者调解书、分宗合宗后新的宗地图、权籍调查材料。单方面申请的，还应提交法院协助执行通知书等。

因生效法律文书申请转移登记的，还应提交生效法律文书；单方申请的，还应提交法院协助执行通知书。生效法律文书未对建设用地价款进行注明的，还应提交强制执行机关或者申请人对建设用地登记价的书面确认材料。

三、审核和登簿

登记人员根据建设用地使用权权属核查情况，认真审核申请人提交的各种申请材料，如果涉及闲置用地、收地、违建、土地权利瑕疵等各种情况，应视具体情况决定是否不予登记或暂缓登记。如申请材料不齐全、不符合法定形式，应一次性通知申请人补正材料，逾期拒绝补正的可做退件处理。

土地使用权转移登记情况较为复杂，一定要谨慎对待，无论申请人通过哪种方式（买卖、作价入股、注资、强制转移）申请转移登记都应严格审查材料，遵照法律法规和规范性文件办理，避免出现办理质量问题。

如何办理"带押过户"?

自《民法典》实施以来,"带押过户"已经由理论变为现实,各地纷纷出台"带押过户"实施方案和登记规范,并试行开展"带押过户"业务。"带押过户"是指当事人在申请办理已抵押不动产转移登记时,无须提前归还旧贷款、注销抵押登记,即可完成过户、再次抵押和发放新贷款等手续,实现不动产登记和抵押贷款的有效衔接。"带押过户"与原业务办理模式相比,无须先将原抵押权注销后再行办理不动产转移登记,抵押人可以不用办理"赎楼"手续,从而减少了"赎楼"费用,也无须通过暂借资金还贷,减少了此部分资金成本。减少了交易成本,也带来了抵押不动产的"流动性",使处于"休眠"状态的抵押物得以激活,从而增加了市场的活跃度,促进了经济的发展。

"带押过户"的法律依据是《民法典》第 406 条的相关规定:抵押期间,抵押人可以转让抵押财产。当事人另有约定的,按照其约定。抵押财产转让的,抵押权不受影响。抵押人转让抵押财产的,应当及时通知抵押权人。抵押权人能够证明抵押财产转让可能损害抵押权的,可以请求抵押人将转让所得的价款向抵押权人提前清偿债务或者提存。转让的价款超过债权数额的部分归抵押人所有，不足部分由债务人清偿。这就改变了过去不动产存在抵押的状态下必须先还清贷款，办理抵押权注销后才可办理不动产的转移登记，允许不动产存在抵押的状态下"带押过户"，抵押人转让不动产无须征得抵押权人的同意，只是应当通知抵押权人并告知受让人。作为对抵押权人权利的保护，在抵押权人有证据证明转让不动产可能损害抵押权的，可以要求提前清偿债务或者提存，这就为"带押过户"兼顾各方利益所作出的制度设计。"带押过户"在一定程度上发挥了不动产的效用，进一步提升便利化服务水平，降低制度性交易成本，助力经济社会发展。

按照《自然资源部 中国银行保险监督管理委员会关于协同做好不动产"带押过户"便民利企服务的通知》（自然资发〔2023〕29号）的有关精神，"带押过户"主要适用于在银行业金融机构存在未结清的按揭贷款，且按揭贷款当前无逾期。根据《自然资源部关于做好不动产抵押登记工作的通知》（自然资发〔2021〕54号）（以下简称《通知》），不动产登记簿已记载禁止或限制转让抵押不动产的约定，或者《民法典》实施前已经办理抵押登记的，应当由当事人协商一致再进行办理。

《通知》中提到的"带押过户"主要有以下3种模式。一是，新旧抵押权组合模式。通过"借新贷还旧贷"方式，实现"带押过户"。买卖双方及涉及的贷款方达成一致，约定发放新贷款、偿还旧贷款的时点和方式等内容，不动产登记机构合并办理转移登记、新抵押权首次登记与旧抵押权注销登记。但此种模式在新抵押权设立和旧抵押权注销期间会存在一定的空档期，空档期内对于抵押权人而言，其原有抵押权可会因不动产查封、扣押而影响其抵押权的实现，对抵押权人而言存在潜在风险，抵押权人为规避风险可能不太愿意配合。二是，新旧抵押权分段模式。通过借新

财产保护与不动产登记

贷、过户后还旧贷，实现"带押过户"。买卖双方及涉及的贷款方达成一致，约定发放新贷款、偿还旧贷款的时点和方式等内容，不动产登记机构合并办理转移登记、新抵押权首次登记等，卖方贷款结清后及时办理旧抵押权注销登记。新旧抵押权分段模式与新旧抵押权组合模式相比，将抵押权作为两段分别处于，但仍需在新抵押权设立的同时将旧抵押权注销，对于不动产登记机构而言只是办理的顺序有所不同，需要办理的业务并无二致。三是，抵押权变更模式。通过抵押权变更实现"带押过户"。买卖双方及涉及的贷款方达成一致，约定抵押权变更等内容，不动产登记机构合并办理转移登记、抵押权转移登记以及变更登记。抵押权变更模式是将原抵押权转移，抵押权人不再是原抵押权人，抵押权转移后再将抵押人及抵押金额变更，从而实现在不动产转移的同时将抵押权人、抵押人及抵押金额与不动产转移后的一致。此种模式较新旧抵押权组合模式和新旧抵押权分段模式相比，没有空档期，对抵押权人而言风险更小，更易接受和配合，但是仅适用于新旧抵押权人不是同一人，且主债权合同和抵押合同的内容均发生了变化。

《通知》下发后，各地迅速开展试点，促使"带押过户"模式落地。在《通知》提出的三种"带押过户"模式之外，各地还根据自身的实际情况进行了探索。例如，深圳市提出了"顺位抵押"模式和"双预告登记"模式。"顺位抵押"模式实际是新旧抵押权组合模式和新旧抵押权分段模式的变种，它是将原抵押权不动，在抵押物上另行新设立一个抵押权，作为原抵押权的顺位抵押，在贷款和新抵押登记完成后将新抵押登记升为首位抵押，从而实现"带押过户"；"双预告登记"模式则是将预告登记全面引入"带押过户"，在不动产转移登记和新抵押权首次登记之前均设立一个预告登记（即二手房买卖预告登记及抵押权预告登记），在贷款发放和主债权合同及抵押合同手续办完后,再将二手房买卖预告登记转为二手房转移登记,将抵押权预告登记转为抵押权首次登记,从而实现"带押过户"。以下分别简要介绍此两种模式的全部流程。

一是"顺位抵押"模式的全流程简介。第一步,买卖双方达成交易意向,签订二手房买卖合同(在签订买卖合同前,买方应自行核查以家庭为单位是否符合住房限购政策)。第二步,为保证资金安全,买卖双方可自行选定资金监管机构(如银行、公证机构),由资金监管机构办理资金监管手续,对买方的购房款(包括首付款和银行贷款)进行监管。同时,买方凭二手房买卖合同向银行申请贷款。第三步,买方向银行申请贷款审批通过后,买卖双方和买卖双方贷款银行提交二手房买卖合同、主债权合同及抵押合同等材料共同线上申请"转移登记＋抵押权变更登记＋抵押权设立登记"合并办理,按顺位设立新的抵押权。第四步,不动产登记机构根据买卖双方和买卖双方贷款银行申请,同步办理完成登记事项,记载不动产登记簿,并向买方贷款银行(新的抵押权人)推送抵押登记电子证明。第五步,买方贷款银行根据不动产登记机构推送的抵押登记证明发放贷款,涉及公积金贷款的,由公积金管理机构确认后,按照操作流程进行放款。资金监管机构用监管账户中的购房款偿还卖方银行贷款本金和利息,结清贷款。第六步,卖方贷款银行结清贷款后,可通过线上提交抵押注销申请,买方贷款银行的抵押权顺位相应向前,即由第二位升为首位抵押。第七步,资金监管机构将资金监管账户余额划转给卖方。

二是"双预告登记"模式的全流程简介。第一步,买卖双方可通过中介或自行达成交易意向,签订二手房买卖合同后(在签订买卖合同前,买方应自行核查以家庭为单位是否符合住房限购政策),买方凭二手房买卖

财产保护与不动产登记

合同向银行申请贷款。第二步，买方向银行申请贷款审批通过后，买方贷款银行会同买卖双方，提交二手房买卖合同、买卖双方关于预告登记的约定或协议、主债权合同及抵押合同线上申请办理二手房买卖预告登记及抵押权预告登记。第三步，不动产登记机构根据买方贷款银行及买卖双方申请，完成"双预告登记"业务审核，并记载不动产登记簿，并向买方贷款银行推送抵押预告登记电子证明。第四步，买方贷款银行依据抵押预告登记结果发放贷款，涉及公积金贷款的，由公积金管理机构确认后，按照操作流程进行货款发放。买方的首付款和银行贷款均直接存入买卖双方在提存协议中约定的资金提存账户中进行监管。买卖双方也可向公证机构提出申请，将提取协议进行公证，公证机构出具相关材料，并送达买方贷款银行、买卖双方。第五步，购房款存入提存账户后，买卖双方和买方贷款银行及时向不动产登记机构申请办理双预告登记转本登记。第六步，房产转移登记完成后，提存机构用提存账户中的购房款偿还卖方银行贷款本金和利息，结清贷款。卖方贷款银行线上提交抵押权注销登记申请，不动产登记机构线上抵押平台"秒批"，也可以由卖方本人提出抵押权注销，银行线上确认申请。如果房产转移登记不能完成，提存机构将提存账户中的购房款分别归还买方贷款银行及买方本人。

从流程时效对比来看，《通知》中提到的抵押权变更模式要比双预告登记模式流程简单，但双预告模式适用面更广，也更安全，能够更好地保障各方的利益。从转让方、受让方及抵押权人（银行）风险规避及办事便利性考虑，似乎新旧抵押权变更模式合适，更易使银行接受和配合，也更易推广。

"贷押过户"为不动产登记业务和流程的优化提供了一个样本。从便民利企角度出发，未来，不动产登记机构可探索将更多相互关联的不动产登记业务进行组合办理，做到一并申请一并办理，减轻分步受理分段办理给申请人在申请材料、时间和金钱上的负担，这也是从根本上优化营商环境的应有之义。缩短办理时间就要从优化申请材料、优化业务申请、受理和审核的方式和流程上下功夫，从根本上提高不动产登记的效率。

不动产变更登记疑难问题解析

变更登记是不动产权利登记中四大主要的登记类型，不动产登记机构的工作人员在日常工作中经常会遇到一些疑难问题，本文就实务中经常遇到的引起变更登记的情形包括宗地合并、分割、调整，项目分期开发、跨宗地建设、按幢分宗等几种常见的疑难问题分析、提供业务处理的路径。

一、关于宗地合并、分割和调整引起的变更登记问题

同一权利人取得相邻宗地使用权，在办理不动产登记时，能否进行宗地合并？

原国土资源部《关于规范土地登记的意见》（国土资发〔2012〕134号）规定："宗地应当依据合法的土地权属来源材料，结合实际使用情况，按照地籍调查程序划定"。"宗地一经确定，不得随意调整。宗地确需分割、合并或调整边界的，应经国土资源主管部门会同有关部门同意。"

严格执行《关于规范土地登记的意见》（国土资发〔2012〕134号）规

定，宗地应当依据合法的土地权属来源材料，结合实际使用情况，按照权籍调查程序划定。宗地一经确定，权利人不得随意调整。

（1）权利人需对宗地进行分割、合并或调整边界的，应经自然资源主管部门会同规划等有关部门批准同意，在相应调整权利性质、使用期限、用途、容积率等规划条件，并重新进行地籍调查后，方可办理登记。涉及土地出让价款补缴的，应补缴土地出让价款以及相关税费。

（2）宗地按幢分割违反了法律立法宗旨和单元划分的基本要求，应摒弃过去分散登记时存在的按幢划宗的做法。

同一宗地上多个不动产单元的，应采用共用宗方式建设用地使用权。统一登记前已按幢划分的宗地，可继续沿用，亦可以按出让合同宗地予以合并纠正；新划分的宗地，应严格以合法批准的用地红线确定界址范围，无用地红线的，以合法的土地权属资料明确的用地范围划定。

（3）分期开发的，已有工程竣工证明、符合登记条件的应当予以受理，并根据规划做好布局与总建筑面积的核实。对商品房开发的应严格按照规划区分业主共有和独用部分，不得影响共有人权利；对企业等单一权利人的，建议将所有建筑物作为一个单元登记，对未开发建设的工程按照规划图用虚线标识。

二、关于区分建筑物所有权的土地分摊计算的问题

《民法典》第73条规定：建筑区划内道路、绿地、其他公共场地、公用设施和物业用房属于业主共有。《〈不动产登记暂行条例〉实施细则》第36条规定，办理房屋所有权首次登记时，申请人应当将建筑区划内依法属于业主共有的道路、绿地、其他公共场所、公有设施和物业用房及其占用

财产保护与不动产登记

范围内的建设用地使用权一并申请登记为业主共有。业主转让房屋所有权的，其对共有部分享有的权利依法一并转让。原国土资源部《关于启用〈不动产登记簿证样式（试行）〉的通知》（国土资发〔2015〕25号）和《不动产权籍调查技术方案（试行）》要求记载独用土地面积和分摊土地面积。

在分散登记时期，土地分摊是国土资源部门防止"房地分离"采取的重要措施，有助于土地使用权的相关信息能与房屋所有权关联。不动产统一登记制度继承了这一做法，在不动产登记簿中要求记载土地分摊面积。但实践中的处理办法不尽一致，部分省市未进行土地分摊，即使实施了土地分摊的省市，在分摊方法上也不尽相同，常见的有分摊楼基座占地面积、分摊建筑物正投影面积、分摊整宗地的土地面积三种方法。

随着不动产统一登记制度的实施，区分所有建筑物土地面积分摊的制度背景发生变化，很难实现制度设计的初衷，而且房地产分期开发导致分摊整宗地比较困难，分摊基座面积因地下继续建设车库等需要二次分摊，应慎重处理。

对土地分摊计算一般有以下两种处理方式：

一是采取区分按份共有和共同共有的方式计算。对地上房屋等建筑物依照按份共有原则分摊该楼栋的楼基座面积或建筑物投影面积，对于宗地内依法属于业主共有的道路、绿地、公共设施等建设用地使用权，根据《民法典》对共同共有的相关规定登记为全体业主共有，不进行面积分摊，不单独发证。（不动产权证书共用宗地面积和分摊建筑面积已记录相应权利情况）

二是各地可根据自身情况，选取时间节点，对新建成的区分所有建筑物不再进行土地面积分摊，对属于全体业主共有的建设用地使用权要明确登记为全体业主共有，同时做好与原有分摊土地面积做法的衔接工作，可保留数据库记载，不在新的业务流程中显示。

三、房地用途不一的变更

在分散登记时期，因土地用途使用《土地利用现状分类》（GB/T21010-2017）的二级分类标准，房屋用途按照《房屋用途分类标准》及地方修订标准登记，造成房、地用途分类标准存在差异。根据土地划拨决定书或出让合同，宗地用途表现为综合用地或二种以上的土地用途，登记处理方式也不一致。

《土地管理法》第56条规定，确需改变该幅土地建设用途的，应当经有关人民政府土地行政主管部门同意，报原批准用地的人民政府批准。其中，在城市规划区内改变土地用途的，在报批前，应当先经有关城市规划行政主管部门同意。

《城乡规划法》第38条规定，在国有土地使用权出让前，城市、县人民政府城乡规划主管部门应当提出出让地块的位置、使用性质、开发强度等规划条件，作为国有土地使用权出让合同的组成部分。未确定规划条件的地块，不得出让国有土地使用权；《城乡规划法》第38条规定，规划条件未纳入国有土地使用权出让合同的，该国有土地使用权出让合同无效；第43条规定，建设单位应当及时将依法变更后的规划条件报有关人民政府土地主管部门备案。《国土资源部关于规范土地登记的意见》（国土资发〔2012〕134号）规定，土地登记的用途应当严格依据合法的土地权属来源材料，按照《土地利用现状分类》（GB/T21010-2007）二级类填写（注：现标准为《土地利用现状分类》（GB/T21010-2017））。根据国有建设用地使用

财产保护与不动产登记

权出让合同、用地批准文件等，依法批准的用途与《土地利用现状分类》二级类不对应的，按照《土地利用现状分类》二级类重新确定归属地类，按照新归属地类办理登记，同时在土地证书"记事栏"内标注批准用途。

（1）土地用途应当依据国有建设用地使用权出让合同、用地批准文件等合法的土地权属来源材料，填写《土地利用现状分类》的二级地类名称。

如依法批准用途与《土地利用现状分类》的二级类不对应的，须按照《土地利用现状分类》二级类重新确定归属地类，按照新归属地类办理登记，同时在不动产权证书"其他权利状况"内标注批准用途（如综合用地）。

对无法准确确定土地用途的，建议国土资源主管部门召集相关业务部门集体会审。

（2）房屋用途根据建设工程规划许可文件及其所附图件上的确定的规划用途填写。

房地用途明显不一致的，慎重查核土地批准文件和工程规划许可文件，并根据具体情况核实；如属于供地后经批准改变了规划用途的，在办理相应土地用途变更手续后进行登记；如属于房地用途分类标准导致的房地用途不一致的，由登记机构根据申请材料予以认定，仍不能确定的，会同规划主管部门予以认定。不动产登记机构应加强与规划部门的衔接、信息共享。

（3）对宗地上有多种用途的，应根据土地出让合同和城乡规划管理部门出具的规划条件，在登记簿宗地基本信息表中填写多用途及其所占比例，规划条件中若未明确比例的，可以不予填写。

房地一体登记时，如房屋用途已确定，不动产权证书中土地用途可根据该单元房屋登记用途相对应的土地用途分类填写，以确保同一单元房地用途登记保持一致，其共有宗地批准用途情况在不动产权证书"其他权利状况"中注明。

对于分散登记时期，土地用途和房屋用途不一致的情况，也可以参照《自然资源部关于加快解决不动产登记若干历史遗留问题的通知》（自然资发〔2021〕1号）规定办理。分散登记时，已经分别登记的房屋和土地用途不一致的不动产，继续分别按照原记载的房屋、土地用途进行登记，未经依法批准不得改变已登记的不动产用途；因房屋所有权多次转移、土地使用权未同步转移导致房屋、土地权利主体不一致的，经核实，权属关系变动清晰且无争议的，可以根据规定程序由房屋所有权人单方申请办理房地权利主体一致的不动产登记。

如何办理协商收回出让的建设用地的注销登记？

> 不动产注销登记是不动产物权归于消灭而进行的登记。虽然注销登记不核发不动产权属证书或登记证明，但通过将注销事项记载于不动产登记簿实现物权效力。因不动产注销登记是对权利人不动产物权的消灭，关系到相关当事人合法权利，如发生注销登记错误，权利人会通过行政诉讼维护自己的合法权益，对登记机构造成一定的登记风险，因此在注销登记的申请要件和登记程序上应格外慎重。

除常见的注销登记情况外，实务中遇到一种特殊的注销登记情况，即政府土地主管部门通过与权利人签订协议书、权利人退回、政府退回地价款而需要办理国有建设用地使用权注销登记的情形。协议收地与因土地闲置等原因依法收回不完全一样，体现为双方自愿、协商一致，与《实施细则》中不动产注销登记规定的第三种情形"不动产被依法没收、征收或者收回"还不尽相同，对该种情形注销登记申请要件和登记程序值得探讨。

第二部分 实务篇

一、相关法律法规规范性文件对不动产注销登记的规定

《民法典》第360条规定,建设用地使用权消灭的,出让人应当及时办理注销登记。登记机构应当收回权属证书。

《〈不动产登记暂行条例〉实施细则》(以下简称《实施细则》)第28条规定,不动产注销登记的情形可分为5种:(1)不动产灭失;(2)权利人放弃不动产权利;(3)不动产被依法没收、征收或者收回;(4)人民法院、仲裁委员会的生效法律文书导致不动产权利消灭;(5)法律、行政法规规定的其他情形。

《不动产登记规程》(TD/T 1095-2024)对注销登记申请材料做出规定:"申请国有建设用地使用权注销登记,提交的材料包括不动产登记申请书、申请人身份证明、不动产权属证书、国有建设用地使用权消灭的材料等。其中国有建设用地使用权消灭的材料包括:(1)国有建设用地灭失的,提交其灭失的材料;(2)权利人放弃国有建设用地使用权的,提交权利人放弃国有建设用地使用权的书面文件。被放弃的国有建设用地上设有抵押权、地役权或已经办理预告登记、查封登记的,需提交抵押权人、地役权人、预告登记权利人或查封机关同意注销的书面文件;(3)依法没收、收回国有建设用地使用权的,提交人民政府的生效决定书;(4)因人民法院或者仲裁委员会生效法律文书导致权利消灭的,提交人民法院或者仲裁委员会生效法律文书。(5)法律、行政法规以及《实施细则》规定的其他材料。"

但是,由于协议收地从表面看与政府依法强制收地不同,因而对该种情形应按哪种情形办理注销登记存在不同意见。一种意见认为协商收地不是依法收地,不需要提交人民政府的生效决定书,只需要提交收地协议书

即可；另一种意见认为协商收地行为仍是行政行为，不是民事行为，仍然属于《实施细则》不动产注销登记规定的第三种情形"不动产被依法没收、征收或者收回"，需要提交人民政府的生效决定书。

在实务操作过程中经研究，认为可按《实施细则》中的不动产注销登记第三种情形处理，需要提供人民政府生效决定书。

二、协议收地应按《〈不动产登记暂行条例〉实施细则》注销登记第三种情形办理注销登记

笔者认为，协议收地仍然属于依法收回，虽然协议收地是有偿行为，而依法强制收回是无偿行为。但二者在本质上是一样的，都属于政府行为，只是相关的法律法规中无明文规定。因此，笔者认为政府与权利人协商收回出让的国有建设用地仍按《实施细则》中不动产注销登记规定的第三种情形"不动产被依法没收、征收或者收回"办理。

参照《不动产登记规程》（TD/T 1095-2024），办理此种注销登记需要提交的申请材料参考如下：（1）不动产登记申请表；（2）申请人身份证明材料：法定代表人证明书、营业执照、法人身份证复印件；代理人身份证明材料：授权委托书、代理人身份证复印件；（3）不动产权证书（注销）；（4）政府土地主管部门与权利人签订的《国有建设用地使用权出让合同补充协议》协议书以及人民政府《收地决定书》。

在申请主体方面，可以由权利人单方申请，也可以由政府主管部门代为申请。在登记程序方面，建议登记机构对申请登记的不动产进行实地查看，注销登记登簿前建议最好进行公示，公示期可以参照不动产首次登记公告期执行。

如何登记居住权？

居住权是《民法典》物权编增设的一种用益物权，对居住权的设立依据、流转禁止性、消灭及注销登记作出了原则性的规定。该规定自2021年1月1日正式实施以来，国家对于居住权登记没有出台相应的实施细则和操作规范，各地在登记实务中的做法不尽相同，本部分试就居住权登记的适用情形、申请主体、登记客体和申请材料进行探讨，并对居住权登记中的几个关键问题进行探讨，这些问题主要有：不动产的抵押权登记、查封登记、转移登记、变更登记、地役权登记、预告登记、更正登记、注销登记、司法裁定过户备注、补换发不动产权证书登记以及居住权登记自身之间的相互关系及是否存在对抗关系。

一、居住权登记的适用情形、居住权登记的申请主体和申请材料、居住权登记的客体

（一）居住权登记的适用情形

1. 居住权首次登记

根据《民法典》第366条，对他人的住宅享有占有、使用的用益物权，以满足生活居住的需要的人称为居住权人，对提供住宅的人（房屋所有权人）称为义务人。按照《民法典》的规定，居住权首次登记主要适用于当事人的申请或者有权机关的嘱托。登记原因主要有当事人依据居住权合同申请居住权首次登记、当事人依据生效法律文书申请居住权首次登记、人民法院等有权机关嘱托设立居住权和因遗嘱设立居住权。

此外，当事人通过居住权合同申请居住权登记的，应有居住权人和义务人签字的居住权合同，应对居住权的期限、住宅范围进行约定。

因《民法典》第369条对居住权的流转有禁止性规定，故居住权无转移登记。

2. 居住权变更登记

已经登记的居住权，因权利人或者义务人的姓名、身份证明类型或者身份证明号码发生变化的，居住权的住宅范围等居住条件和要求发生变化以及居住期限发生变化的，可以申请居住权变更登记。

3. 居住权注销登记

已经登记的居住权，因居住权人死亡、约定的居住权期限届满、居住权人放弃权利、因生效法律文书导致居住权消灭的，当事人可以申请居住权注销登记。

（二）居住权登记的申请主体和申请材料

1. 居住权首次登记的申请主体和申请材料

居住权首次登记的申请主体为居住权合同的双方当事人，其中，居住权人应为自然人。按照遗嘱设立的居住权，可以单方申请。居住权首次登记的申请材料除了常规的申请表、申请人身份证明、不动产权证书外，还应提供登记原因证明材料，如：依据居住权合同申请的居住权首次登记应提交居住权合同；依据生效法律文书申请居住权首次登记的，提交生效法律文书；因遗嘱设立居住权的，提交生效的遗嘱和遗嘱人的死亡证明。

另外，因物权具有排他效力，设立居住权的范围应当是明确的，不动产按单元登记，所有权人之间无论是共同共有还是按份共有，共有人内部之间所拥有的物的具体界限和范围是不确定的，而且还涉及单元内部满足居住、生活需要的共享共用部分，所以共有不动产的，还需提交其他共有人同意设立居住权的书面材料，但共有人共同申请或者居住权合同经公证的除外。

依嘱托设立居住权的，应提交嘱托机关送达人的工作证，委托送达的，还应提交委托送达的送达函；设立居住权的生效法律文书和协助执行通知书。

2. 居住权变更登记的申请主体和申请材料

居住权变更登记的申请主体是居住权人和不动产的所有权人。因当事人姓名或者名称、身份证明号码发生变化，可由发生变化的当事人单方申请。

居住权变更登记的申请材料除了常规的申请表、申请人身份证明、不动产权证书外，还要提供居住权发生变更的证明材料，如权利人或义务人的姓名、身份证类型或者身份证明号码发生变化的应提交能够证实其身份变更的材料；居住权的住宅范围、居住期限等发生变化的，提交变更协议或者生效法律文书等能够证实居住权发生变化的材料；共有的不动产，因居住权的住宅范围、居住权期限等发生变化需提交其他共有人同意变更居住权的书面材料，共有人共同申请或者居住权变更协议经公证的除外。

依嘱托变更居住权的，还应提交嘱托机关送达人的工作证和变更居住权的生效法律文书和协助执行通知书。

3. 居住权注销登记的申请主体和申请材料

因居住权人放弃权利的，应由登记簿记载的居住权人提出申请，因居住权人死亡、居住权期限届满的、生效法律文书导致居住权消灭的可以由不动产权利人（即居住权义务人或者不动产共有人）单方申请居住权注销登记。

居住权变更登记的申请材料除了常规的申请表、申请人身份证明、不动产权证书外，还要提供居住权消灭的证明材料，如居住权人死亡应提交死亡证明；居住期限届满，可依据居住权合同注销；居住权人放弃权利，应提交权利人放弃权利的书面文件。依嘱托的应提交嘱托机关送达人的工作证和注销居住权的生效法律文书和协助执行通知书。

（三）居住权登记的客体

居住权登记的客体即加载居住权的房屋，按照《民法典》第366条的规定，房屋用途应为住宅以及具有居住功能的宿舍、公寓等不动产。

房屋应为已进行不动产首次登记，且已按最小登记单元登记发证的住宅，该房屋权利归属应唯一有效，不动产权证书所记载的内容应与不动产登记簿记载的信息一致。

二、与居住权登记相关的几个问题

居住权登记作为一项新的不动产权利登记，如同"一面镜子"，不单单要解决居住权登记本身的问题，还涉及因居住权登记而带来的其他不动产登记的变化，其首次登记、变更登记、注销登记与不动产登记的其他登记类型，如抵押权登记、查封登记、转移登记、变更登记、地役权登记、预告登记、更正登记、注销登记、司法裁定过户备注、补换发不动产权证书登记以及居住权登记自身之间的相互关系是影响居住权登记及其他不动产登记的关键所在，本节将从居住权登记的首次登记、变更登记及注销登记与不动产其他登记的性质、法律效力及对抗性出发，讨论居住权登记与其他登记之间的关系，即已存在其他登记的，是否影响居住权登记（首次登记、变更登记、注销登记），以及已存在居住权登记的，是否影响其他登记。

（一）居住权登记与抵押权登记是否存在对抗关系

抵押权是担保物权的一种，是为担保债务的履行，债务人或者第三人不转移财产的占有，将该财产抵押给债权人，债务人不履行到期债务或者发生当事人约定的实现抵押权的情况，债权人有权就该财产优先受偿（参见《民法典》第394条）。其中，提供担保财产的债务人或第三人为抵押人，享有抵押权的债权人是抵押权人，而抵押人提供的担保财产为抵押财产。

不动产抵押权登记是抵押权人和抵押人双方共同申请登记的一种行为，《民法典》第402条规定不动产抵押实行登记生效主义，抵押人以可以抵押的财产或者正在建造的建筑物抵押的,应当办理抵押登记。抵押权自登记时设立。

从民事行为后果看,先设立了抵押权再设立居住权,对抵押权人必定受到影响,在此情况下,抵押权人可依据《民法典》第407条的相关规定维护其自身权益,但不影响居住权的登记,即存在抵押登记的房屋可以办理居住权登记。

同理,存在居住权登记的,也不影响抵押权登记。

(二)居住权登记与查封登记是否存在对抗关系

查封登记,是指不动产登记机构依据人民法院或者其他有权机关的嘱托,将对特定不动产进行查封的事项在不动产登记簿上加以记载的行为。查封登记发生限制不动产权利人处分权的效力。在办理了查封登记的情况下,登记机构不予办理处分登记。根据《最高人民法院关于适用〈中华人民共和国民法典〉物权编的解释(一)》(法释〔2020〕24号)第4条对《民法典》第221条"处分不动产权利"的相关解释,包括转让不动产所有权等物权,或者设立建设用地使用权、居住权、地役权、抵押权等其他物权的均属于处分不动产权利。

因此,设立居住权是一种处分行为,如同转移登记一样,将对不动产权利产生实质影响,因而存在查封登记的房屋不能办理居住权登记。

基于查封登记效力,存在居住权登记的,不影响查封登记。

(三)居住权登记与不动产转移登记是否存在对抗关系

转移登记是指记载于登记簿的不动产权利因权利转移而进行的登记。不动产权利转移,是指不动产权利的客体和内容不变,而其权利人信息发生变化。

存在居住权登记，发生不动产转移（不含因继承不动产转移登记），受让人承继作为居住权义务人的，可由受让人提交承继义务的材料（房地产买卖合同已有约定的，无须提交）单方申请居住权义务人变更，居住权义务人变更应与转移登记同时办理；受让人不承继作为居住权义务人的，应由居住权人申请注销居住权登记后，再办理不动产转移登记。

在因继承办理不动产转移登记前，已经设立居住权的，在办理不动产转移登记的同时，应当一并将居住权的义务人变更为继承人，登记类型记载为"变更登记"，登记原因记载为"继承不动产导致义务人变更"。居住权的义务人变更后，应当告知居住权人，并换领新的居住权登记证明。

办理继承转移登记的遗嘱中包含居住权内容的，应当核实居住权是否被放弃。当事人放弃居住权的，应当现场签署放弃居住权的书面材料或者提交放弃居住权的公证书；当事人未放弃居住权的，可以一并申请居住权登记或者在办理继承权转移登记之后再另行申请。另行申请居住权登记的，应当在继承权转移登记时，在登记簿附记栏中记载遗嘱设立居住权的相关内容。

（四）居住权登记与不动产变更登记是否存在对抗关系

变更登记是指记载于登记簿的不动产权利因不动产权利的变更以及权利人姓名、名称等标识信息的变化而进行的登记。不动产权利变更是指不动产权利人不变的情况下，其客体和内容发生变化，如不动产坐落、名称、用途、面积等自然状况发生变化，或者同一权利人分割或者合并不动产而导致不动产自然状况发生变化而做的变更登记。

已经设立的居住权不影响不动产权利人姓名（名称）、证件类型、证件号码、共有性质、不动产坐落名称、用地年限等变更登记。其他影响居住权人利益的变更事项，应当视具体情形注销居住权后再予办理，或者由居住权人、不动产权利人共同申请居住权变更登记。

（五）居住权登记与预告登记是否存在对抗关系

预告登记是不动产物权变动中的债权人为保障实现其所期望的不动产物权变动，按照与债务人的约定向不动产登记机构申请办理的登记。

预告登记是《民法典》第221条的规定，实务中预告登记有以下4种情形，分别是：（1）预购商品房抵押预告登记。（2）不动产抵押预告登记。（3）预购商品房转移预告登记。（4）不动产转移预告登记。根据对存在抵押登记的房屋是否影响居住权登记的分析，存在预购商品房抵押预告登记和不动产抵押预告登记两种情形的，不影响居住权登记；存在预购商品房转移预告登记和不动产转移预告登记两种情形的，不宜再办理居住权首次登记。但是，存在预告登记的，不影响居住权变更登记。已经设立的居住权，不影响抵押权预告登记的办理。

已设立居住权，当事人申请不动产转移预告登记的，不宜办理，但居住权人申请注销居住权或者预告权利人提交承继居住权义务相关材料的除外。

已经设立的居住权，不影响抵押权预告登记的办理。

（六）居住权登记与更正登记是否存在对抗关系

更正登记，是指有证据证明不动产登记簿上记载的事项错误时，登记机构依权利人或者利害关系人的申请或者依职权对该错误事项加以更正而进行的登记。这一登记旨在保护真正的权利人利益，避免因登记错误造成真正权利人的损失。

已设立居住权，不动产权利人或者利害关系人申请更正登记的，不宜办理，但居住权人申请注销居住权的除外。

（七）居住权登记与不动产注销登记是否存在对抗关系

不动产注销登记是指因法定或约定之原因使已登记的不动产物权归于消灭或因自然的、人为的原因使不动产本身灭失时进行的一种登记。

不动产注销登记从效力上将使不动产实体权利归于消灭，注销登记涉及民事主体的权利归属和权利内容的调整，是各种不动产登记中对不动产权利影响最大及后果最严重的一种登记类型，不动产一旦注销登记，在该登记单元上就不可能再有其他任务类型的登记。与抵押权相似，居住权作为一项用益物权，在不动产注销登记时应确保不动产上无其他负担，因此已设立居住权的，应当在注销居住权后，再办理不动产注销登记。

（八）已办理居住权登记的房屋是否可以再办理居住权登记

已存在居住权登记的，且与登记簿记载的"住宅的范围"等权利内容冲突的，不宜再办理其他不同的居住权人申请的居住权登记，但是，如果现登记的居住权人出具书面同意文件，可以办理登记。

（九）居住权登记与地役权登记是否存在对抗关系

《民法典》第372条规定，地役权人有权按照合同约定，利用他人的不动产，以提高自己的不动产的效益。第375条对供役地权利人的义务作出规定，供役地权利人应当按照合同约定，允许地役权人利用其不动产，不得妨害地役权人行使权利。居住权登记只是让居住权人合法使用他人的住宅，并不会妨害地役权人行使权利，故存在地役权登记的房屋，不影响居住权登记。

同理，已存在居住权登记的，也不影响地役权登记。

（十）居住权登记与司法裁定过户备注是否存在对抗关系

司法裁定过户备注不是一种单独的登记类型，但在登记实务中又普遍存在，是登记机构配合司法部门的一种行政辅助手段，是所有权公示的一种特殊手段。

《民法典》第229条规定，因人民法院、仲裁机构的法律文书或者人民政府的征收决定等，导致物权设立、变更、转让或者消灭的，自法律文书或者征收决定等生效时发生效力。第229条至第231条规定，享有物权，但尚未完成动产交付或者不动产登记的权利人，依据民法典第235条至第238条的规定，请求保护其物权的，应予支持。司法裁定过户备注就是物权的权利和内容因生效法律文书已经发生了变化，但当事人尚未办理不动产登记或尚不具备登记条件，登记机构依生效法律文书将这种变化记载到不动产登记簿，反映真实的物权权利状况，应该说这是登记机关在实践中形成的一种变通做法。

登记机构在收到司法机关的生效法律文书后通常会在不动产登记簿上做一个司法裁决的备注，这个备注是限制交易的行政备注，对当事人非常重要，可以有效保护其合法权益。同时，也能提示不动产登记机构工作人员，该不动产权利人已经变更，不能再给原登记权利人办理其他登记手续，在效果上具有类似查封登记的效果，故已裁定过户备注的房屋，不宜再办理居住权登记。但是，有居住权登记的房屋可以办理司法裁定过户备注。

（十一）居住权登记与换证与遗失补发登记是否存在对抗关系

不动产登记实务中，还存在因持证人遗失不动产权证书或不动产登记证明，以及不动产权证书或不动产登记证明破损而申请换证与遗失补发登记。此种行为并不影响不动产客体及权利内容，只是一种重新换发证，在原登记簿记载基础上换证或补发证。

因此，已经设立的居住权，不影响地役权登记、抵押权登记、补发或者换发不动产权属证书。

三、结语

居住权作为一种新的法定物权，对它的性质、生效要件以及其设立、变更、注销在法律和登记实务上的程序及与其他不动产登记事项的相互关系，需要法律、行政法规、规章等规范性文件作出明确、具体的规定，以确保不动产登记行为的合法性和有效性，在最大限度上保护权利人、利害关系人及社会公众的利益。笔者建议在《不动产登记法》出台时能将各类不动产权利登记的内容、程序在该法中予以体现，同时修订《不动产登记暂行条例》《〈不动产登记暂行条例〉实施细则》，将法律的原则性规定落实到具体不动产登记实务中。

地役权登记的疑难问题解析

> 问题提出：
> 供役地与需役地是否分别设立地役权登记簿？

一、地役权登记的概念与本质特征

（一）地役权的概念

《民法典》第372条规定，地役权人有权按照合同约定，利用他人的不动产，以提高自己的不动产的效益。前款所称他人的不动产为供役地，自己的不动产为需役地。

地役权是用益物权，是按合同约定来设定的，不以不动产相邻为必要条件，其主要目的是通过合同对他人的不动产进行利用，以提高自己不动产的效益，这种利用可以是占有、使用，也可以是限制或约束。例如，因用水、排水、通行利用他人不动产设立地役权；因铺设电线、电缆、水管、输油管线、暖气和燃气管线等利用他人不动产设立地役权；因架设铁塔、基站、广告牌、充电桩等利用他人不动产设立地役权；因设置桥梁、地铁出入口、风井等利用他人不动产设立地役权。

除了利用他人不动产设立地役权外，还可以因采光、通风、保持视野等限制他人不动产而设立地役权。例如，为了住户所居住的高楼光照不受影响，对于建高楼的行为，住户与他人约定楼高不能超过多少高度，楼间距要保持多少米等约定。换言之，住户限制了他人建高楼的权利，他人可以建楼，但不能超过合同约定的高度，楼间距要达到合同约定的条件，不能影响住户的采光。他人建楼影响了住户的采光，势必会影响住户的住宅价值。为了满足住户的利益需求，住户就必须付出相应代价，至少需要弥补受限制建楼带来的损失。这其实就是一笔交易，目的是为了提高住户所在不动产价值，而限制他人的不动产效用。满足需要的不动产就是需役地，受限制的不动产就是供役地。

地役权与不动产租赁不同，前者是物权，后者是债权。地役权的设立不以两个不动产相邻为条件，也不实际占有和使用对方的不动产。而租赁却需要占用和使用对方的不动产。

（二）地役权的本质特征

地役权不能独立设权，设立地役权需要供役地、需役地已登记，地役权应设立在建设用地使用权、宅基地使用权基础之上。

不动产的变更登记致使地役权变更的，可以将不动产变更登记与地役权变更登记一并申请，不动产的变更登记致使地役权变更的情形主要有：不动产（需役地或供役地）权利人姓名或者名称、身份证明类型或者身份证号码变更、不动产（需役地或供役地）共有性质变更、需役地或者供役地自然状况（包括不动产的坐落、名称、界址、空间界限、面积、用途等）变更导致地役权相应事项变更。

已经登记的地役权不得单独转让、抵押，因建设用地使用权、宅基地使用权、土地承包经营权等转让办理转移登记的，所设立的地役权一并转让并与建设用地使用权、宅基地使用权、土地承包经营权转移登记一并申请办理转移登记。

二、地役权登记的双向性

《〈不动产登记暂行条例〉实施细则》第64条规定，地役权登记，不动产登记机构应当将登记事项分别记载于需役地和供役地登记簿。地役权依合同设立，地役权合同成立后地役权设立，地役权设立后，办理首次登记前发生变更、转移的，当事人应当提交相关材料，就已经变更或者转移的地役权，直接申请首次登记。

回到本部分篇首提出的问题，即"供役地与需役地是否分别设立地役权登记簿？"实施细则第64条规定地役权登记簿应按供役地与需役地分别设立，地役权首次登记、变更登记、转移登记和注销登记后需要分别在需役地和供役地登记簿上登簿。从登记簿内容和记载事项来看，地役权登记后，对于供役地来说，需要在需役地不动产登记簿的"地役权登记信息"页记载不动产单元号（供役地）、需役地坐落、地役权人（需役地权利人）、供役地权利人、登记类型、登记原因、地役权内容、地役权利用期限、不动产登记证明号、登记时间、登簿人、附记等；对于需役地来说，需要在需役地不动产登记簿的"地役权登记信息"页记载不动产单元号（需役地）、供役地坐落、地役权人（需役地权利人）、供役地权利人、登记类型、登记原因、地役权内容、地役权利用期限、不动产登记证明号、登记时间、登簿人、附记等。操作流程方面，地役权的登记先在供役地不动产单元上登记，申请、受理、审核、登簿后供役地登记簿已记载登记事项，需要同步关联需役地不动产单元的登记簿，将该次登记事项同步记载于需役地登记簿。

不动产更正登记的疑难问题解析

> 问题提出:
> 1. 利害关系人申请更正登记时,是否必须提交登记簿记载权利人同意更正的证明材料?
> 2. 办理不动产登记依据的合同被生效法律文书撤销或公证文书被公证机构撤销,登记机构能否依申请人申请办理更正登记?

更正登记是指不动产登记簿存在错误,通过更正登记对不动产登记簿记载事项进行更正。更正登记按照启动程序的不同,分为依申请更正登记、依职权更正登记和依嘱托更正登记 3 种类型。

一、依申请的更正登记

(一)依申请更正登记的申请主体

《〈不动产登记暂行条例〉实施细则》第 79 条规定,权利人、利害关系人认为不动产登记簿记载的事项有错误，可以申请更正登记。所以，依申请更正登记的申请主体为权利人和利害关系人。

权利人和利害关系人申请更正登记所需要提交的申请材料不尽相同。权利人申请更正登记应当提交不动产权属证书、证实登记确有错误的材料、其他必要材料。利害关系人申请更正登记的，应当提交利害关系材料、证实不动产登记簿记载错误的材料以及其他必要材料。

（二）依申请更正登记的办理

不动产登记簿记载的权利人书面同意更正或者有证据证明登记确有错误的，应当予以更正，但在错误登记之后已经办理了涉及不动产权利处分的登记、预告登记和查封登记的除外。《最高人民法院关于适用〈中华人民共和国民法典〉物权编的解释（一）》（法释〔2020〕24号）第4条对《民法典》第221条"处分不动产权利"的相关解释，包括转让不动产所有权等物权，或者设立建设用地使用权、居住权、地役权、抵押权等其他物权的均属于处分不动产权利。实务中，有的申请人可能会借助权利人的书面同意，以更正之名，行转移之实，规避税费和交易管理。因此，《〈不动产登记暂行条例〉实施细则》要求：利害关系人申请更正登记的，应当提交利害关系材料、证实不动产登记簿记载错误的材料以及其他必要材料。

本部分提出的第1个问题，利害关系人申请更正登记时是否必须提供权利人同意更正的证明材料？笔者认为，更正登记是权利人、利害关系人在错误登记后的救济权利，由利害关系人申请更正登记时，登记机构需要审查利害关系人提存的利害关系材料、证实不动产登记簿记载错误的材料以及其他必要材料的真实性和合法性，不需要必须征得权利人同意更正，登记机构经审查认为的确需要更正的，在更正登记后可以通知权利人。

（三）关于能够证明登记错误的材料

能够证明登记错误的材料是决定能否更正的关键条件，这些材料可以是由不动产登记机构保存的登记原始档案，还可以是登记簿、不动产权属证书上的相关记载也可以是登记基础文件被更正的生效法律文书。此外，法院、仲裁机构确认权利的生效法律文书。

需要注意的是，对生效法律文书要区分确认效力、形成效力和给付效力的三类法律文书。能够用于更正登记的生效法律文书必须清晰地确认不动产物权的归属和内容，如人民法院、仲裁机构在分割共有不动产或者动产等案件中作出并依法生效的改变原有物权关系的判决书、裁决书、调解书。给付性文书往往只是要求当事人履行合同义务，如人民法院在执行程序中作出的拍卖成交裁定书、变卖成交裁定书、以物抵债裁定书，要求一方协助办理房屋过户，此时需要办理的是转移登记，而非更正登记。

行政诉讼中的行政判决书由于不能确认物权归属和内容，一般不属于证明登记簿错误的材料，但个别情况下也可以起到更正登记效果，如判定登记行为违法或撤销登记。特殊情况下，行政机关的生效法律文书也具有确权之效，如人民政府的土地权属争议调解决定书。

二、依职权的更正登记

《〈不动产登记暂行条例〉实施细则》第 81 条规定，不动产登记机构发现不动产登记簿记载的事项错误，应当通知当事人在 30 个工作日内办理更正登记。当事人逾期不办理的，不动产登记机构应当在公告 15 个工作日后，依法予以更正；但在错误登记之后已经办理了涉及不动产权利处分的登记、预告登记和查封登记的除外。《最高人民法院关于适用〈中华人民共和国民法典〉物权编的解释（一）》（法释〔2020〕24号）第4条对《民法典》第221条"处分不动产权利"的相关解释，包括转让不动产所有权等物权，或者设立建设用地使用权、居住权、地役权、抵押权等其他物权的均属于处分不动产权利。

依职权更正登记是不动产登记机构主动发现问题，主动纠错的一种渠道。实施细则对依职权更正登记的启动程序仍规定须先行通知当事人在一定期限内申请更正登记，当事人逾期不办理的，登记机构依法公告后予以更正，但是错误登记后已经被处分登记、预告登记和查封登记等对不动产权利移转或进行限制性登记的就不能再行办理更正登记。依据相关司法解释，《〈不动产登记暂行条例〉实施细则》第81条中规定的"不动产权利处分的登记"是指转让不动产所有权等物权，或者设立建设用地使用权、居住权、地役权、抵押权等其他物权。

依职权更正登记作为依申请更正登记的补充，从登记机构的角度来说，一方面，更正登记有一定风险，对证据的充分性和证明力存在疑虑，可能将正确的误认为错误的予以更正，往往不愿意主动启动依职权更正登记；另一方面，登记机构发现不动产登记簿错误，需要先通知权利人办理更正登记，权利人逾期不申请，登记机构再启动依职权更正登记，但登记机构会觉得麻烦而不愿启动程序。这两种原因使得依职权更正登记启动得较少，有时即便登记机构发现了登记簿记载存在错误，但也不会主动启动依职权更正登记，造成错误登记得不到及时的更正。需要从制度层面破解登记机构依职权登记困局，改变依申请被动更正的局面。

三、依嘱托的更正登记

依嘱托登记是法律规定的特例，是在依申请更正登记和依职权更正登记之外的一种。它是指不动产登记机构依据有关方面的嘱托进行的不动产更正登记行为。在本部分第二节依申请更正登记中已经提到了能够证明登记错误的生效法律文书可以是依申请更正登记的证明材料之一，这些生效法律文书可以是人民法院、仲裁机构在作出并依法生效的改变原有物权关系的判决书、裁决书、调解书，当事人可以持人民法院、仲裁委员会的生效法律文书或者人民政府的生效决定单方申请不动产登记。与依申请更正登记对比，依嘱托更正登记主要是应有关方面的要求进行更正登记，而不是由当事人持申请材料申请登记。《〈不动产登记暂行条例〉实施细则》第19条的规定，依嘱托更正登记主要有以下4种情形：

（1）人民法院持生效法律文书和协助执行通知书要求不动产登记机构办理登记的；

（2）人民检察院、公安机关依据法律规定持协助查封通知书要求办理查封登记的；

（3）人民政府依法做出征收或者收回不动产权利决定生效后，要求不动产登记机构办理注销登记的；

（4）法律、行政法规规定的其他情形。

不动产登记机构认为登记事项存在异议的，应当依法向有关机关提出审查建议，但不应停止办理。

不动产异议登记的疑难问题解析

> **问题提出：**
> 登记机构在异议登记办理中，如何准确把握利害关系人的范围？

一、异议登记的概念与制度目的

根据《〈不动产登记暂行条例〉实施细则》第82条的规定，利害关系人认为不动产登记簿记载的事项错误，权利人不同意更正的，利害关系人可以申请异议登记。由此可见，异议登记是有不动产利害关系人质疑不动产登记簿记载事项错误的一项权利，其申请主体是利害关系人。利害关系人申请异议登记的，应当提交证实对登记的不动产权利有利害关系的材料、证实不动产登记簿记载的事项错误的材料、其他必要材料。

从异议登记的申请主体和申请材料可知，利害关系人申请异议登记与申请更正登记的材料是相同的，但是两者的目的和法律效果差异较大。异

财产保护与不动产登记

议登记并不改变不动产权属内容，而更正登记则是对不动产登记簿记载事项的更正，更正登记完成后登记簿将以更正后的记载为准。异议登记的难点在于利害关系人的判断和识别，登记机构需要根据申请人提供的利害关系证明材料判断申请人是否为利害关系人，以及不动产登记簿记载事项是否错误。

异议登记的实质是为了在登记的权利关系和真实的权利关系出现不一致但又无法立即更正时，通过将真正权利人的异议予以即时登记，从而阻止和击破登记记载的公信力，以保护真正的权利人的利益。在法律效果上，异议登记不能推翻登记簿的推定力，只是对登记簿正确性的一种质疑而已，因此不具备限制处分的效力，登记机构不因申请人所申请登记的不动产存在异议登记而不予受理或不予登记，但应履行告知义务，申请人继续办理应当予以办理。具体来说，异议登记期间，不动产登记簿上记载的权利人以及第三人因处分权利申请登记的，不动产登记机构应当书面告知申请人该权利已经存在异议登记的有关事项。申请人申请继续办理的，应当予以办理，但申请人应当提供知悉异议登记存在并自担风险的书面承诺。

异议登记制度的目的是为了给真正的权利人提供一种临时的救济措施，异议登记期间，不动产登记簿上记载的权利人以及第三人因处分权利申请登记的，不动产登记机构应当书面告知申请人该权利已经存在异议登记的有关事项。申请人申请继续办理的，应当予以办理，但申请人应当提供知悉异议登记存在并自担风险的书面承诺。

异议登记适用于三类客体：异议登记、查封登记、预告登记。换句话说，异议登记可以对任何记载于不动产登记簿上的事项提出异议，它不受不动产权利登记和其他登记类型的限制。

二、异议登记的办理

根据《〈不动产登记暂行条例〉实施细则》第 82 条的规定，不动产登记机构受理异议登记申请的，应当将异议事项记载于不动产登记簿，并向申请人出具异议登记证明。异议登记申请人应当在异议登记之日起 15 日内，提交人民法院受理通知书、仲裁委员会受理通知书等提起诉讼、申请仲裁的材料；逾期不提交的，异议登记失效。异议登记失效后，申请人就同一事项以同一理由再次申请异议登记的，不动产登记机构不予受理。

异议登记法定 15 天的有效期，决定了异议登记只是一种临时性的权利救济途径，15 天内当事人就不动产登记簿存在错误的事项应向人民法院、仲裁机构提起诉讼和申请仲裁，并向不动产登记机构提交提起诉讼、申请仲裁的材料，逾期不提交的，异议登记失效。值得注意的是，异议登记因法定事由失效后，当事人仍可以提起民事诉讼，请求确认物权归属的，异议登记失效不影响人民法院对案件的实体审理，只是原异议登记事项将在不动产登记簿上予以注销。

本部分提出的问题，登记机构在异议登记办理中，如何准确把握利害关系人的范围？利害关系人是指在民事活动中与申请异议登记的不动产构成利害关系的人，具体可以是：因在对所提异议的不动产具有继承权的继承人和不动产权利人的直系亲属；因买卖、互换、赠与、租赁、抵押不动产构成利害关系的；因不动产存在民事纠纷且已经提起诉讼、仲裁而构成利害关系的；法律法规规定的其他情形。相应地，异议登记申请材料中证实对登记的不动产权利有利害关系的材料可以是：因在对所提异议的不动

财产保护与不动产登记

产具有继承权的继承人和不动产权利人的直系亲属可以提供亲属关系证明、遗嘱或遗赠扶养协议；因买卖、互换、赠与、租赁、抵押不动产构成利害关系的，提交买卖合同、互换合同、赠与合同、租赁合同、抵押合同；因不动产存在相关民事纠纷且已经提起诉讼或者仲裁而构成利害关系的，提交受理案件通知书、仲裁受理通知书。

不动产预告登记的疑难问题解析

> **问题提出：**
>
> 1. 商品房预售后，开发商不按约定配合办理预告登记，能否单方申请？在非预售情况下，如当事人之间进行房屋买卖或抵押，并约定办理预告登记，一方当事人不予配合的，能否单方申请？
> 2. 预告登记期间，预告权利人死亡的，如何办理后续的本登记？

一、预告登记的概念与制度目的

《民法典》第221条规定，当事人签订买卖房屋的协议或者签订其他不动产物权的协议，为保障将来实现物权，按照约定可以向登记机构申请预告登记。可见预告登记不是对不动产权利登记，而是物权的期待权。预告登记的目的在于保全某种债权请求权。对于将来发生的不动产物权的发生、转让和消灭，权利人可以进行预告登记来保全自己的请求权，以实现将来的物权变动。

根据《〈不动产登记暂行条例〉实施细则》第85条的规定，预告登记主要适用于商品房等不动产预售；不动产买卖、抵押的；以预购商品房设定抵押权的；法律、行政法规规定的其他情形。

二、预告登记的效力

《民法典》第221条规定，预告登记生效期间，未经预告登记权利人书面同意，处分该不动产权利不发生物权效力。申请人申请登记的，不动产登记机构应当不予办理。预告登记后，债权未消灭且自能够进行相应的不动产登记之日起3个月内，当事人申请不动产登记的，不动产登记机构应当按照预告登记事项办理相应的登记。

《最高人民法院关于适用〈中华人民共和国民法典〉物权编的解释（一）》（法释〔2020〕24号）第4条对《民法典》第221条"处分不动产权利"作出解释，包括转让不动产所有权等物权，或者设立建设用地使用权、居住权、地役权、抵押权等其他物权的均属于处分不动产权利，在预告登记生效期间，未经预告登记权利人书面同意，即便由不动产登记机构办理了相应的登记，也不发生物权效力。登记机构对存在预告登记而又办理了处分该不动产权利的登记，或未履行法定审核职责过错行为，可诉至人民法院将判令该登记行为违法，给当事人造成损失的，登记机构应承担行政和民事赔偿责任。

预告登记将限制权利人处分，未经预告登记权利人书面同意，处分不动产权利不发生物权效力，这时登记申请都不允许办理，处分权严格限制，根本不可能发生物权变动，具体来说，预告登记后预告登记权利人基于法律获得了具有物权效力的债权，对预告登记权利人产生了担保效力，第三人不能获得所有权的移转，以及用益物权和担保物权的设立，具有对抗第三人的效果特殊。但是，还有一种意见认为，预告登记后，未经预告登记权利人同意处分不动产物权，其法律效果是相对无效。"相对无效说"认为，预告登记后未经预告登记权利人书面同意，处分不动产物权不发生物权效力，第三人不能获得物权，但不应否定该处分可以发生其他领域的法律后果，双方依法签订的合同不必然无效。

三、预告登记的转移

预告登记可以转移，以下申请预告登记的情况可以申请预告登记的转移。

（1）因继承、受遗赠导致不动产预告登记转移的；

（2）因人民法院、仲裁委员会生效法律文书导致不动产预告登记转移的；

（3）因主债权转移导致预购商品房抵押预告登记转移的；

（4）因主债权转移导致不动产抵押预告登记转移的；

（5）法律、行政法规规定的其他情形。

预告登记的转移是随法律行为或非法律行为而将预告登记权利人对未来物权期待权转移给他人，此时，因不动产仍未登记，按照《民法典》第229条、第230条和第232条的规定，预告登记权利人仍不能处分不动产物权，但可以办理相应类型的预告登记转移登记，将预告登记权利人对不动产物权的期待权和债权转让给他人。

四、预告登记的失效及注销预告登记

《民法典》第 221 条规定,预告登记后,债权消灭或者自能够进行不动产登记之日起 90 日内未申请登记,预告登记失效。相反,预告登记后,债权未消灭且自能够进行相应的不动产登记之日起 3 个月内,当事人申请不动产登记的,不动产登记机构应当按照预告登记事项办理相应的登记。按照预告登记适用情形,"相应的登记"包括预购商品房预告登记、预购商品房抵押预告登记、不动产转让预告登记、不动产抵押预告登记。

《最高人民法院关于适用〈中华人民共和国民法典〉物权编的解释(一)》(法释〔2020〕24 号)第 5 条对"债权消灭"作出解释,预告登记的买卖不动产物权的协议被认定无效、被撤销,或者预告登记的权利人放弃债权的,应当认定为《民法典》第 221 条第二款所称的"债权消灭"。实际上,预告登记的买卖不动产物权的协议被解除也是导致"债权消灭"的一种情形。

预告登记失效后,当事人可以持不动产登记证明、债权消灭或者权利人放弃预告登记的材料,以及法律、行政法规规定的其他必要材料申请注销预告登记。在实践操作中,不动产转让预告登记当事人双方产生纠纷后,受让人不予配合导致预告登记无法注销,影响转让方的权利,转让方只能通过诉讼解除预告登记对土地使用权的限制。应允许有关利害关系人申请注销预告登记,也应规定在达到法定期间不申请本登记时预告登记失效。《〈不动产登记暂行条例〉实施细则》第 85 条和第 89 条提到"预告登记生效期间""预告登记未到期",说明预告登记也可以有期限,但在《不动产登记簿》中却没有预告登记期间，应允许当事人双方自行设定预告登记期限明确预告登记期限届满后交易双方仍未申请不动产登记的，视为预告登记权利人放弃预告登记，转让方也可单方申请注销预告登记，《不动产登记簿》及《不动产登记证明》记载预告登记期限，并将"预告登记期限届满"作为注销预告登记的情形之一。

不动产查封登记的疑难问题解析

> **问题提出：**
>
> 1. 依人民法院等国家有权机关嘱托办理查封登记后，若查封期限届满后无续封，登记机构如何办理查封登记注销业务？
> 2. 在登记与交易职责分设的地区，法院嘱托登记机构办理不动产预查封登记时，应当如何办理？
> 3. 已被预告登记的不动产是否能查封？宗地之上有部分预购商品房办理预告登记，能否协助查封开发企业整宗地使用权？

一、查封登记的概念与特征

查封登记是指不动产登记机构依据人民法院或者其他有权机关的嘱托，依照法定程序做出的以限制登记名义人对不动产进行处分为目的的登记。

根据法律的规定，查封机关除了人民法院外，还有人民检察院、监察机关、公安机关、税务机关、中国证监会及其派出机关也可以成为查封机关。

需要指出的是，我国的不动产查封的方法很多，不限于查封和预查封登记，还包括加贴封条、张贴公告、提取保存财产权证照，这些都属于对不动产进行查封的形式。

不动产的查封和预查封登记，不但要求不动产登记机构依查封机关的嘱托进行查封登记，将查封事项记载于不动产登记簿，还同时应在被查封的不动产贴封条或公告，这样才完成了完整的查封程序，可以对不动产权利进行限制。最高人民法院《关于人民法院民事执行中查封、扣押、冻结财产的规定》（以下简称《规定》）第9条规定，查封不动产，人民法院应当贴封条或公告，并可以提取保存有关财产权的证照。否则在没有公示的情况下，只是办理不动产查封登记，查封效力不能对抗善意第三人。对于已经登记的不动产应当进行查封登记，对特定的不动产也应当进行预查封登记。

此外，《规定》还对查封作出了适当的限制，如贯彻价值相当的原则，不得超额查封，超出额度部分应及时解除，但不可分割物除外。被执行人及家属所必需的房屋可以查封，但不得拍卖、变卖或抵债。

实际上，在日常工作中大量存在类查封的"内部提示备注"，这些内部提示备注它不以查封函的形式出现，在性质上不是查封，但却被登记机构大量使用。一般是登记机构应相关机构（查违机构、土地储备机构、街道办等）的来函要求，对涉案不动产所做的风险提示，不用于对外公示，只用于登记机构内部工作人员办理业务时所做的风险提示，实际上是将"内部备注"这种形式用于行政管理和监管的辅助手段。但这些风险提示很多却具有约束力，登记机构工作人员办理业务时需要对这些内部提示备注进行分析、研究、处理，有碍于登记行为进行的内部提示备注可能会中止办理登记。这与法律法规的规定不符，对产权作出限制只能是查封，它的实施主体是由法律规定的人民法院、人民检察院、监察机关、公安机关、税务机关、中国证监会及其派出机关。

二、查封登记的嘱托

人民法院要求不动产登记机构办理查封登记的，应当提交下列材料：（1）人民法院工作人员的工作证；（2）协助执行通知书；（3）其他必要材料。

需要特别指出的是，因为查封的方法很多，因此，查封登记不是查封生效的必然要件，仅是对抗要件而已。法学界存在查封效力的绝对无效说和相对无效说之争，司法实践倾向绝对无效说，但是理论界认为只是针对申请执行人无效，其理由为：如查封未公示，不得对抗善意第三人；不影响不动产上其他共有人的合法权益（见《规定》第14条）。

查封期间，政府不得收回被查封的土地使用权。预查封期间，未交齐土地出让金时可以收回，但应退还的出让金交人民法院处理。

查封扣押的效力及于查封、扣押物的从物和天然孳息，在权利人主体一致的情况下适用房地一体查封原则。

三、办理查封登记的审查要点

（1）查看嘱托机关送达人的工作证和执行公务的证明文件，并与嘱托查封单位进行核实。委托送达的，委托送达函是否已加盖委托机关公章，是否注明委托事项、受委托机关等。

（2）嘱托文件是否齐全、是否符合规定。

（3）嘱托文件所述查封事项是否清晰，是否已注明被查封的不动产的坐落名称、权利人及有效的不动产权属证书号。被查封不动产的内容与不动产登记簿的记载是否一致。

不动产登记机构不对查封机关送达的嘱托文件进行实体审查。不动产登记机构认为登记事项存在异议的，不动产登记机构应当办理查封登记，并向嘱托机关提出审查建议。不动产登记机构审查后符合登记条件的，应即时将查封登记事项记载于不动产登记簿。

不动产登记机构依照执行查封的人民法院提交的被执行人取得财产所依据的继承证明、生效的法律文书以及协助执行通知书等办理查封登记的，应当先办理转移登记，再办理查封登记。

四、预查封登记及预查封登记转正式查封登记

预查封指的是在土地或地上建筑物未做首次登记前，查封机关要求查封，不动产登记机构按照查封机关的要求对土地或地上建筑物进行预查封，待土地或地上建筑物首次登记后将预查封转轮候查封。

对于房屋的预查封，预查封的被执行人为开发建设单位，预查封期限未届满的，首次登记后转为查封登记，预查封转查封后，查封期限从预查封之日起开始计算；预查封期限届满的，应予注销，存在轮候预查封的，应当一并办理第一轮候转正式查封，其他轮候按次序转轮候查封。预查封转查封时，应先按轮候次序依次办理查封，轮候次序保持不变，在附记中记载查封的原因为"预查封转查封"，并注明原预查封编号，查封期限记载原预查封期限；再依次注销预查封登记，在附记中记载注销

的原因为"预查封转查封"。原预查封附记内容应承继记载于查封登记附记中。

对于房屋的预查封，预查封的被执行人为预购人，预查封期限未届满的，完成首次登记后应当保持查封状态不变，待办理转移登记后，再转为查封。

土地使用权被预查封或者查封，全部不动产单元的拟登记权利人与查封被执行人一致的，不影响首次登记，一并将土地查封内容转记到房屋单元，注销原土地查封或者预查封，在附记中记载注销的原因为"已办理土地使用权及房屋所有权首次登记，查封内容转记到本宗地上的房屋单元"。办理转查封登记时，查封范围为"土地使用权"，并在附记中进一步记载"根据《不动产单元设定与代码编制规则》（GB/T 37346-2019），有定着物的一宗土地使用权宗地，宗地内的每个定着物单元与该宗地应设为一个不动产单元，原XXXX土地查封内容转记到本宗地上的房屋单元"。完成上述登记事项后，审核人员应将相关情况函告嘱托机关。

土地出让合同等权属来源材料约定建成后产权归政府或依法归业主共有，导致部分不动产单元的申请人与查封被执行人不一致，或者存在宗地分期建设等情形导致查封范围发生变化的，应待查封机关嘱托变更查封标的后，再办理首次登记，但应在本次申请过程中一并审查该部分是否符合除查封外其他登记条件。

被执行人为开发建设单位，应核查被执行人与土地出让合同等权属来源材料记载的开发建设单位（含分成约定的情况）是否一致。若不一致，应向嘱托机关提出审查建议，并告知嘱托机关后续首次登记时，按权属来源材料登记至相应权利人名下，不应停止办理协助执行事项，还应将有关情况在查封登记信息附记中记载。

五、轮候查封登记

根据《最高人民法院 国土资源部 建设部关于依法规范人民法院执行和国土资源房地产管理部门协助执行若干问题的通知》(法发〔2004〕5号)的规定，两个以上人民法院查封同一不动产的，不动产登记机构应当为先送达协助执行通知书的人民法院办理查封登记，对后送达协助执行通知书的人民法院办理轮候查封登记。

轮候查封登记的顺序按照人民法院协助执行通知书送达不动产登记机构的时间先后进行排列，但查封机关另有协调重新确定轮候次序的除外。

六、查封登记的注销

查封期间，人民法院解除查封的，不动产登记机构应当及时根据人民法院协助执行通知书注销查封登记。不动产查封期限届满，人民法院未续封的，查封登记失效。

本部分的第1个问题，依人民法院等国家有权机关嘱托办理查封登记后，若查封期限届满后无续封，登记机构如何办理查封登记注销业务？笔者认为，原查封期限届满，法院无续封原查封手续，也未出具注销查封文书的，登记机构可依法注销该查封登记。

哪些不动产登记机构事项需要依职权登记？

现行法律、行政法规和规章对不动产登记的程序主要有依申请登记、依嘱托登记和依职权登记三种类型。对于依申请、依嘱托登记登记规范及实务上已形成一套完善的登记程序，但对登记机构依职权登记，《民法典》《不动产登记暂行条例》《〈不动产登记暂行条例〉实施细则》等法律法规和规章未能作出明确规定，《〈不动产登记暂行条例〉实施细则》只提到了依职权更正登记和注销登记，对于登记机构在实际业务中可否依职权撤销登记并未提及，本部分就登记机构依职权登记行政行为的实质、程序及法律后果进行探讨。

一、法律法规和规章对依职权登记的有关规定

《不动产登记暂行条例》第 2 条中指出："本条例所称不动产登记，是指不动产登记机构依法将不动产权利归属和其他法定事项记载于不动产登

记簿的行为。"；第3条中指出："不动产首次登记、变更登记、转移登记、注销登记、更正登记、异议登记、预告登记、查封登记等，适用本条例"。《〈不动产登记暂行条例〉实施细则》第2条中指出："不动产登记应当依照当事人的申请进行，但法律、行政法规以及本实施细则另有规定的除外"；第17条中指出："有下列情形之一的，不动产登记机构应当在登记事项记载于登记簿前进行公告，但涉及国家秘密的除外……（三）依职权更正登记；（四）依职权注销登记"。第19条中指出："当事人可以持人民法院、仲裁委员会的生效法律文书或人民政府的生效决定单方申请不动产登记……"可见除了依申请登记、依嘱托登记，现行法规和规章只规定了登记机构依职权更正登记和注销登记，对依职权撤销登记并未作出规定。

深圳作为国内较早对房地产登记进行地方立法的城市，对不动产登记进行了许多有益的探索且积累了宝贵的经验，并通过地方性法规的形式予以确立。《深圳经济特区房地产登记条例》于1992年12月26日深圳市第一届人民代表大会常务委员会第十三次会议通过，并于2019年10月31日深圳市第六届人民代表大会常务委员会第三十六次会议修正。根据现行《深圳经济特区房地产登记条例》第四章　撤销登记　"第50条　凡有下列情形之一的，登记机构可以决定撤销全部或者部分登记事项：

（一）当事人对房地产不拥有合法权利的；

（二）当事人在申请登记时隐瞒真实情况或者伪造有关证件、文件，采取欺骗手段获准登记的；

（三）登记机构审查有疏忽，登记不当的。

撤销登记的决定应当书面通知当事人。

第51条　当事人对撤销登记决定不服的，可以依法申请行政复议，或者向人民法院起诉。"

这里将登记机构撤销登记作为一种不动产登记的例外情形从适用和程序上作出了规定，与依职权更正登记和注销登记相比，虽然都体现为登记机构依据登记原始凭证和有关证据主动登记，但在登记行为的法律效果上，撤销登记类似于撤销行政许可，一般是由于在作出行政行为的过程中存在违法违规的行为，比如存在工作人员滥用职权、玩忽职守的行为，超越法定职权作出的行政决定，违反法定程序作出行政决定以及对不具备申请资格或不符合法定条件的申请人核准登记的行政行为，登记机构及其上级机关、人民法院可以撤销登记。登记机构如能正确行使撤销登记职权将有效震慑不动产登记中当事人的各种违法违规行为，但在实践中，登记机构很少依职权撤销登记，缘于法律法规对不动产登记机构的法定职权、登记行为的性质及撤销登记的规定缺失。

二、依职权登记行为分析

《深圳经济特区房地产登记条例》规定的登记机构作出的撤销登记主要是依职权作出，并列明了适用范围，限于"当事人对房地产不拥有合法权利；当事人在申请登记时隐瞒真实情况或者伪造有关证件、文件；采取欺骗手段获准登记的；登记机构审查有疏忽，登记不当"这几种情况，与《〈不动产登记暂行条例〉实施细则》所作出的登记机构依职权更正登记和注销登记不同，其适用范围更广，系通过行政程序将不动产登记簿记载的不动产物权变为无效状态，但上位法并未予以支持。

由于我国的物权变动采用要因原则，当登记原因行为无效时，尽管不动产物权登记在权利人名下，但该物权变动无效，权利人取得的不动产物权没有法律上的依据，因此出现当事人对不动产未拥有合法权利，登记簿上记载的权利人并不是真正的权利人,这时依据《〈不动产登记暂行条例〉实施细则》第79条、第80条和第81条的规定,由登记机构依职权办理更正登记与《深圳经济特区房地产登记条例》中的撤销登记行为并不完全相同,前者是不动产登记机构发现不动产登记簿记载的事项错误,通知当事人申请办理更正登记,当事人逾期不办理的,不动产登记机构应在公告后依法予以更正,在不动产登记簿上记载正确的事项;后者是出现符合撤销登记的情形时,登记机构将决定撤销全部或部分登记事项,此种登记行为将导致当事人不动产权利的全部或部分灭失,与不动产注销登记的效力相当。

从登记实践来看,依职权登记的范围应有适当的程度。依职权登记的范围过小将导致大量登记簿记载事项与实际状况不符,如不动产灭失后,当事人不申请办理注销登记,登记簿上的产权状态长期处于有效的"空挂"状态,造成登记簿信息失真,甚至当事人仍可办理抵押登记、转移登记,可能会使国家、社会或第三人的利益受损;依职权登记的范围过大又将为登记机构带来一定的潜在风险,使登记机构基于规避风险考虑而不愿主动依职权登记,也将造成大量历史遗留问题和疑难复杂登记久拖不决,同样造成登记簿的失真。根据已经失效的原建设部《房屋登记办法》将依职权更正登记也仅仅适用于不涉及不动产物权归属和内容的错误,即纯粹的笔误。但是,《不动产登记暂行条例》《〈不动产登记暂行条例〉实施细则》没有限制依职权更正登记、注销登记的范围,也没有吸纳《房屋登记办法》中撤销登记相关立法思想,对地方立法中依职权撤销登记也没有作出回应,更没有对登记的实体、程序作出详细的规定。从不动产登记实践看,依职权登记少之又少,依职权登记行为作为登记机构不得已而为之的行为,不利于立法效果的充分发挥。

不动产的更正登记、注销登记、撤销登记涉及当事人之间的实体权利,当登记机构无权审查当事人实体法律关系和审查能力不足时,依职权登记可能打破当事人之间的利益平衡,损害到其中一方当事人的民事合法权利,直接后果是权益受损的一方当事人针对登记机构提起行政诉讼。因此,登记机构应十分谨慎地依职权登记,对于技术性原因导致的错误可由登记机构依职权进行更正,此时,没必要由当事人申请,以免给当事人带来负担。

不动产登记涉及最大的问题就是民事诉讼和行政诉讼交织在一起。解决不动产物权的归属本应通过民事诉讼的程序,但是,很多当事人往往希望通过行政诉讼请求法院撤销登记行为。不过,法院只能审理登记行为的合法性,无法解决当事人的合同纠纷或权属争议。如果登记行为符合《中华人民共和国行政诉讼法》第69条的规定,法院将会驳回原告关于确认违法或撤销登记的诉讼请求。实践中,有些不动产被错误登记后,很可能已经被多次处分,这时,即使存在可撤销的事由,如果法院判决撤销被诉争的登记行为,也将直接影响到善意第三人的利益。因此,法院对此会比较慎重。

三、依职权登记应进一步创设和明确

在不动产统一登记之后,由于《不动产登记暂行条例》《〈不动产登记暂行条例〉实施细则》未对不动产登记机构撤销登记的情形作出规定。因此,我国现行不动产登记法规已不再承认登记机构可以撤销登记。《深圳经济特区房地产登记条例》第50条虽然规定了登记机构可依职权撤销不动产登记的情形,但该规定在上位法《不动产登记暂行条例》中未能体现,现阶段当发现登记簿记载事项错误时,一般按照《不动产登记暂行条例》《〈不动产登记暂行条例〉实施细则》的有关规定,由当事人申请更正登记，也可以由登记机构依职权更正登记和注销登记。

笔者认为，我国不动产登记立法上虽然已经考虑到救济当事人的权利，规定了当事人可以申请更正登记，也规定了登记机构依职权的更正登记和注销登记，但此两类登记不足以完全解决登记簿记载事项错误或申请要件虚假所带来的错误登记问题。在目前，不动产登记申请材料的伪造手段多样化、技术升级快，再加上审查技术的限制、核查渠道的缺乏或不畅等原因，造成申请主体、申请材料真伪的识别和甄别难度日益加大，超出了登记机构的能力范围，各种提供虚假材料骗取登记的现象层出不穷，遇到各种造假情形后，登记机构并不具备进一步调查取证的能力，因而造成调查取证难、报案立案难的局面，使造假者得不到应有的法律制裁，进一步助长了部分人的侥幸心理，甚至出现重复作案的可能性。因此，立法中创设和明确不动产登记机构依职权撤销登记将有效震慑提供虚假申请材料及虚假申请主体申请不动产登记的违法行为，同时将造假者纳入诚信"黑名单"，加大行政处罚力度，将有助于建设诚信社会和法制社会。

鉴于撤销登记在实践中的作用，政府在不动产登记立法时可以考虑吸纳撤销行政许可的理念及地方立法的经验，赋予登记机构撤销登记的法定权限，并对撤销登记的适用情形、程序作出具体规定，充分保障当事人的听证、申辩及知情权，当事人对登记机构作出的撤销登记不服的也可以依法申请行政复议，或者向人民法院起诉。

浅谈不动产名义权利人、实际权利人以及隐性共有人

不动产名义权利人即不动产登记簿和不动产权证书上记载的权利人，也称为证载权利人；不动产实际权利人是对不动产物权拥有实际权利的人。不动产名义权利人与实际权利人通常是一致的，但是在某些情况下，如代持、借名买房等特殊情况下会造成不动产名义权利人与不动产实际权利人不一致。不动产隐性共有人指除了不动产登记簿和不动产权证书上记载的权利人名，还有隐性存在的因夫妻关系、约定关系等对不动产权利共有关系的人。

一、隐性共有人的审查及权利救济

不动产登记实务上，登记机构在办理不动产登记时以权属来源证明文件上记载的权利人作为不动产登记簿和不动产权证书记载权利人的依据，隐性共有人则是在不动产登记簿和不动产权证书上记载的权利人外，因婚

姻关系或约定关系而形成的事实上的共有人。

证载权利人对不动产的共有形式可以分为按份共有和共同共有，按额共有可以约定各自的共有份额，共同共有则无具体的份额，在申请登记时，一般需要共有人共同申请。处分共有不动产申请登记的，应当经占份额 2/3 以上的按份共有人或者全体共同共有人共同申请，但共有人另有约定的除外。按份共有人转让其享有的不动产份额，应当与受让人共同申请转移登记。建筑区划内依法属于全体业主共有的不动产申请登记，业主转让房屋所有权的，其对共有部分享有的权利依法一并转让。

隐性共有人一般最常见的就是夫妻在婚姻存续期间购买房产但无约定为一方单独所有，但登记时登记在一方名下，相对于登记为权利人的一方而言，没有登记为权利人的一方则为隐性共有人；还有一种情况，当事人约定房产为共有，但申请登记时的登记原因证明文件的权利人未记载全部当事人，不动产登记簿和不动产登记证明只记载了部分权利人，相对于已记载的权利人而言，未记载的权利人则为隐性共有人。

在受理处分不动产的登记申请时，不动产登记机构会就有关登记事项询问申请人，对有关申请登记的不动产是否有共有人的询问一般内容为："除申请人之外，申请登记的不动产份额是否还有其他共有人？"登记机构询问完成后即制作询问笔录，作为不动产登记申请受理审查的必要环节。不动产登记机构除了就申请的不动产是否存在共有人外，还要依法查验申请人提供的身份证明、权属证明和其他必要材料，并核验其本人即为证载权利人，以委托方式申请登记的，查验其委托书及受托人身份证明，以法律规定的不动产登记机构应当履行的职责为限履行审查职责，并不对不动产的隐性共有人进行实质审查。

因权利人处分不动产未如实回答不动产登记机构的询问，给隐性共有人造成损失的,隐性共有人可以权利人侵权向人民法院提起民事诉讼,不动产登记机构不因隐性共有人的存在而对办理相应的处分登记承担责任,亦不构成登记错误而承担赔偿责任。

因婚姻关系形成的隐性共有人即便未登记也视为实际共有人。夫妻间,作为隐性共有人的一方死亡后,继承人办理继承要将该房屋属于共有人的部分分离出去,剩余部分作为遗产,由其继承人继承。比如,夫妻共同所有的房屋,其中一方死亡后,先将房屋属于另一方的分离出去,一般夫妻各占一半份额,剩余的一半份额才由死者的继承人继承。

但是,隐性共有人存在风险。根据《不动产登记条例》《不动产登记条例实施细则》,共有房屋的所有权登记、抵押权登记、预告登记和其他登记,除法律、法规另有规定外,由共有人共同申请登记。如果夫妻双方在婚姻关系存续期间共同取得不动产权,仅有一方申请不动产登记的,另一方可申请追加登记。如果不动产权证书记载的权利人刻意隐瞒隐性共有权人并通过不动产登记机构的形式性审查的话,也是可能单独处分不动产的,导致"隐性共有人"产财两空。为防止隐性共有人权利被侵害,最好保障办法就是把隐性变为显性,即在不动产权证书上"加名",目前可以通过买卖过户、赠与过户、夫妻更名3种方式办理。

二、实际权利人与名义权利人不一致时实际权利人的权利救济

对于实际权利人与名义权利人不一致的,名义权利人与实际权利人可通过协商、调解等方式达成一致,双方可持相关材料共同向不动产登记机构申请变更登记或者转移登记,将不动产权利转移给实际权利人。无法达

成一致的，名义权利人可以利害关系人的身份向不动产登记机构提交异议登记材料申请异议登记。登记机构经审查后将异议登记记载于不动产登记簿并向申请人出具异议登记证明后，异议登记申请人应当在异议登记之日起 15 日内，提交人民法院受理通知书、仲裁委员会受理通知书等提起诉讼、申请仲裁的材料；逾期不提交的，异议登记失效。异议登记失效后，申请人就同一事项以同一理由再次申请异议登记的，不动产登记机构不予受理。异议登记期间，不动产登记簿上记载的权利人以及第三人因处分权利申请登记的，不动产登记机构应当书面告知申请人该权利已经存在异议登记的有关事项。申请人申请继续办理的，应当予以办理，但申请人应当提供知悉异议登记存在并自担风险的书面承诺。

异议登记主要起到阻却受让人善意受让的功能，登记簿记载的权利人转让不动产时，当登记簿上存在有效的异议登记，应当认定不动产受让人知道转让人无处分权，受让人不构成善意。异议登记期间，不动产登记簿上记载的权利人以及第三人因处分权利申请登记的，不动产登记机构应当书面告知申请人该权利已经存在异议登记的有关事项。申请人申请继续办理的，应当予以办理，但申请人应当提供知悉异议登记存在并自担风险的书面承诺。

不动产登记簿具有物权推定力的作用，但确有证据证明不动产登记簿记载的事项有错误的，实际权利人可以利害关系人的名义申请更正登记，利害关系人申请更正登记应当提交利害关系材料、证实不动产登记簿记载错误的材料以及其他必要材料。不动产登记机构审查后认为不动产登记簿记载确有错误的，应当予以更正；但在错误登记之后已经办理了涉及不动产权利处分的登记、预告登记和查封登记的除外。登记机构认为登记簿确有错误，登记簿记载的名义权利人实非实际权利人的，也可启动依职权更

财产保护与不动产登记

正登记。登记机构依职权更正登记应当公告,公告应当在不动产登记机构门户网站以及不动产所在地等指定场所进行,公告期不少于 15 个工作日。公告所需时间不计算在登记办理期限内。公告期满无异议或者异议不成立的,应当及时记载于不动产登记簿。

实际权利人认为登记簿错误,申请异议登记后,或者申请更正登记登记机构不予受理或不予登记的,应及时向人民法院就不动产物权的归属提起诉讼,根据《最高人民法院关于适用〈中华人民共和国民法典〉物权编的解释(一)》(法释〔2020〕24 号)第 2 条规定,当事人有证据证明不动产登记簿的记载与真实权利状态不符、其为该不动产物权的真实权利人,请求确认其享有物权的,应予支持。实际权利人可依人民法院生效判决向登记机构申请登记,将权利人更正为实际权利人。《深圳经济特区不动产登记条例》第四章特别规定了撤销登记,当事人对房地产不拥有合法权利的,登记机构可以决定撤销全部或者部分登记事项,实际就是将原登记撤销,重新将实际权利人记载于登记簿,但《不动产登记条例》《〈不动产登记暂行条例〉实施细则》并无规定撤销登记。实际权利人只能通过诉前异议登记和更正登记的方式实现将登记簿记载的权利人变为实际权利人,对实际权利人而言,他的救济渠道实际上被缩小了,对实际权利人不利。在此,建议未来制定《不动产登记法》或修订《不动产登记暂行条例》《〈不动产登记暂行条例〉实施细则》时能够予以考虑,在登记程序部分增加撤销登记类型。

直系亲属之间应该以什么方式将房产转让给对方？

日常生活中，因住房限购政策及财产传承的考量，当你想将自己的房产转让给直系亲属时，究竟应该采用哪种方式进行转让呢？转让可以是买卖、赠与等多种方式，不同的方式有不同的路径和方法，以下仅从税费承担、操作便利性及再转让方面进行分析。

一、以深圳某套拟转让房产为例

（该房产为普通住宅，本手登记已满5年，转让方和受让双方均为非家庭唯一一套住房），分别按赠与和买卖两种不同的方式分别试算其转让税费，试算结果如下表所示。

财产保护与不动产登记

表2-3 房地产转让税费试算表

原登记日期	原登记价（元）	转让份额（百分比）	份额购置价	房屋计税参考价
2002-5-1	330 573	50.00%	165 286.50	506 773.15
满五年	双方均非家庭唯一一套住房			

一、按赠与（直系亲属）

税种	计税价（元）	税率（百分比）	应纳税额（元）	交易方类型
个人所得税	506 773.15	1%	0	转让方
增值税	506 773.15	5.00%	0	转让方
增值税附加	0元	12%	0	转让方
印花税	506 773.15	0.05%	253	转让方
印花税	506 773.15	0.05%	253	受让方
贴花	—	—	5	转让方
契税	506 773.15	3%	15 203.19	受让方
登记费	—	—	80	受让方
合计	15794.97			

二、按买卖（直系亲属）

税种	计税价（元）	税率（百分比）	应纳税额（元）	交易方类型
个人所得税	330 573	1%	3 306	转让方
增值税	330 573	5.00%	0	转让方
增值税附加	0	12%	0	转让方
印花税	330 573	0.05%	165	转让方
印花税	330 573	0.05%	165	受让方
贴花	—	—	5	转让方
契税	330 573	3%	9 917.19	受让方
登记费	—	—	80	受让方
合计	13 638.49			

二、两种转让方式对比

从上表序得知：

（1）赠予不能减免契税。故如果受让方满足家庭唯一一套房产的条件，仍然要按 3% 计征契税，仅此一点就要多缴税。另，赠与的计税评估价如果高于原价，将按计税评估价计征契税，也将多缴税。

（2）按买卖可以按原价过户，并按原价计个人所得税和契税，计税价一般会低于计税评估价。并且，如果转让方或受让方为家庭唯一一套房产，且期满五年，还可申报减免契税和个人所得税，应纳税额比表中所计算出的会更少。显然，仅从税费角度考虑，以直系亲属转让的方式过户是最划算的。

三、直系亲属转让流程

（1）直系亲属过户可以先到税局申请计税价格复核通知书，按原价过户。网签合同交易价按原价录入。

（2）若存在住房限购政策，购房资格审查与房地产转移登记申请同步进行，申请时需提供受让方的户口簿、身份证，同步发送信息到购房资格审查机构，不需要前置审查。

（3）应提交的材料：不动产登记申请表、不动产权证书、税务部门出具的计税价格复核通知书、二手房买卖合同、转让方和受让方的身份证明材料（若申请契税或个人所得税减税，还应提供户口簿、结婚证。注：有些地方可以联网核查婚姻登记信息无须提供）。

四、对再次转让的影响

本次转让因按原价过户，登记价格为原价，再转让时若过户未满五年，转让与登记价格可能差价较大，对转让税费影响较大，提示申请人应综合考量后决定转让方式。

继承的房产应该如何办理过户？

一、相关法律视点

（一）继承从被继承人死亡时开始

继承人取得遗产属于继受取得，即便不过户即登记，继承人也即取得了所有权，但无法再处分，故为了再处分，继承人应按《民法典》第232条的规定办理过户登记。

能用于继承的遗产只能是被继承人的个人合法财产。如房产是夫妻共同财产，将房产分出来的一半的份额才是遗产，死亡赔偿金和抚恤金不是遗产。

继承分为遗赠扶养协议、遗嘱继承和法定继承。效力上遗嘱继承效力高于法定继承，低于遗赠扶养协议。

《民法典》规定：遗嘱有自书遗嘱、代书遗嘱、打印遗嘱、录音录像遗嘱、口头遗嘱与公证遗嘱等形式，各类遗嘱均应符合法定程序或规定方为有效，且各类有效遗嘱的效力是相同的。立有数份遗嘱，内容有抵触的，以最后的遗嘱为准；立遗嘱后，遗嘱人实施与遗嘱内容相反的民事法律行为的，视为对遗嘱的撤回。公证不是遗嘱的必选方式，当事人可以选择将遗嘱公证，也可以不公证，公证遗嘱的效力不必然比非公证遗嘱的效力高。

不符合下列 6 项条件，则遗嘱无效：

（1）自书：亲笔书写＋签名＋注明年月日。

（2）口头：危急＋2个以上见证人。危急消除，要采用其他形式立遗嘱，否则口头无效。

（3）代书：2个以上见证人，其中1个根据口述代书，遗嘱人、代书人、其他见证人签名，年月日。

（4）打印：2个以上见证人，遗嘱人和见证人在遗嘱每一页签名，年月日录音、录像：2个以上见证人，记录姓名或肖像，年月日。

（5）无效遗嘱：无民事行为能力人/限制民事行为能力人所立遗嘱；欺诈、胁迫所立遗嘱；伪造的遗嘱；被篡改部分的遗嘱；遗嘱处分他人财产。

（6）公证：不具有最高效力。

不能当见证人的人：无民事行为能力人/限制民事行为能力人、继承人/受遗赠人或与其有利害关系人。

（二）法定继承继承人的继承顺序

第一顺序：配偶、子女（婚生/非婚生、养子女、有扶养关系的继子女）、父母（生/养父母、有扶养关系的继父母）、丧偶一方对配偶父母尽了主要赡养义务（不管有没有再婚）；子女的代位继承人（只要求直系晚辈，对辈数没有限制）；

第二顺序：兄弟姐妹（同父异母、同母异父、养兄弟姐妹、有扶养关系继兄弟姐妹）、祖父母、外祖父母、兄弟姐妹的代位继承人。

继承开始后，由第一顺序继承人继承，第二顺序继承人不继承；没有第一顺序继承人继承的，由第二顺序继承人继承。

注：生父母和被收养的子女之间不存在继承关系。继父母（子女）可以同时继承继子女（父母）和生子女（父母）的遗产。

（三）特殊的继承：代位继承和转继承

代位继承指被继承人的子女先于被继承人死亡的，死亡的子女的直系晚辈血亲代位继承被继承人遗产，没有辈数限制，只要是直系晚辈均可，代位继承人一般只能继承被代位继承人有权继承的继承份额。

代位继承举例：

王大伯三代单传，其父母、老伴也早已去世，去世后留有属于自己的房产一套，王大伯生前无立遗嘱、遗赠，无与他人签有遗赠扶养协议。王大伯唯一的儿子王先生先于王大伯去世，王先生与其妻生有一子小王，其妻在王先生去世后一直赡养王大伯，但已与他人再婚生有一子小李。

王大伯（被继承人，在其子去世后去世）：被继承人的房产是个人合法财产，配偶已去世，无其他共有人。

王先生（被继承人的子女，先于被继承人去世）：其身份无限制，婚生子女、非婚生子女、养子女和形成扶养关系的继子女均可。

小王（代位继承人）：小王是被继承人的子女的代位继承人，可以第一顺位继承人的身份继承其父有权继承的份额。代位继承人有身份限制，只能是被继承人的子女的直系晚辈血亲，不能是形成扶养关系的继子女，无辈数限制。丧偶儿媳或女婿再婚不影响孩子代位，但如果是丧偶儿媳或女婿再婚和别人生的子女，不能代位。

王先生去世后，其妻与他人再婚生的儿子小李就没有代位继承王大伯房产的权利。但因王先生的妻子在王先生去世后一直赡养王大伯，故王先生的妻子可以第一顺位继承人的身份继承王大伯的房产。本例中，假设王先生与其妻无生育子女，其妻在王先生去世后一直赡养王大伯，但已与他人再婚生有一子小李，王先生妻子也先于王大伯去世，则小李无法代位继承。这样，将无第一顺位继承人，如果也没有第二顺位继承人，王大伯的房产将无人继承。

另外，如果被继承人的兄弟姐妹（叔叔）先于被继承人（爸爸）死亡，被继承人兄弟姐妹的子女（如堂哥）可以代（叔叔）位以第二顺位继承人继承叔叔份额。

转继承是指继承人在继承开始后遗产分割前死亡，其应继承的遗产由其合法继承人继承。转继承人可以是被继承人的晚辈直系血亲，也可以是被继承人的其他法定继承人。转继承人要按继承顺序继承遗产。

注：代位继承只适用法定继承；转继承既适用法定继承，也适用遗嘱、遗赠。

（四）继承权的丧失

（1）不能谅解：故意杀害被继承人；为争夺遗产杀害其他继承人。

（2）被继承人谅解/事后遗嘱列为继承人，仍有继承权：遗弃被继承人；虐待被继承人，情节严重；伪造、篡改、隐匿或者销毁遗嘱，情节严重；欺诈、胁迫等妨碍被继承人设立/变更/撤回遗嘱，情节严重。

（五）继承权的放弃

（1）时间：继承开始后，遗产分割前。

（2）方式：原则书面，诉讼中口头表示的要制作笔录+签名；沉默视为接受。

二、继承的房地产办理过户

继承的房地产过户在实务上分为公证继承和非公证继承，申请人为具有继承权的自然人。

（一）公证继承房地产过户

（1）公证继承是指继承人到公证机构做继承权公证书，由公证机构对被继承人的死亡事实、继承人与被继承人的关系、继承人间达成的协议等进行审查并证明。

（2）继承房地产申请材料包括：不动产登记申请书、申请人身份证明、不动产权证书；被继承人或者遗赠人享有不动产权利的材料；继承权公证书、接受遗赠公证书或者确定继承权、遗赠事实的生效法律文书。

（3）继承权公证的一般惯例用于继承的房地产权利人即被继承人若有配偶在世，如果登记在一方名下，无论登记在谁名下，除了有证据证明属一方所有的个人财产外，一般默认为产权的50%份额为夫妻共同财产，另50%份额才是用于继承的遗产。所有继承人应就遗产分配协商达成协议，

财产保护与不动产登记

有继承权的人可以放弃自己应继承的份额。

（4）材料齐全、符合法定形式，登记机构应予受理，并向申请人出具受理凭证。

（5）登记机构审核后不存在不予登记的情形的，应予以核准登簿并向申请人颁发不动产权证书。

（二）非公证继承房地产过户

非公证继承是指继承人未提交继承权公证书等公证材料或者确定继承权的生效法律文书的办理继承过户。非公证继承是司法部废止《司法部、建设部关于房产登记管理中加强公证的联合通知》文件后衍生出的事务，这意味着伴随房屋遗产继承事项多年的"公证"环节已不再成为必须，越来越多的人通过非公证继承办理房地产过户。非公证继承房地产过户，在一定程度上由不动产登记机构代替了公证机构对继承权进行审查、确认的工作。

1. 非公证继承登记的申请及收件

与通过公证继承申请房地产过户对比，非公证继承房地产过户，申请人除了提交不动产登记申请书、申请人身份证明、不动产权证书等外还应提交以下9种材料：

（1）所有继承人的身份证明；受遗赠的，还需提交受遗赠人的身份证明。

（2）被继承人或者遗赠人的死亡证明：包括医疗机构出具的死亡证明；公安机关出具的死亡证明或者注明了死亡日期的注销户口证明；民政部门提供的死亡信息；人民法院宣告死亡的判决书；死亡公证书；其他能够证明被继承人或者遗赠人死亡的材料。

（3）全部法定继承人与被继承人的亲属关系表，以及能够证明法定继承人与被继承人亲属关系的材料，包括户口簿、婚姻关系材料、收养关系材料、出生医学证明，公安机关、村委会、居委会以及被继承人或者继承人单位出具的证实材料、人事档案材料，其他能够证明相关亲属关系的材料等。

（4）被继承人或者遗赠人享有不动产权利的材料。被继承人或者遗赠人生前与配偶有夫妻财产约定的，还应提交书面约定协议。

（5）法定继承的，继承人之间就继承的不动产份额达成协议的，提交法定继承人关于被继承不动产的分配协议。

（6）继承人放弃继承的，应在不动产登记机构办公场所，在不动产登记机构人员的见证下，签署放弃继承权的声明，或者提供放弃继承权声明的公证书。

（7）被继承人或者遗赠人生前有遗嘱或者遗赠扶养协议的，还应提交其遗嘱或者遗赠扶养协议。

（8）依法应纳税的，提交完税结果材料。

（9）代位继承或者转继承的，可参照上述材料提供。

2. 收件查验及审核程序

（1）法定继承的，受理登记前应由全部法定继承人共同向不动产所在地的不动产登记机构进行继承材料查验；有第一顺序继承人的，第二顺序继承人无须到场。提供放弃继承权公证书的，该继承人无须到场。

（2）遗嘱继承的，受理登记前应由全部法定继承人共同向不动产所在地的不动产登记机构查验遗嘱的有效性及是否为最后一份遗嘱；有第一顺序继承人的，第二顺序继承人无须到场。

（3）受遗赠的，受理登记前应由全部法定继承人和受遗赠人共同向不

财产保护与不动产登记

动产所在地的不动产登记机构查验申请材料；有第一顺序继承人的，第二顺序继承人无须到场。

（4）不动产登记机构应重点查验当事人的身份证明、当事人与被继承人的亲属关系、被继承人或者遗赠人有无其他继承人、被继承人或者遗赠人和已经死亡的继承人或者受遗赠人的死亡事实、被继承人或者遗赠人生前有无遗嘱或者遗赠扶养协议、申请继承的不动产是否属于被继承人或者遗赠人个人所有等。

（5）不动产登记机构可就继承人及受遗赠人是否齐全、是否愿意接受遗赠或者放弃继承、就不动产分配协议或者遗嘱内容及真实性是否有异议、所提交的资料是否真实等内容进行询问，做好记录，由全部相关人员签字确认，并要求申请人签署继承不动产登记具结书。

3. 登记机构办理流程及特殊事项

（1）登记机构依照规程的程序对申请材料、申请人进行查验及询问，符合受理条件的，不动产登记机构应予受理。

（2）受理后，不动产登记机构进行审核。认为需要进一步核实情况的，可向出具相关材料的单位，被继承人、遗赠人或者继承人所在单位或者居住地的村委会、居委会核实，相关单位和组织应配合。

（3）对拟登记的不动产登记事项在不动产登记机构门户网站上进行公告，公告期不少于15个工作日。公告期满无异议或者异议不成立的，将申请登记事项记载于不动产登记簿。

（4）针对确实难以获取的死亡证明、亲属关系证明，可根据实际情况由申请人书面承诺替代，但列入全国法院失信被执行人名单或者诚信体系失信名单的申请人不适用。

（5）继承中可按遗嘱执行人担任、继承人推选担任、继承人共同担任、被继承人生前住所地的民政部门或者村民委员会担任以及人民法院指定担任等方式确定遗产管理人。

按遗嘱执行人担任、继承人推选担任、继承人共同担任确定遗产管理人的，遗产管理人应提交其身份确认材料。

人民法院指定或者被继承人生前住所地的民政部门、村民委员会担任遗产管理人的，遗产管理人提交其身份确认材料、确定继承权的材料等，可代为申请不动产继承。

夫妻之间房产加名、减名如何办理？

现实生活中，很多人在婚后都希望在配偶的房产证上加上自己的名字，以此来增加安全感，也有的人会主动提出将配偶的名字加上去，以此向对方表达爱意。加名实际就是房产证上记载的权利人由单独所有变更为共同共有或按份共有，权利人由一人变为两人。同时，还有的人为了某些目的想将房产证上记载的权利人由两人减为一人，即减名。房产减名则是房产由共同共有或按份共有变更为单独所有；此外，还有一种情况，有的人希望房产证记载的权利人由夫妻一方名下过户到另一方名下。涉及不动产登记的变更登记或者转移登记，具体根据房产取得时间以及是一方所有还是夫妻共同财产。

一、法律视点

（1）夫妻在婚姻存续期间，除夫妻之间另有约定外，用共同财产购买的房产，即便房产证上的权利人只有一个人，即登记在夫妻一方名下，实际上该房产仍是夫妻共同财产，房产证上没有名字的一方仍为隐形共有人，在分家析产时也不影响财产分割。

（2）夫妻一方婚前全款购买的房产为个人财产，另有约定的除外。

（3）遗嘱或者赠与合同中确定只归夫或妻一方的房产为个人财产。

特别提示：

结婚前父母为夫妻双方购置房产出资的，该出资为对自己子女的个人赠与，但父母明确表示赠与双方的除外。婚后父母为双方购置房产出资的，有约定的依照约定，没有约定或者约定不明的按照继承或者受赠的财产的规定处理。所以，婚后由一方父母出资为子女购买的房产，房款全部由一方的父母支付，即便房屋登记在出资人子女一人名下，但如果没有约定是对其子女个人的赠与，则将被视为夫妻在婚姻关系存续期间赠与所得，为夫妻的共同财产，归夫妻共同所有。

（注：新的司法解释改变了原司法解释的规定，不再以登记的权利人为判定依据，约定变得至关重要。）

夫妻一方婚前签订房屋买卖合同，以个人财产支付首付款并在银行贷款，婚后用夫妻共同财产还贷，房产登记在首付款支付方名下，离婚时该房产由双方协议处理。双方不能达成协议的，归登记一方，尚未归还的贷款为房产登记一方的个人债务。双方婚后共同还贷支付的款项及相应增值部分（若有），由房产登记一方对另一方补偿。

《最高人民法院关于适用〈中华人民共和国民法典〉婚姻家庭编的解

释（一）》(法释〔2020〕22号)第29条：当事人结婚前，父母为双方购置房屋出资的，该出资应当认定为对自己子女个人的赠与，但父母明确表示赠与双方的除外。当事人结婚后，父母为双方购置房屋出资的，依照约定处理；没有约定或者约定不明确的，按照民法典第1062条第1款第4项规定的原则处理。(注：民法典第1062条第1款第4项规定，夫妻在婚姻关系存续期间所得的继承或者受赠的财产，为夫妻共同财产，归夫妻共同所有。)

《民法典》出台后，《〈民法典〉婚姻家庭编解释》改变了《婚姻法解释（三）》的规定，《婚姻法解释（三）》第7条规定，婚后由一方父母出资为子女购买的不动产，产权登记在出资人子女名下的，可按照《婚姻法》第18条第（三）项的规定，视为只对自己子女一方的赠与，该不动产应认定为夫妻一方的个人财产。

在夫妻个人财产和共同财产认定上，约定的效力优于法定，约定应当采用书面形式，没有约定或约定不明的，适用法定夫妻财产制。

二、房产加名与减名

（1）关于登记条件，房地产已经登记；合法拥有房地产并无产权争议；房地产无查封等限制房地产权利的情况；不涉及房地产权利归属的事项；法律、法规、规章及规范性文件规定的其他条件。

（2）夫妻一方婚前购买的房产，登记在一方名下，婚后变更为夫妻共同共有或者按份共有，按转移登记办理；夫妻在婚姻存续期间购买的房产且除另有约定外为夫妻共同财产，需要加名或减名或者转给另一方，按变更登记办理。

（3）婚后购买的房产，登记在一方名下，房产无抵押无查封无其他限制产权情形，配偶可以加名（即权利人由一变二），也可以转给配偶（即一转一）；登记在双方名下也可以由两个权利人变为一个权利人（即二转一）。

特别提示：

按照《民法典》第406条的规定可以抵押人在抵押期间可以转让抵押物（即"带押过户"），但在《民法典》实施前设立的抵押权要取得抵押权人即银行的同意，有的银行可能不配合你更名，可能就无法在有抵押的情况下更名；《民法典》实施后设立的抵押权若当事人有约定抵押期间不得转让抵押物，加名仍需取得抵押权人同意。总之，在有抵押的情况下能否更名要与抵押银行协商。

三、关于税费负担

从税费负担看，夫妻更名的一变二、一转一、二变一都可免契税和个人所得税，下表为夫妻不动产权属更名中加名，即权利人由一个变为两个的税费试算。

表2-4 房地产转让税费试算表

原登记日期	原登记价（元）	转让份额	交易价（元）	房屋计税参考价（元）	房屋类型	本次权属转让方式
2009-11-5	470000	50.00%	235000	7510002	住宅	夫妻间权属更名

续表

产权证附记	市场商品房。原购房日期：2009年11月05日，权利人于2023年11月20日申请夫妻财产更名后各拥有50%产权份额							
婚后夫妻更名（加名，权利人由一个变为二人，按变更登记）								
税费信息								
交易方类型	税种	计税价	扣税金额	税率	应纳税额	减免税额	应缴税（费）额	
受让方	契税	7510002	0	3%	225300	225300	—	
受让方	贴花	—	—	—	—	—	—	
受让方	登记费	—	—	—	—	—	—	
合计	—							

四、办理流程

夫妻双方共同申请，提交不动产登记申请书、不动产权证书（注：必须是已取得产权证书，预售的房产不可）、户口簿、身份证、结婚证、不动产权属变更协议（见以下附件），到房地产所在地税务机关先办理免税证明，再到不动产登记机构办理房产更名过户手续（注：此部分各地政策规定或流程有所不同，请详询房地产所在的税务机关、不动产登记机构）。

五、关于房地产转让涉及的主要税费的相关规定

表 2-5 房地产交易税费一览表

序号	税种	计算基数	纳税义务人	税率	征收依据
1	增值税	不含税销售额或差额	转让方	5%	财税〔2016〕36号文
2	城市维护建设税	增值税	转让方	7%	《中华人民共和国城市维护建设税法》
3	教育费附加	增值税	转让方	3%	《征收教育附加的暂行规定》
4	地方教育附加	增值税	转让方	2%	地方规定
5	印花税	登记价格或计税价格	转让方	0.05%	《中华人民共和国印花税法》
			受让方	0.05%	
6	个人所得税	核实：计税价格—原产原值—转让过程缴纳的税金、合理费用	转让方	20%	《中华人民共和国个人所得税法》
		核定：计税价格		1%、1.5%或3%	
7	契税	核定：计税价格	受让方	1%、1.5%或3%	《中华人民共和国契税法》
8	土地增值税	登记价格或计税价格	转让方	5%或10%	《中华人民共和国土地增值税暂行条例》

（一）计税价格确定方式

（1）存量房（即二手房）交易实行计税参考价格的征收方式。计税参考价格经主管税务部门确认后执行。

（2）纳税人申报的存量房买卖成交价格高于或等于计税参考价格的，

以纳税人申报的成交价格作为计税价格征税；纳税人申报的存量房买卖成交价格低于计税参考价格的，以计税参考价格作为计税价格征税。

（3）同一套房买卖双方均采用同一计税价格。

（4）因人民法院裁定、判决或仲裁委员会裁决取得房屋权属的，以司法裁定价格作为计税价格征税。

（5）通过公开拍卖取得房屋权属的，以拍卖的实际成交价格作为计税价格征税。

（二）增值税

增值税征收依据：《中华人民共和国增值税暂行条例》《财政部、国家税务总局关于全面推开营业税改征增值税试点的通知》（财税〔2016〕36号）。

自2016年5月1日起，个人将购买不足2年的住房对外销售的，按照5%的征收率全额缴纳增值税；个人将购买2年以上（含2年）的住房对外销售的，免征增值税。

个人转让其购买的住房，按照有关规定全额缴纳增值税的，以取得的全部价款和价外费用为销售额，按照5%的征收率计算应纳税额；个人转让其购买的住房，按照有关规定差额缴纳增值税的，以取得的全部价款和价外费用扣除购买住房价款后的余额为销售额，按照5%的征收率计算应纳税额。

鉴于增值税政策在部分城市有特殊适用，且经常调整，本书对增值税的不做过多介绍。如北京市、上海市、广州市、深圳市适用政策为：自2016年5月1日起，个人将购买不足2年的住房对外销售的，按照5%的征收率全额缴纳增值税；个人将购买2年以上（含2年）的非普通住房对外销售的，以销售收入减去购买住房价款后的差额按照5%的征收率缴纳增值税；个人将购买2年以上（含2年）的普通住房对外销售的，免征增值税。深圳市、沈阳市、成都市在2020年9月后，先后将个人住房转让增值税征免年限由2年调整到5年。（政策若有调整，以新政策为准）

（三）个人所得税：（个人所得税采用核实征收方式的，有房产原值凭证，又有费用凭证的，由纳税人到房产所在地主管税务机关办理核实手续）

（1）个人所得税征收依据：《中华人民共和国个人所得税法》。

（2）核定征收方式：应纳个人所得税＝计税价格×1%（或1.5%、3%）

个人住房转让个人所得税核定征收率标准为：普通住房为1%，非普通住房或非住宅类房产为1.5%，拍卖房为3%。

（3）核实征收方式：应纳个人所得＝（计税价格－房地产原值－转让过程缴纳的税金－合理费用）×20%。

（4）根据财税字〔1999〕278号文，对于个人转让自用5年以上、并且是家庭唯一生活用房取得的所得，继续免征个人所得税。

（四）契税

（1）契税征收依据：《中华人民共和国契税法》；

（2）个人购买90平方米以下（含90平方米）普通住房，且该住房属于家庭（成员范围包括购房人、配偶以及未成年子女）唯一住房的适用税率为1%；

（3）个人购买90平方米以上144平方米以下（含144平方米）普通住房，且该住房属于家庭（成员范围包括购房人、配偶以及未成年子女）唯一住房的，适用税率为1.5%。

（4）其他情况适用税率为3%。

（五）土地增值税

（1）土地增值税征收依据：《中华人民共和国土地增值税暂行条例》；

（2）适用情形：个人转让非普通类住宅和非住宅类房产及企业之间转让存量非住宅类房产，个人销售住房暂免征收土地增值税；

（3）可以由纳税人自行选择"核定征收方式"和"核实征收方式"。

核定方式征收：应纳土地增值税＝计价格×核定征收率。

一般标准：商铺、写字楼、酒店为10%，其他非住宅类房产为5%。

（4）企业间转让存量非住宅类涉及的土地增值税部分项目可以扣除。个人转让非住宅类房产只扣除房产原值的"核实征收方式"。

表2-6 不动产登记费一览表

登记事项	收费标准及依据	减免情形及依据
首次登记、转移登记	住宅类：80元/件 其他：550元/件 （发改价格规〔2016〕2559号） ★登记费标准中包含每本证书工本费10元，登记证明不收工本费。（发改价格规〔2016〕2559号）	一、减半收取 1. 营利性养老和医疗机构申请房地产登记的减半收取。（财税〔2014〕77号） 2. 车库、车位、储藏室不动产登记，单独核发不动产权属证书或登记证明，减按每件80元收取。（财税〔2019〕45号） 二、全免（含第一本工本费） 3. 小微企业（含个体工商户）免收。（发改价格规〔2016〕2559号） 4. 非营利性养老和医疗机构申请房地产登记的免收。营利性养老和医疗机构申请房地产登记的减半收取。（财税〔2014〕77号） 5. 森林、林木所有权及其占用的林地承包经营权或林地使用权，及相关抵押权、地役权不动产权利登记的免收。（财税〔2019〕45号） 6. 耕地、草地、水域、滩涂等土地承包经营权或国有农用地使用权，及相关抵押权、地役权不动产权利登记的免收。（财税〔2019〕45号）

续表

登记事项	收费标准及依据	减免情形及依据
首次登记、转移登记	—	7. 廉租住房、公共租赁住房、经济适用住房和棚户区改造安置住房所有权及其建设用地使用权办理不动产登记，登记收费标准为零。（发改价格规〔2016〕2559号） 8. 为社区提供养老、托育、家政服务的机构，用于提供社区养老、托育、家政服务的房产、土地，申请办理不动产登记的免收。（财政部公告2019年第76号） 9. 申请与房屋配套的车库、车位、储藏室等登记，不单独核发不动产权属证书的免收。（发改价格规〔2016〕2559号） **三、只收工本费** 10. 夫妻间不动产权利人转移申请登记的，只收取工本费10元/本。（发改价格规〔2016〕2559号） 11. 单独申请宅基地使用权登记，以及申请宅基地使用权及地上房屋所有权登记的，只收取工本费10元/本。（发改价格规〔2016〕2559号）
异议登记	住宅类：40元/件 其他：275元/件 （发改价格规〔2016〕2559号）	1. 小微企业（含个体工商户）免收。（发改价格规〔2016〕2559号） 2. 为社区提供养老、托育、家政服务的机构，用于提供社区养老、托育、家政服务的房产、土地，申请办理不动产登记的免收。（财政部公告2019年第76号）
变更登记	不收费。（发改价格规〔2016〕2559号、财税〔2019〕45号）	
更正登记		
预告登记		
查封登记		
注销登记		
证书补换发	每本收取工本费10元。（发改价格规〔2016〕2559号）	

财产保护与不动产登记

不动产登记费说明：

1. 以一个不动产单元提出一项不动产权利的登记申请，并完成一个登记类型登记为一件。一件申请中，有住宅类房屋的，按住宅标准收取。

抵押登记中，申请人以一个不动产单元提出一项不动产权利的登记申请，并完成一个登记类型登记的为一件。申请人以同一宗土地上多个抵押物办理一笔贷款，申请办理抵押权登记的，按一件收费；非同宗土地上多个抵押物办理一笔贷款，申请办理抵押权登记的，按多件收费。（发改价格规〔2016〕2559号）

2. 不动产登记费由登记申请人缴纳。按规定需由当事各方共同申请不动产登记的，不动产登记费由登记为不动产权利人的一方缴纳；不动产抵押权登记，登记费由登记为抵押权人的一方缴纳；不动产为多个权利人共有（用）的，不动产登记费由共有（用）人共同缴纳，具体分摊份额由共有（用）人自行协商。（发改价格规〔2016〕2559号）

3. 上表中的首次登记、转移登记、变更登记、注销登记的收取标准适用所有权利类型。

4. 国家出台新的不动产登记收费政策，以新政策为准。

六、关于不动产权属变更的协议

关于不动产权属变更的协议
（适用于夫妻之间权属更名）

姓名：＿＿＿＿＿＿　　身份证号：＿＿＿＿＿＿＿＿＿

姓名：＿＿＿＿＿＿　　身份证号：＿＿＿＿＿＿＿＿＿

＿＿＿＿＿＿＿和＿＿＿＿＿＿系夫妻关系，夫妻双方签订关于不动产权属变更的协议如下：

不动产地址：＿＿＿＿＿＿＿＿（房地产名称，若为房屋应具体到楼名、栋号、单元、房号），证号：＿＿＿＿＿＿＿＿＿＿＿，产权人：＿＿＿＿＿＿＿，份额：＿＿＿＿。现双方一致协议将上述不动产权属变更为：＿＿＿＿＿＿＿＿＿＿＿＿＿＿＿＿＿＿＿＿＿＿＿＿＿。

以上双方承诺本协议真实、有效，如有虚假，双方愿意承担一切法律责任。

本协议签名之日起生效。

签名：　　　　　　　　签名：

日期：　　　　　　　　日期：

离婚后如何办理共有房地产分割办证？

离婚包括协议离婚和诉讼离婚两种。协议离婚由夫妻双方协商对共同财产、共同债务的处理和未成年子女的扶养等达成协议，双方自愿离婚并签订书面离婚协议，亲自到婚姻登记机关登记后解除双方的婚姻关系，双方解除婚姻关系以婚姻登记机关颁发离婚证之日期为准。诉讼离婚，指夫妻一方要求离婚并直接向人民法院提起离婚诉讼。人民法院审理离婚案件，应当进行调解；如果感情确已破裂，调解无效的，应当准予离婚。人民法院经过调解无效后作出判决，双方的婚姻关系自判决书作出之日起而解除。

一、离婚的法律后果

离婚后双方不再对对方负有扶养义务，也不再对对方债务、担保等承担连带责任。但是离婚后父母与子女之间的关系不因离婚而消除。

离婚需要财产分割，个人财产归个人。共同财产由双方协议处理，协议不成时由法院根据财产按照照顾子女、女方和无过错方权益的原则确定。难以确定是个人财产还是共有财产时，主张权利的一方有举证责任，不能举证的，按共同财产。

离婚债务清偿的原则：共同债务以共同财产清偿，个人债务以个人财产清偿。

值得注意的是，不管是以哪种方式离婚，涉及的房产均应到登记机构办理登记后物权才生效。很多人以为只要协议书明确了房子归自己，自己就是权利人，而忽视登记。但此时，从法律层面上讲房产的权利人并未变化，登记簿记载的权利人仍为原权利人，无法保护未登记的共有人的合法权益。所以，离婚之后夫妻有共有房产的，需要办房产过户。

二、离婚后房产分割办证

1. 协议离婚

协议离婚是双方达成离婚协议并签字生效后，双方共同申请离婚，在冷静期后仍申请离婚的，婚姻登记机关经审查后由婚姻登记机关发给离婚证，婚姻关系解除。离婚协议及其补充协议经双方签字后生效，不需要公证或加盖婚姻登记机关婚姻登记专用章。需要注意的是，仅签订离婚协议不等同于离婚成功。

办理离婚时，需要双方共同到不动产登记机构申请，申请材料有：不动产登记申请表、不动产权证书、申请人身份证明材料、离婚证、离婚协议（离婚协议可以在离婚后再行签订补充协议，如有需要一并提供）、税务机关出具的免税证明。

离婚析产房屋无须交税，需要双方先行到房地产所在地的税务机关办理免税证明后再准备相关材料到不动产登记机构申办离婚房产分割办证。

2. 调解离婚

调解离婚是当事人通过人民法院、人民调解委员会调解后达成民事调解书，双方在调解书上签字生效，无签字的由作出调解书的机关（机构）出具证明书，证明调解书已生效并注明生效日期。调解后双方可以就离婚另行起诉。

需要双方共同到不动产登记机构申请，申请材料有：不动产登记申请表、不动产权证书、申请人身份证明材料、民事调解书（无签字的需调解书生效证明）、税务机关出具的免税证明。

3. 判决离婚

判决离婚是通过人民法院请求准予离婚，人民法院经调解后判决离婚作出民事判决书，准予离婚，并同时就财产分割作出判决。当事人也可就财产分割另行提起诉讼。

人民法院仅作出判决书未就此予以裁定并作出协助执行通知书的，仍需双方同共申请，申请材料有：不动产登记申请表、不动产权证书、申请人身份证明材料、民事判决书、税务机关出具的免税证明。

人民法院同时就判决作出裁定书、协助执行通知书的，按依生效法律文件办理登记，可由当事人（受让方）一方申请登记。

当事人在香港特别行政区、澳门特别行政区、台湾地区判决离婚的，用于房地产登记的离婚判决书等司法文书应经境内房地产所在地中级人民法院裁定予以承认或执行；当事人在国外离婚的，相关司法文书应经境内不动产所在地中级人民法院按国际司法协助的方式裁定予以承认或执行。

深圳原农村集体土地国有化后入市路径：回顾与展望

一、引言

20世纪80年代末期以前，深圳通过国有土地使用权的出租、出让、入股等方式解决发展经济面临的资金不足的问题，以土地征收为核心的建设用地管理尚未形成规模。20世纪80年代末以后，随着经济的快速发展，国有土地越来越不足，以向农村统征土地为核心的土地管理制度快速建立。1989年1月3日，深圳市人民政府颁布《关于深圳经济特区征地工作的若干规定》，首次提出要对特区内的土地统一征用，简称"统征"。1992年6月18日，深圳市人民政府发布《关于深圳经济特区农村城市化的暂行规定》，规定了特区内农村城市化的具体措施，再次强调了土地"统征"，对特区集体所有尚未被征用的土地实行一次性征收，土地费的补偿办法，按照《关于深圳经济特区征地工作的若干规定》执行。经过1992年"统征"，原特区内（罗湖、福田、南山、盐田四个区）的土地首先实现了全部国有化。2003年10月29日，《中共深圳市委 深圳市人民政府关于加快宝安龙岗两区城市化进程的意见》出台，同年10月30日，深圳市政府发布了《深圳市人民政府关于加快宝安龙岗两区城市化进程的通告》。2004年6月26日，深圳市政府出台了城市化最为核心的文件《深圳市宝安龙岗两区城市化土地管理办法》，规定"两区农村集体经济组织全部成员转为城镇居民后，原属于其成员集体所有的土地属于国家所有"，即通过村民转居民，村委会转居委会，镇转街道，消灭农村的方式将集体土地"径直转化"为国有土地，完全不同于传统的"征用或征收"，被称为"统转"。经过1992年、2004年两次"统转"，深圳实现了集体土地的全部国有化，成为全国首个无农村、无农民、无集体土地的城市。"统转"后，法律层面深圳已无农民，无集体土地，但大部分原集体土地还控制在村集体经济组织的继受组织股份合作公司手里，但性质已不再是集体所有。一张公文虽表面上将原村集体土地的"统转"，但却没有依法履行征（转）地补偿程序，在此过程中出现了应征未转和应补未补的历史旧账没有解决，资金补偿不到位、土地关系没有理顺等问题，使得目前深圳村股份合作公司和统建楼、私宅用地控制全市近40%的建设用地，其中1/4的土地（约390平方千米）存在征转地历史遗留问题。

按深圳现行土地政策，原农村集体土地国有化后入市路径有限，只能通过城市更新、土地利益统筹、棚户区改造等形式将原集体土地入市，且各个入市政策又有其适用范围和对象，流程复杂周期长。另外，城市更新中股份合作公司的非农建设指标入市同样存在指标悬空、资金补偿不到位、土地关系没有理顺等问题。故此，原农村集体土地国有化后的土地亟待理顺土地关系，拓展入市路径，最大限度激活土地效用，为深圳高质量发展提供空间保障。

二、深圳原农村集体土地国有化后入市历程和现状

原农村集体土地经统征、统转两阶段之后，法律层面土地性质已转为国有，但原农村集体土地并没有按照《土地管理法》的程序实施征收、转用，且城市化后原农村集体经济组织改组为股份合作公司，国有化后原属村集体的土地、村民宅基地等不动产仍在原农村集体经济组织的继受组织股份合作公司和原村民手中。原农村集体土地体量较大，在深圳城市化进程中又存在着较为严重的村民无序抢建私宅、"种房保地"等现象，也催生出较多违法建筑，为原农村集体土地入市造成较大障碍。目前，深圳已进入城市更新、土地利益统筹、棚户区改造、旧村综合整治四轨并行时代。

（一）城市更新

在政策层面，广东省在2009年出台了《关于推进"三旧"改造促进节约集约用地的若干意见》（粤府〔2009〕78号），开展旧城镇、旧厂房、旧村庄（以下简称"三旧"）改造工作，取得了积极成效。2016年，广东省发布《广东省人民政府关于提升"三旧"改造水平 促进节约集约用地的通知》（粤府〔2016〕96号），提出加强规划管控，连片成片改造，完善利益共享机制调动各方积极性，完善历史用地手续，完善配套政策加强"三旧"监管等重要措施，对省内"三旧"改造制定实施方针和顶层设计。2018年，原广东省国土资源厅发出《广东省国土资源厅关于印发深入推进"三旧"改造工作实施意见的通知》（粤国土资规字〔2018〕），作为规划土地主管部门，对"三旧"改造进行规范。2019年，《广东省人民政府

财产保护与不动产登记

关于深化改革加快推动"三旧"改造促进高质量发展的指导意见》（粤府〔2019〕71号）出台，对新时代"三旧"改造实施提出意见，最终于2021年形成《广东省旧城镇旧厂房旧村庄改造管理办法》（广东省人民政府令第279号），以政府规章的形式对"三旧"改造立法，其特征是强调"三旧"改造应遵循政府引导、市场运作、尊重历史、分类施策、统筹规划、共建共享的原则，在规划管理、用地管理、收益管理及监督管理等方面提出一揽子管理办法。

深圳市利用经济特区立法优势和先行先试优势在省内较早尝试探索实施城市更新。早在2009年，深圳市就出台了《深圳市城市更新办法》（深圳市人民政府令第290号），规定城市更新的对象是城市建成区（包括旧工业区、旧商业区、旧住宅区、城中村及旧屋村等），首次提出了城市更新单元规划的概念，并规定了城市更新计划申报程序，将城市更新项目分为综合整治类、功能改变类和拆除重建类三类，分类施策。随着实践的深化，深圳市又出台了《深圳市城市更新办法实施细则》（深府〔2012〕第1号）、《关于加强和改进城市更新实施工作暂行措施》（深府办〔2016〕38号），对城市更新政策进行细化，城市更新主管部门及相关职能部门又针对城市更新单元计划申报审批、城市更新单元内土地建筑物信息核查、城市更新单元规划审批、实施主体确认、城市更新土地出让、不动产登记、城市更新税收政策等制定操作规范。2020年，《深圳经济特区城市更新条例》（深圳市第六届人民代表大会常务委员会第四十六次会议通过）出台，至此，深圳城市更新在法规和操作层面已形成一整套较完备的体系。目前，深圳已形成政府引导、市场主导，以国有已出让用地、原集体合法用地及历史遗留用地为对象的政策体系相对完善的国有土地再开发再流转的制度体系，适用于原产权相对简单的规整区域，也包括原农村集体土地国有化后的土地。

拆除重建类城市更新项目完成拆迁后按照规划要求向政府无偿移交公共用地，再以协议方式取得更新单元规划确定的开发建设用地使用权，并签订国有建设用地使用权出让合同。项目拆除范围内的原土地使用权自动终止，出让后的土地使用权期限重新计算。通过城市更新实现原集体土地入市。

（二）土地利益统筹

深圳为解决公共基础设施和重大产业项目实施难题，加快解决土地历史遗留问题，实现政府、原农村集体经济组织继受单位、相关权益人等多方共赢，促进城市整体利益实现，将目光放在原农村集体土地上，实质是对国有化后的农村集体土地入市程序修正。

2015年，《土地整备利益统筹试点项目管理办法（试行）》（深规土〔2015〕721号）（以下简称《试行办法》）出台，对政策适用对象、利益统筹方式、留用土地核算等方面做出规定，并选取若干试点试行。试点以政府引导、原村集体为主体，通过公开平台引入市场参与，以原农村实际使用的土地为整备对象，适用于原集体土地空闲较多的村域。利益统筹项目以街道为界限（大鹏新区以新区为界限），项目范围内至少有一块3000平方米以上集中成片的未完善征（转）地补偿手续规划建设用地。利益统筹项目纳入全市土地整备年度计划的利益统筹项目目录，并报市政府批准。

2018年，《深圳市土地整备利益统筹项目管理办法》（以下简称《管理办法》）出台，有效期5年，期满后续期3年，有效期延续至2026年8月9日。该办法以原农村集体经济组织继受单位及其成员实际掌控土地为主要对象，具体包括原农村集体经济组织继受单位已落地确权的合法用地

(包括已取得房地产证、土地使用权出让合同、非农建设用地批复、征地返还用地批复、农村城市化历史遗留违法建筑确认决定书、旧屋村范围认定批复的用地等），以及未完善征（转）地补偿手续的土地。与《试行办法》相比，《管理办法》延续《试行办法》的基本框架，明确了未完善征转地手续用地的货币补偿标准，细化利益共享用地核算规则，根据现状容积率分段核算利益共享用地规模，增加了留用土地指标在项目范围外经济关系未理顺的建成区域安排的路径，优化了留用土地规划建筑面积核算规则，规定了在留用土地中安排一定比例的保障性住房、人才公寓或创新型产业用房并由政府回购的规定，简化了地价计收规则，完善了项目审批和管理流程。

（三）棚户区改造

2008年以来，广东省等地开展了棚户区改造，将棚户区改造纳入城镇保障性安居工程，大规模推进实施，先后印发了《国务院关于加快棚户区改造工作的意见》（国发〔2013〕25号）、《国务院办公厅关于进一步加强棚户区改造工作的通知》（国办发〔2014〕36号）、《广东省人民政府关于加快棚户区改造工作的实施意见》（粤府〔2014〕2号）等一系列文件，重点针对城市、国有工矿、国有林区（林场）、国有垦区（农场）进行棚户区改造。提出优化规划布局、加快项目前期工作、加强质量安全管理、加快配套建设等各项要求，要求落实确保建设用地供应、落实财税支持政策、加大金融支持力度等各项支持政策。

2018年，《深圳市人民政府关于加强棚户区改造工作的实施意见》（深府规〔2018〕8号）出台。棚户区改造以公共利益为目的，主要通过拆旧建新的方式，由各区政府主导，棚户区改造项目的实施主体以人才住房专营机构为主，其他企业可以参与。各区陆续制定棚户区改造实施细则。棚户区改造政策规定了政策主要适用于20年以上的老旧住宅区，并规定了项目实施主体、专项规划编制和报审、项目实施模式、搬迁安置补偿协议、房屋征收、补偿奖励标准、土地使用权出让方式及出让费的计收标准等有别于城市更新的政策，棚户区改造项目中新建的住房用途需要满足基础设施及公共服务配套设施的要求，并且项目住宅部分除搬迁安置住房外，全部用于人才住房和保障性住房，其中人才住房由人才住房专营机构持有或回购，保障性住房由区政府回购。

（四）旧村综合整治

2019年，深圳市规划和自然资源局印发《深圳市城中村/旧村综合整治总体规划（2019—2025）》（以下简称《规划》），深圳市原农村集体土地国有化后入市路径收窄。该《规划》将原城中村居住用地中未纳入更新单元计划、土地整备计划、棚户区改造计划、建设用地清退计划及违法建筑空间管控专项行动等的城中村居住用地共99平方千米中的约55平方千米（占比56%）划入城中村综合整治分区，不得进行大拆大建。规划期内调整综合整治分区要按照占补平衡，总量指标不减少，每年调整不超过10%，规划期内调整不超过30%的原则进行。由此，原城中村/旧村由"拆"变"治"，万科等知名房企进村启动万村公寓，为深圳提供公租房房源。深圳由此进入城市更新、土地利益统筹、棚户区改造、旧村综合整治四轨并行时代。

三、拓展深圳原农村集体土地国有化后入市路径探讨

《中华人民共和国土地管理法实施条例》第17条规定，国有土地有偿

使用的方式除了国有土地使用权出让外，还包括国有土地租赁、国有土地使用权作价出资或者入股。第18条还规定，国有土地使用权出让、国有土地租赁等应当依照国家有关规定通过公开的交易平台进行交易，并纳入统一的公共资源交易平台体系。除依法可以采取协议方式外，应当采取招标、拍卖、挂牌等竞争性方式确定土地使用者。由此可见，除了城市更新、土地利益统筹、棚户区改造等方式将国有土地以出让、划拨等方式流转入市外，法律法规还规定了国有土地租赁、国有土地使用权作价出资或者入股等国有土地入市路径。

根据深圳市不动产登记数据库统计，在全市近万宗已登记国有建设用地使用权中，首次登记的原因为国有土地租赁尚未有过，国有土地使用权作价出资或者入股的土地宗数为47宗，说明这两类法定国有土地入市路径在土地管理实践中尚未被广泛采用。

（一）国有土地租赁

国有土地租赁是法定的国有土地有偿使用方式，根据1999年国土资源部《规范国有土地租赁若干意见》，国有土地租赁是指国家将国有土地出租给使用者使用，由使用者与县级以上政府国土资源主管部门签订一定年期的土地租赁合同，支付租金的行为。租赁期限6个月以上的国有土地租赁，应当由市、县国土资源部门与土地使用者签订租赁合同。租赁合同内容应该包括出租方、承租方、出租宗地的位置、范围、面积、用途、租赁期限、土地使用条件、土地租金标准、支付时间和支付方式、土地租金标准调整的时间和调整幅度、出租方式和承租方的权利义务等。

国有土地租赁与国有建设用地使用权出租不同，前者是国家与土地使用者之间建立的土地用益物权的法律关系，可设立国有建设用使用权，是与划拨、出让等方式设立国有建设用地使用权一样的一种国有土地所有权让度方式。而国有建设用地使用权出租则是国有土地使用权人作为出租人将土地使用权及地上建筑物、其他附着物租赁给承租人使用，由承租人向出租人支付租金，租期最长不超过20年，性质上为合同之债，不产生物权，无法办理建设用地使用权登记，租赁方一般也无法用于抵押。

国有土地租赁是法定的国有土地有偿使用的方式之一，是与划拨、出让并列的方式，对因发生土地转让、场地出租、企业改制和改变土地用途后依法应当有偿使用的，可以实行租赁。但实际土地利用管理中，以国有土地租赁的方式有偿使用土地较少，新增的建设用地，主要还是出让和划拨，对于经营性房地产开发用地，无论是利用原有建设用地，还是利用新增建设用地，都必须实行出让，不实行租赁。

对于原农村集体土地国有化后，土地仍在原农村集体经济组织的继受组织股份合作公司和原村民手中，对于股份合作公司名下的土地，性质已为国有建设用地，自然资源主管部门可与原股份合作公司签订国有土地租赁合同，由不动产登记机构办理变更登记或首次登记，将集体土地所有权或集体建设用地使用权变更登记或首次登记为国有建设用地使用权，利权人为股份合作公司，权利性质为国有土地租赁，由股份合作公司按其集体用地收益支付国有土地租赁租金。原为村民宅基地由村民建的私宅，符合"一户一栋"及规定的面积，且符合当时用地审批时的政策的，其用地按划拨形式完善用地手续，权利性质为划拨。通过国有土地租赁的方式，可解决尚未列入城市更新、土地利益统筹以及棚户区改造等范围的用地入市问题，提高土地利用综合效益，弥补土地财政收入，使政府、股份合作公司、原住民多方利益共享。

（二）国有土地使用权作价出资或者入股

国有土地使用权作价出资或者入股，是指国家以一定年限的国有建设用地使用权作价，作为出资投入改组后的新设企业，该使用权由新设企业持有，可以依照相关法律、法规的规定转让、出租、抵押。国有建设用地使用权作价出资（入股）形成的国家股权，按照国有资产投资主体由有批准权的自然资源主管部门委托有资格的国有股权持股单位统一持有。与出让和租赁一样，国有建设用地使用权作价出资或者入股也是国有土地有偿使用的方式之一。以作价出资或入股方式取得国有建设用地使用权，当事人申请国有建设用地使用权首次登记应当提交国有建设用地使用权出资或者入股准批文件等材料。

（三）授权经营国有建设用地使用权

授权经营是国有土地有偿使用的补充，虽然在《土地管理法实施条例》没有规定这种方式，但在自然资源部制定的《不动产登记规程》（TD/T 1095-2024）中仍将其作为国有建设用地使用首次登记的一种情形。国有建设用地授权经营，是指国家根据需要，可以把一定年期的国有建设用地使用权作价后授权给经国务院批准设立的国家控股公司，作为国家授权投资机构的国有独资公司和集团公司经营管理。以授权经营方式取得国有建设用地使用权，当事人申请首次登记，应提交土地资产处置批准文件等材料。

四、结语

深圳原农村集体土地国有化后的土地在法律性质上虽为国有，但实际使用权仍在原村集体的继受组织股份合作公司和原村民手中，且面临的体量较大，现有的入市路径并不能使原农村集体土地得以释放。需要因地制宜，根据不同情况，通过城市更新、棚户区改造、土地利益统筹、国有土地租赁、作价出资或者入股及授权经营等多种方式实现入市，同时在国有建设用地使用权的首次、转移、抵押等方面出台相应制度，使土地入市与确权登记相衔接。

土地二级市场预告登记转让制度构建——基于深圳的现实需求

一、引言

2019年,《中共中央 国务院关于支持深圳建设中国特色社会主义先行示范区的意见》提出深圳要深化自然资源管理制度改革,率先打造人与自然和谐共生的美丽中国典范。2020年,中共中央办公厅、国务院办公厅印发了《深圳建设中国特色社会主义先行示范区综合改革试点实施方案(2020—2025年)》,支持在土地管理制度上深化探索,提出试点实行土地二级市场预告登记转让制度。由此,土地二级市场预告转让制度被提到改革试点日程。

2017年2月,原国土资源部印发《关于完善建设用地使用权转让、出租、抵押二级市场的试点方案》,在34个试点地区提出了完善交易机制、创新运行模式、健全服务体系、加强监测监管和强化部门协作五项任务,逐步构建城乡统一的建设用地市场。2019年7月,国务院办公厅印发《国务院办公厅关于完善建设用地使用权转让、出租、抵押二级市场的指导意见》(国办发〔2019〕34号),指出充分发挥市场在资源配置中的决定性作用,加快建立产权明晰、市场定价、信息集聚、交易安全、监管有效的土地二级市场,促进土地要素流通,提高节约集约用地水平推动经济高质量发展。

土地市场是重要的要素市场,是现代市场体系的重要组成部分。土地一级市场是土地使用权的初始交易,是土地从土地所有权人到土地使用权人之间的让渡;土地二级市场是土地使用权的再交易,即土地使用者在合同约定的期限内,将剩余期限的土地使用权转让、出租或抵押的行为,以及与土地行政管理部门之间的继受约束,反映的是土地使用者之间的责、权、利关系。限于土地使用权的出租和抵押法律障碍较小,目前突出表现在土地使用权的转让,故本部分重点讨论土地使用权的转让预告登记,鉴于深圳在1992年和2004年通过统征、统转的方式,将村集体土地全部转变为国有土地,村民由此变居民,村委变街道,村内资产变股份公司资产,集体用地全部划归国有用地,在法律层面上深圳市域内所有土地已成为国有用地,本部分重点就国有建设用地使用权转让预告登记制度进行讨论。在不动产登记实务方面,《国务院办公厅关于完善建设用地使用权转让、出租、抵押二级市场的指导意见》(国办发〔2019〕34号)将各类导致建设用地使用权转移的行为都视为建设用地使用权转让,包括买卖、交换、赠与、出资以及司法处置、资产处置、法人或非法人组织合并或分立等形式涉及的建设用地使用权转移。

二、深圳土地二级市场现状

由于历史的原因,立法者出于防止土地闲置、土地炒作等考虑,对土

财产保护与不动产登记

地使用权的转让严加限制。深圳在特区开发建设中最早对土地转让以立法形式作出限制,《深圳经济特区土地管理条例》(广东省第六届人民代表大会常务委员会第三十次会议审议通过,1988年实施)第20条规定,用地单位和个人转让土地使用权除用地价款外,投入开发建设的资金已达投资总额的25%。随后颁布的《中华人民共和国城镇国有土地使用权出让和转让暂行条例》(国务院令第55号)、《中华人民共和国城市房地产管理法》对此予以吸纳。《城镇国有土地使用权出让和转让暂行条例》第19条规定未按土地使用权出让合同规定的期限和条件投资开发、利用土地的,土地使用权不得转让。《城市房地产管理法》第39条规定以出让方式取得土地使用权的,转让房地产时应按照出让合同约定进行投资开发,属于房屋建设工程的,完成开发投资总额的25%以上,属于成片开发土地的,形成工业用地或者其他建设用地条件。该法于1994年颁布,历经2007年、2009年、2019年3次修改仍保留土地转让应按出让合同约定投资开发的相关规定。《城市房地产转让管理规定》(1995年建设部令第45号发布,2001年修正)第10条规定,以出让方式取得土地使用权的,转让房地产时按照出让合同约定进行投资开发,属于房屋建设工程的,应完成开发投资总额的25%以上;《广东省城镇国有土地使用权出让和转让实施办法》(1992年发布,1997年修正)第19条规定,已按出让合同规定的条件和期限完成了开发建设。属成片开发经营的土地,按出让合同规定的条件和期限进行了开发,形成工业用地和其他建设用地条件的,可以进行转让。《深圳市土地交易市场管理规定》(深圳市人民政府第100号令)第5条规定,减免地价或交纳协议地价的土地使用权转让;依出让方式取得土地使用权,已签订出让合同,交清市场地价后进行的土地使用权转让,应通过招标、拍卖和挂牌交易方式公开进行。《国务院办公厅关于完善建设用地使用权转让、出租、抵押二级市场的指导意见》（国办发〔2019〕34号）虽然在一定程度上放宽了建设用地使用权转让的条件，简化了交易流程，但仍提出"要加强交易事中事后监管，对违反有关法律法规或不符合出让合同约定、划拨决定书规定的，不予办理相关手续"。

法律、法规和地方规定的限制使得深圳国有土地使用权转让路径受限，目前国有土地使用权主要通过依生效法律文书、作价出资（入股）、继承等有限的方式转让。

一方面，土地使用权人无力继续投资时停止开发，不得不通过项目代建、股权转让的方式变相转让土地使用权，形成一定的法律风险，也造成土地的低效利用甚至实际上的闲置状态；另一方面，对转让方式的限制又使得存量国有建设用地处于待激活状态，导致要素流通不畅，存量土地资源配置效率较低，难以满足经济高质量发展的需要。土地二级市场作为我国建立城乡统一的建设用地市场的重要组成部分，在盘活存量建设用地、优化土地资源配置、助力产业高质量发展等方面发挥着重要作用。深圳的发展同时又面临土地、空间难以为继的现实困难，因此，大力发展土地二级市场就成了现实需求，迫切在立法、制度上改革创新，以适应深圳建设中国特色社会主义先行示范区的需要。

三、土地二级市场预告登记转让制度构建框架

（一）预告登记性质及其效力

预告登记乃舶来之法律制度，预告登记是不动产物权变动中的债权人为确保能够实现自己所期望的不动产物权变动，而与债务人约定向不动产登记机构申请办理的登记。通过办理此种登记，债权人的债权效力得到极

财产保护与不动产登记

大的强化。有的学者认为不动产预告登记主要是为了保障权利人的物权期待权，不动产预告登记权利人享有不动产物权期待权。还有的学者认为预告登记是债权物权化的一种具体表现。预告登记目的在于保全某种债权请求权。还有的学者认为不动产预告登记是为了保全当事人将来取得物权的请求权的一项特殊的不动产物权登记。对于将来发生的不动产物权的发生、转让和消灭，权利人可以进行预告登记来保全自己的请求权，以实现将来的物权变动。对于预告登记的效力，有学者认为预告登记有三种效力，即权利保全效力、顺位保全效力、破产保护效力。预告登记是本登记前的一项登记，不可以本登记的事项，也不可为预告登记。

原《中华人民共和国物权法》第 20 条第 1 款首次以基本法的形式规定了预告登记，这是国家立法中第一次明确对不动产预告登记制度作出规定，是我国民事立法进程中的一次重大突破。《中华人民共和国民法典》继续对该法律制度进行确认。《民法典》第 221 条规定，当事人签订买卖房屋的协议或者签订其他不动产物权的协议，为保障将来实现物权，按照约定可以向登记机构申请预告登记。预告登记后，未经预告登记的权利人同意，处分该不动产的，不发生物权效力。最高人民法院关于适用《中华人民共和国民法典》物权编的解释（一）第 4 条对《民法典》第 221 条中的"处分"又作出进一步解释，"处分"是指转让不动产所有权等物权，或者设立建设用地使用权、居住权、地役权、抵押权等其他物权。《〈不动产登记暂行条例〉实施细则》第 85 条从实务角度对预告登记的适用范围进一步作出规定，商品房等不动产预售，不动产买卖、抵押，以预购商品房设定抵押权，法律、行政法规规定的其他情形，当事人可以按照约定申请不动产预告登记。同时进一步规定，预告登记生效期间，未经预告登记权利人书面同意，处分该不动产权利申请登记的，不动产登记机构应当不予办理。预告登记后，债权未消灭且自能够进行相应的不动产登记之日起3个月内，当事人申请不动产登记的，不动产登记机构应当按照预告登记事项办理相应的登记。

对于预告登记的客体，有学者认为建设用地使用权出让合同是民事合同，性质上属于债权合同，受让人为了保证将来能够取得建设用地使用权这一用益物权，也可以与出让方协议进行预告登记[13]。还有的学者认为，应扩张预告登记适用范围，将房屋租赁权等并不直接引致不动产物权变动的债权，以及优先购买权等相对权作为可用的对象。还有学者认为《〈不动产登记暂行条例〉实施细则》规定的预告登记的情形过窄，限制了预告登记发挥更大作用。包括签订不动产用益物权与担保物权的协议。对凡需要经过登记才能取得不动产物权的协议均可纳入预告登记的范围。

预告登记最重要的功能就是限制处分，即防止不动产权利人违反义务对不动产进行处分，从而对债权人的利益造成损害。预告登记的特性为国有建设用地使用权的预告登记转让提供了可能。根据《民法典》的规定，违反法律、行政法规的强制性规定的民事法律行为无效。但是，该强制性规定不导致该民事法律行为无效的除外。土地使用权人与他人签订的转让土地使用权的合同不违反《城市房地产管理法》"投入开发建设的资金已达投资总额的25%"的规定，这一规定仅针对物权变动，而无法作用于合同的成立与履行，学界普遍认为此项规定是管理性强制规定不属于法律的强制性规定，也不必要导致转让合同的无效，只是影响合同的全面履行。学界通常将预告登记制度视作对抗第三人的债权请求权，该制度并未造成不动产的转移，仅仅是作为一项请求权的适用。因此，预告登记转让制度只生成债权请求权，并不与《城市房地产管理法》等法律的土地转让限制性规定等物权性质规定相抵触。

（二）预告登记转让操作

1. 交易和转让

交易双方可通过交易平台等渠道发布交易信息，转让方可通过拍卖等方式公开转让土地使用权；也可自行协商交易，确定土地使用权转让合同的主要条款。交易机构应提供合同文本、交易服务等服务。但是，根据《国务院办公厅关于完善建设用地使用权转让、出租、抵押二级市场的指导意见》（国办发〔2019〕34号），对违反有关法律法规或不符合出让合同约定、划拨决定书规定的，不予办理相关手续。此项规定对未满足"投入开发建设的资金已达投资总额的25%"的规定的土地仍然无法实现实质性的物权转移。实务中，为了使土地二级市场预告转让登记制度顺利实施，可在交易环节只确认交易事实，土地转让合同的签订需土地管理部门的审查后方可签订。

2. 转让审查

因法律法规和政策对土地使用权转让有所限制，《城镇国有土地使用权出让和转让暂行条例》第46条规定，对未经批准擅自转让、出租、抵押划拨土地使用权的单位和个人，市、县人民政府土地管理部门应当没收其非法收入，并根据情节处以罚款。显然，转让国有土地使用权须经批准。但没有明确规定转让审查的主体，实务中需要明确转让核查职责主体和核查内容，完善土地转让核查规则。按现行行政机关职能划分，自然资源主管部门是土地供应、供后监管、土地执法以及用地政策制定的具体承办和实施部门，具备转让核查的专业知识和专业能力，因此，应承担起转让核查的职责，且需要重点对原出让合同约定的转让限制条件、闲置用地处置要求、司法查封冻结、政府优先购买权等内容进行核查。转让核查实质上属于一种土地二级市场交易行政服务，且应在土地转让合同签订之前先行审查，应与土地使用权的交易、转让和预告登记充分衔接，将转让核查作为未达到投资总额25%的产业用地转让预告登记办理的前提条件之一，减少登记机构办理预告登记审查难度和越权风险，提高预告登记的可操作性，确保土地二级市场交易合规有序流转。

土地使用权转让双方应在签订土地使用权转让合同之前，报原土方出让合同及其补主协议、拟定的土地使用权转让合同及其他相关材料报自然资源主管部门审查。经自然资源主管部门核查，如存在未达到土地出让合同约定的转让条件的，应要求土地使用权转让双方当事人作出继续投资的承诺、保证或签订土地出让合同的补充协议。未依法缴纳土地出让价款或者税款的，应要求土地使用权人依法缴纳土地出让价款或者税款。土地使用权未办理首次登记的，应要求土地使用人先行办理土地使用权首次登记并取得土地使用权的不动产权证书。土地已被认定为闲置用地的，超过出让合同约定的动工日期满一年未动工开发的，应由转让方缴纳土地闲置费或者承诺转让所得价款优先用于缴纳土地闲置费。满二年未动工的，自然资源主管部门可启动无偿收回土地使用权程序，通知土地使用权转让双方终止转让行为。但是，因不可抗力或者政府、政府有关部门的行为或者动工必需的前期工作造成动工迟延的除外。土地存在预查封或者查封的，应要求土地使用者先行请求查封机关注销查封。土地使用权转让成交价款明显低于评估价的，应通知政府土地储备机构行使优先购买权。

3. 签订土地使用权转让合同或者土地出让合同的补充协议

土地使用权转让后转让方可与受让方签订土地使用权转让合同，原土地出让合同的条款（土地用途、规划市政设计要点、产业准入、环保要求、科技应用、投入产出、市政设施配套建设义务、建设附属附加设施的项目及义务等）和相关权利、义务由受让方相应承继，开竣工时间可根据主管部门要求重新确定，以出让方式取得的土地使用权转让后，土地使用权的使用年限为原土地使用权出让合同约定的使用年限减去原土地使用者已使用年限后的剩余年限。也可以由转让方、受让方、原出让方签订土地出让合同补充协议，通过三方协议确定原出让合同有变动的部分。

4. 预告登记

依据《〈不动产登记暂行条例〉实施细则》第87条的相关规定，土地使用权转让预告登记申请的主体为签订土地使用权转让合同的双方当事人，或者签订土地出让合同补充协议的自然资源主管部门外的当事人。申请人申请土地使用权转让预告登记需向不动产登记机构提交不动产登记申请书、申请人身份证明、转让方的土地使用权不动产权属证书、土地使用权转让合同或者土地出让合同的补充协议、当事人关于预告登记约定的协议（或者是土地使用权转让合同的相关条款）、法律行政法规规定的其他材料。不动产登记机构受理后，应依据自然资源部制定的《不动产登记规程》（TD/T 1095-2024）进行审查，主要审查申请人与申请材料记载的主体是否一致，土地转让合同等预告登记内容是否与不动产登记簿记载的有关内容有冲突，土地使用权是否被查封。不动产登记机构经审核，符合登记条件的，应予以登记，并核发预告登记的不动产登记证明。

5. 预告登记后的手续办理

预告登记后，土地使用权预告登记权利人可凭不动产登记证明办理后续的规划、报建环评、消防等手续。待开发建设符合土地出让合同约定的转让条件时，土地使用权转让双方应向自然资源主管部门申请确认手续，自然资源主管部门经审查后认为已符合土地出让合同约定的转让条件时应出具确认书等证明材料。预告登记权利人可凭相关材料向不动产登记机构申请预告登记的注销登记。同时，双方当事人可共同向不动产登记机构申请土地使用权的转移登记，转让方应当为不动产登记簿记载的权利人。预告登记的注销登记和土地使用权的转移登记可一并申请一并办理。不动产登记机构应依法对预告登记的注销登记和土地使用权转移登记分别进行审查。土地使用权转移登记的审查要点主要有：土地使用权转移的登记原因文件是否齐全；申请转移的土地使用权与登记原因文件记载是否一致；申请登记事项与不动产登记簿的记载是否冲突；存在查封的，应先注销查封才能办理土地使用权的转移登记；存在异议登记的，受让方应签署知悉存在异议登记并自担风险的书面承诺；依法应当补缴纳土地价款、纳税的，应提供土地价款和税费缴纳结果材料。不动产登记机构审查后，符合登记条件的，应予以登记，并核发不动产权证书，土地使用权受让方正式取得转让的土地使用权的物权。

四、问题及探讨

土地二级市场预告登记转让制度是对土地使用权转让的一种变通，它降低了交易门槛，破解了在未达到土地使用权出让合同约定条件下存量土地的盘活难题，提高了土地利用效益，同时预告登记转让一定程度上也保障了买卖双方的权益，设定了预告登记后，未经预告登记权利人的同意，原土地使用权的权利人不得将土地使用权转让、出租、抵押、设立地役权等处分行为，一定程度上保证了受让方的利益。但是从本质来讲，预告登记只是财产保全，属于期权公示；预告登记不能对抗司法权（司法查封），

财产保护与不动产登记

不是土地使用权的实际转移，假如土地在预告登记期间被查封或者预查封，转让方单方产生司法纠纷，就存在未来产权实现的风险。预告登记转让制度也存在一定的法律风险。

当土地使用权的转让双方当事人申请转移登记时，土地存在有效查封，查封机关不同意注销查封时，不动产登记机构将依法不予登记，可能无法保证未来物权的变动，但土地使用权的受让方已经在土地上增加投资并开发建设，将产生新的问题。

因此，为确保土地二级市场预告登记转让制度的顺利实施，需要加强政府主管部门、公共资源交易机构、司法机关之间的沟通协调，尤其针对拟转让的土地使用权的权属是否合法、是否符合转让条件等进行函查，确保二级市场土地转让监管到位。同时，应加强土地二级市场转让预告登记后司法机关与登记机构之间的信息共享与协同，对已办理预告登记转让的土地使用权的查封应妥善处置，避免造成司法权、行政权与民事权利之间的激烈冲突，兼顾各方利益，使土地二级市场预告登记转让制度产生更大的社会效益。

另外，预告登记的设立虽然会限制转让方处分土地使用权，但也会为受让人滥用预告登记制度埋下隐患。《〈不动产登记暂行条例〉实施细则》规定的申请注销预告登记情形包括："（一）预告登记权利人放弃预告登记的；（二）债权消灭的；（三）法律、行政法规规定的其他情形。债权消灭情形包括不动产物权的相关协议被认定无效、被撤销、被解除等导致债权消灭"。根据自然资源部《不动产登记规程》（TD/T 1095-2024）的规定，预告登记的注销申请人为不动产登记簿记载的预告登记权利人或者生效法律文书记载的当事人。预告当事人协议注销预告登记的，申请人应当为买卖房屋或者其他不动产物权的协议的双方当事人。自然资源部制定的《不动产登记簿样式及填写说明》《不动产登记证明样式及使用填写说明》，预告登记的不动产登记证明，只需记载权利人、义务人、登记原因、取得价格、已有的不动产权证书号、预告登记的种类等内容，无预告登记期限和起止日期。

由于注销预告登记情形尚未细化，在实践操作中，当事人双方产生纠纷后，受让人不予配合导致预告登记无法注销，影响转让方的权利，转让方只能通过诉讼解除预告登记对土地使用权的限制。为平衡当事人双方的权利义务，避免受让人滥用预告登记制度，需要结合实践经验对注销的情形进行细化明确。应允许有关利害关系人申请注销预告登记，也应规定在达到法定期间不申请本登记时预告登记失效。此外，预告登记除基于上述原因失效外，还可因权利人的放弃而失效。在操作上可进一步明确，如允许当事人双方自行设定预告登记期限，明确预告登记期限届满后交易双方仍未申请不动产登记的，视为预告登记权利人放弃预告登记，转让方也可单方申请注销预告登记，将"预告登记期限届满"作为申请注销的情形之一，这样既能平衡交易双方的权利义务，避免受让人滥用预告登记制度，又充分尊重交易双方的意思自治。

深汕特别合作区对"飞地经济"模式下不动产登记的探索与实践

> 在"飞地经济"模式下,应跨越行政空间壁垒,在不改变现有行政区划条件下既要不断优化体制机制,同时要注重法律法规和地方性法规适用性,做到依法行政,还要对标先进地区,学习借鉴先进经验,不断提高登记效率和登记质量,实现跨越式发展。

深汕特别合作区位于广东省汕尾市,2011年2月广东省委、省政府批复《深汕(尾)特别合作区基本框架方案》,正式设立深汕特别合作区(以下简称"合作区"),范围包括原海丰县鹅埠、鲘门、赤石、小漠和圆墩林场等"四镇一场",面积达468.3平方千米,由深圳、汕尾两市共管,深圳主导经济建设管理,汕尾主导社会事务管理。2017年9月21日广东省委、省政府发出《关于深汕特别合作区体制机制调整方案的批复》(粤委〔2017〕123号),明确由深圳市全面主导合作区经济社会事务,按"10+1"(深圳10个区+深汕特别合作区)模式给予全方位的政策和资源支持。合作区距离深圳 110 千米，成为国内典型的"飞地经济"。在"飞地经济"模式下，合作区不动产登记从无到有，从零开始，在探索中前行，以国家、广东省对不动产登记的各项要求、部署开展工作，取得了一定的成效。

一、不断推进体制机制优化和创新，提升登记能力和效率

"飞地经济"在我国有遍地开花之势。作为区域合作和协同发展的一种新模式，"飞地经济"将其概念引入经济领域——经济社会发达的"飞出地"通过资金、人才和制度管理位于其他行政地区的经济社会相对落后的"飞入地"，跨越行政空间壁垒，消除体制机制障碍，最终使资源禀赋和发展差异较大的两个区域各取所长，达成双赢。深汕特别合作区正是由深圳和汕尾两地合作，由汕尾让渡行政管理权，由深圳全面行使经济和社会管理的一块"飞地"，成为区域合作的典范。

深汕特别合作区作为深圳的"飞地"，站在时代和深圳的"肩膀"上，以特区办特区，在行政管理方面面临法律、行政法规适用性的突出性问题，由于《深圳经济特区房地产登记条例》不能直接适用于合作区，在不动产登记体制机制上，合作区不断探索全新的路子，把提升不动产登记创新能力和水平摆在更加突出位置，以广东省国土资源厅在全省部署的不动产登记能力和作风建设"双提升"行动为契机，不断推进登记体制机制优化和创新。

2014 年 11 月，汕尾市人民政府通过《汕尾市人民政府关于深汕特别合作区管理委员会实施经济社会管理权限的公告》及《深汕特别合作区管

委会管理权限目录》(共185项)，委托合作区管委会及下设机构具体组织实施有关不动产登记工作。2015年5月，合作区成立不动产登记中心，负责合作区内土地登记、房屋登记、林地登记、海域登记、集体建设用地使用权登记等不动产登记工作。合作区不动产登记机构核发的不动产权证书、不动产登记证明使用汕尾市不动产登记机构不动产登记2号专用章。

深圳市全面接管后合作区在不改变行政区划与地籍区、地籍子区的条件下全面按照深圳市现行不动产登记体制机制及先进经验，与深圳市在不动产登记信息平台、登记数据库、登记规则、登记质量和标准等实现全方位对接。

二、因地制宜制定登记办事指南和格式文书，方便企业和群众办事

由于"飞地经济"的特殊性，尽管由深圳市主导经济社会事务，但合作区在行政区划上仍属于汕尾市管辖，且存在集体土地，与深圳全域国有用地不同，深圳市关于不动产登记的法规、政策暂不能直接适用合作区，合作区制定的不动产登记操作规范主要依据国家及广东省的有关不动产登记法律、法规、不动产登记规范，部分参照适用深圳政策。

合作区不动产登记机构制定了完整的不动产登记办事指南和格式文书，以《不动产登记暂行条例》《不动产登记实施细则》《广东省不动产登记操作指南（试行）》为依据，并参照《深圳市不动产登记标准化操作手册》，按不动产权利类型（集体土地所有权、宅基地使用权/房屋所有权、建设用地使用权、建设用地使用权/房屋所有权、森林林木所有权、海域使用权、土地承包经营权、地役权、抵押权）和不动产登记类型（首次登

记、变更登记、转移登记、注销登记），辅以其他登记类型：预告登记、更正登记、异议登记、查封登记，涵盖所有登记业务。办事指南列明了各类登记业务的申请材料、办理依据、办理程序、办理时限和领证手续，更加便民利民。

三、建立统一的不动产登记信息平台，全面推进信息协同共享，提高"互联网+不动产登记"应用水平

合作区从本地不动产登记实际情况出发，以省不动产登记信息管理平台为样板，对不动产登记系统的功能模块、流程进行修改或新增，例如增加集体土地所有权登记模块、集体建设用地使用权及建筑物、构筑物所有权登记模块、海域使用权及建筑物、构筑物所有权登记模块、林地使用权及森林、林木所有权登记模块、宅基地使用权及房屋所有权登记模块等，另针对深汕特别合作区的实际情况进行流程再造，将房地产交易管理中的"预售商品房合同备案及解除备案""商品房网签合同交易见证"等职能与不动产登记职能整合，加入不动产登记系统中，使登记更加高效、更加便捷。

合作区现已建立了统一的不动产登记信息平台，不动产权籍管理系统、不动产登记业务管理系统、不动产登记档案管理系统、不动产登记信息协同系统、不动产登记信息共享系统、不动产登记信息公开、查询等子系统构成。平台主要服务于不动产登记机构、不动产审批和交易主管部门、其他相关部门、社会公众四类服务对象，提供登记业务支撑、信息实时互通共享、信息共享交换、信息依法查询服务。

未来，合作区不动产登记将全面推行一窗（站）式办理、网上（微

信）预约、网上预审、虚拟窗口（网上办、掌上办）、人脸识别、EMS 速递寄证、自助查询等创新方式，不断促进不动产登记工作提质增效，打通不动产登记提速"最后一公里"，全面实现登记"最多跑一次"，积极探索群众办事"零跑腿"。对不动产首次登记、批量抵押登记，试行"外网申请，内网审核"模式，将向房地产开发企业、银行等机构提供网上递交登记申请材料的"虚拟窗口"，全面推进"互联网＋不动产登记"，探索"实体窗口"与"虚拟窗口"并行模式。

四、优化登记流程，全面压缩办理时限

合作区按照国家相关不动产登记规范，以《不动产权籍调查技术方案》为技术标准，对不动产首次登记和对变更登记涉及面积、界址发生变化时开展权籍调查，依法将权籍调查成果作为登记申请材料之一，并借助不动产登记系统完成了对不动产权证号、不动产权证明号、宗地代码、不动产单元号的编码工作。

合作区实现了不动产登记全业务、全流程运作，并按照国家、广东省的有关文件精神，精简申请材料，严格按照法律法规要求，对各项登记业务所需的申请材料进行全面梳理，严格把握不重不漏，不随意扩大申请材料的种类和范围，不违规设定前置条件。如国有建设用地使用权/房屋所有权首次登记申请材料删除了工程结算文件等与不动产登记相关性不大的材料；对申请房地产首次登记的建设工程规划验收合格证明、申请土地使用权首次登记以及涉及用途、性质等发生变更的房地产变更登记的地价款缴纳凭证、申请房地产首次登记房屋维修基金证明、企业办理不动产登记时的营业执照等材料，转变办理方式，不再向申请人收取纸质证明

材料，改为通过部门信息共享或内部核查办理。

进一步优化不动产登记机构内部审批流程，在符合不动产登记有关规定的前提下，尽可能减少不必要的审核环节，缩短审核时间。对除不动产首次登记、涉及历史遗留问题、非公证的继承等复杂的不动产登记外，实行3个工作日办结。对异议登记、在建建筑物注销抵押、现楼注销抵押、楼花注销抵押、遗失补发、不动产权证破损换发、自然人姓名和身份证号码变更等七项业务实行一审制，只要材料齐全承诺即来即办，并于当日领取办文结果。

五、扎实开展不动产登记数据整合工作

根据《中共深圳市委办公厅、深圳市人民政府办公厅印发〈关于深圳市组织实施深汕特别合作区体制机制调整的工作方案〉的通知》（深办〔2018〕4号）和《深汕特别合作区管委会关于印发深汕特别合作区2018年工作要点的通知》（深汕管〔2018〕26号）文件精神和工作部署，全面开展合作区范围内"四镇一场"的房屋土地移交接管工作，开展由海丰县登记部门存量不动产登记资料的移交。为做好不动产登记资料移交工作，参照《广东省不动产登记资料移交工作指引》，制定了《深汕特别合作区不动产登记资料移交工作方案》，按照合作区管委会统一安排开展登记资料移交工作，与汕尾市、海丰县国土、住建、海洋、林业、农业等相关部门对接，做好存量不动产登记档案资料接收工作。

合作区接收的海丰县存量不动产登记档案因存在土地性质不明确、用途不规范、无宗地图、材料缺失等问题导致无法落图、落宗，也无法办理后续登记业务，合作区完成了存量档案电子化及数据整理补录。

六、积极推动解决历史遗留不动产登记

不动产登记涉及千家万户，是对不动产物权的确认和保护，关系到企业和群众合法财产权的实现，做好不动产登记有利于促进市场经济发展和社会稳定。合作区为规范不动产登记工作，切实解决不动产登记的历史遗留问题，依照国家、广东省有关规定，并参照深圳市做法，结合合作区实际，就合作区不动产登记遇到的普遍性和突出性问题制定了《深汕特别合作区不动产统一登记有关问题的处理意见》，针对历史遗留的已登记不动产及未登记不动产存在的各类问题，按照政策，分批分类加以解决。

当前，深汕特别合作区正按照世界一流标准规划、建设未来新城，努力将合作区建设成为中国飞地经济发展模式首创者、飞地治理模式首创者和飞地城市化实践首创者，为深圳在新时代走在最前列、在新征程勇当尖兵，率先建设社会主义现代化先行区贡献力量。深汕合作区不动产登记作为深圳市创建国际一流营商环境"登记财产"指标的重要部分必将不断改革创新，成为区域标杆。

著者按：2017年1月至2020年4月，本书著者由中共深圳市委组织部选派至深汕特别合作区工作，负责合作区房地产管理、土地储备和不动产登记工作，在此期间亲身参与和见证了深圳这块"飞地"的建设和发展，对合作区不动产登记工作从无到有，亲力亲为，全情投入。

"双拼房"如何办理"两证合一"？

> **问题提出：**
> 同一权利人已办证相邻不动产单元的房地产，如何办理"两证合一"？

"两证合一"实质是相邻的两个不动产单元（可以是套、间），有两套设计图纸、两套测绘报告、两个商品房买卖合同、两本房地产证，权利人欲将两个不动产单元合并为一个，需要办理不动产变更登记。

一、"两证合一"的现实需求

"两证合一"常见于"双拼房"业主的现实诉求，而导致这一问题的起源是国家政策。2006年5月24日，国务院办公厅发布《国务院办公厅转发建设部等部门关于调整住房供应结构稳定住房价格意见的通知》（国办发〔2006〕37号），规定自2006年6月1日起，凡新审批、新开工的商品住房建设，套型建筑面积90平方米以下住房（含经济适用住房）

面积所占比重，必须达到开发建设总面积的 70% 以上（俗称 "90/70 政策"），意图通过加大小户型住房的比重，增加住房供应，满足刚需购房者需求。

为规避该项规定同时满足购房人购买"大户型"住房的需求，自 2007 年开始，部分城市房地产开发项目陆续推出"双拼房"。通常做法是在设计阶段，将相邻两套 90 平方米以下的独立的套型住房，设计成为可以合并使用的住房。通过验收后，以装修名义改建成一套大户型住房。随着多个城市实施住房限购政策，市场上新供应的商品房中"双拼房"设计基本消失。2013 年后，"双拼房"现象基本销声匿迹。

房地产调控政策的调整使得购房资格和贷款比例政策更为严格。因此，部分"双拼房"业主希望将两证合一，以增加购房名额，并提升房产价值。

二、"两证合一"涉及到的手续

合法建筑物的登记发证建立在土地、规划、建设、验收等系列环节都合法的基础之上。对于两本不动产权证书变更为一本的问题，不仅仅是简单的不动产权证书的变更，而是须在核实规划、设计、建设、测绘、验收等手续后方能办理不动产变更登记，将"两证合一"，变更后由两个不动产单元合并为一个不动产单元，只有经过认可的合法建筑，才符合重新颁发不动产权利证书的要求。

所以，业主办理"两证合一"须先按照法律法规的规定先行处理好可能存在的违建、消防、结构、质量、质监等审批手续，并要向规划和自然资源主管部门申请土地出让合同和规划变更、地籍调查和测绘等一系列手续。

三、"两证合一"的不动产登记办理

（一）申请材料

（1）不动产登记申请表、不动产权证书、申请人身份证明材料；

（2）自然资源主管部门同意合并的文件或者补充合同等材料；

（3）按规定需要规划验收和竣工验收的，应提交建设工程规划验收合格证明和竣工验收证明材料，或者建设工程竣工联合验收合格证明等材料。依法需要补交土地出让价款的，还应提交土地出让合同补充协议和地价款缴纳凭证；

（4）变更后的地籍调查表、宗地图以及宗地界址点坐标等地籍调查成果；

（5）依法应纳税的，还应提交完税凭证；

（6）法律行政法规规定的其他材料。

（二）审核要点

（1）申请合并的房地产在初始建筑设计上为水平相邻单元，且空间上存在可以合并的可能，经主管部门审查属可以合并的房地产。

（2）申请人提交了规划和自然资源主管部同意合并的文件，涉及规划要点和用地条件变更的，已签定补充合同。

（3）申请合并的房地产属于同一登记权利人，如房产由近亲属或不同的人分别持证的，应先转移登记至同一权利人名下。办理过程中的转移登记和变更登记如涉及限售限购相关问题，还需提供住建部门的文件。

（4）申请合并的房地产权利性质是市场商品房，房地产未设定权利负担或存在限制情况。如合并的房地产已设定权利负担或者存在限制，应分别按以下情形处理：

①申请合并的房地产存在查封登记的不予办理合并；

②申请合并的房地产存在异议登记的不予办理合并；

③申请合并的房地产存在居住权登记、抵押权登记或者预告登记的，当事人应已申请居住权登记、抵押权登记或者预告登记的注销登记，否则不予办理合并；

④申请合并的房地产存在地役权登记的，已提交地役权人同意变更的书面材料，否则不予办理合并。

（5）合并后的房地产应由测绘机构的地籍调查表、宗地图以及宗地界址点坐标等地籍调查成果，并由登记机构审核并认可。

（6）同一权利人名下的房地产合并的，合并房地产应已经主管部门批准，按规定需要规划验收和竣工验收的，已提交建设工程规划验收合格证明和竣工验收证明材料，或者建设 工程竣工联合验收合格证明等材料。依法需要补交土地出让价款的，已提交土地出让合同补充协议和地价款缴纳凭证；合并前后的总面积一致。

（三）登簿发证

登记人员经审核后认为可以办理的房地产合并应按要求核查房地产权利状况以及申请人是否已缴清税费等事项，符合登记条件的，登簿人员按要求将登记事项记载于登记簿。

符合登记条件的，按要求向权利人颁发不动产权证书，原不动产单元变为无效，由新的不动产登元代替；不符合登记条件的，按要求向申请人送达不予登记告知书或者驳回登记决定书，退回申请人提交的申请材料。

第三部分
"互联网 + 不动产登记"篇

CHAPTER THREE
INTERNET+ESTATE REGISTRATION

未来的不动产登记

> 随着互联网时代的到来,"互联网+不动产登记"将在根本上改变不动产登记的生态、模式和规则,未来构建数智化、安全可靠、友好型不动产登记将成为不动产登记工作新常态。本部分试从法制环境、经济环境、社会环境和技术环境等四个方面对不动产登记新常态大胆预测,部分与现实条件差距较大,需要立足现状,逐步实现。

一、内外部环境对不动产登记的影响

(一)法制环境对不动产登记的影响

伴随着中国法制化进程的加快,法制化建设使群众的法律意识增强,特别是《民法典》的颁布实施是我国法律史上的一件大事,社会大众的财产保护意识增强,包括不动产在内的财产的流通性、安全性及保值、增值已经成为社会普遍关注的话题,而不动产登记恰恰就在于不动产财产的保护,通过行政手段对不动产权利全生命周期的确认和公示,从而对财产所有人的合法财产权利进行最大限度的保护,也是实现党的二十大提出的完善归属清晰、权责明确、保护严格、流转顺畅的现代产权制度的应有要义,与当前市场经济大背景密切契合。

法制的健全为不动产登记工作提出了更高的要求,要求不动产登记机构要合法合规地开展工作,使登记行为合法、有效。未来之不动产登记无论如何变革、创新,合法性将是永远不变的底线,各种登记行为均应在合法合规的前提下进行,登记机构组织设置、岗位设置、业务流程和业务规则均应符合法制化要求。

(二)经济环境对不动产登记的影响

当前中国经济进入新常态,经济增长逐步放缓,各地政府"稳增长"的压力较大,金融作为社会发展的"大动脉"为经济的稳定发展起到重要的作用,不动产登记在此大有可为。未来,将深化不动产登记和金融便民利企合作,金融机构将更多参与交易资金监管、登记代理等商业服务,甚至进驻不动产登记大厅开展服务,颁发电子证书证明、提供网络查询服务的地方,纸质证书可以不再附记抵押权信息、不再粘贴纸质附图。

不动产登记与金融将深度融合,进一步提升便利化服务水平,降低制度性交易成本,助力经济社会发展。银行与不动产登记机构在业务流程和数据交互上达到无缝衔接,尽最大限度地缩短业务办理时间。

(三)社会环境对不动产登记的影响

当前中国社会环境稳定、和谐,党的二十大提出要走共同富裕的中国式现代化之路,不动产登记在服务脱贫攻坚方面将大有可为,可以利用不动产登记信息大数据精准掌握贫困户住房情况,为政府提供贫困户房源信息查询、保障性住房登记等作出应有的贡献。

不动产登记信息资料查询是不动产登记机构为服务社会的一项重要的内容，关系到社会的和谐、稳定，与市民群众的生活密切相关。例如，不动产登记机构为市民群众在户口迁移、子女入学等出具房产查询证明，为国家有权机关查询、提档服务，为银行核实抵押物提供查询，为组织部门提供干部房地登记信息查询，与司法部门互通互享登记信息，建立起对失信人员联合惩戒机制，为司法诉讼提供登记信息查询等，范围广、影响面大、查询量大且频繁。不动产登记机构应遵循"依法、便民、高效、保密"的原则，在确保权利人财产信息安全的前提下，实行"一条龙，一个窗口"服务，充分发挥登记信息价值，大力服务经济社会发展。

随着社会环境变迁，人们办事更倾向于"一站式"服务，高效、快捷，并且由于家庭人口规模的缩小，更多人喜欢通过邮寄、快递、网购、网办替代线下通过实体办理。未来，不动产登记机构可延伸服务内容，除了日常登记业务外，还可以向"不动产登记＋房企服务""不动产登记＋民生服务""不动产登记＋司法服务""不动产登记＋税务服务""不动产登记＋公安服务""不动产登记＋公证服务"等延伸。

（四）技术环境对不动产登记的影响

技术的发展为行业发展注入了新的动力，大数据、人工智能、区块链等新技术手段也为不动产登记带来机遇和挑战，"互联网＋不动产登记"将成为未来的主流，越来越多的不动产登记应用场景将依托信息技术，"网上办""掌上办""不见面审批"等模式将成为不动产登记的新常态。登记机构将优化再造业务流程，强化业务协同，打破地域阻隔和部门壁垒，促进条块联通和上下联动。同时，优化服务方式，丰富办事渠道，大力推进政务服务"跨省通办"减时间、减环节、减材料、减跑动，实现企业和群众异地办事"马上办、网上办、就近办、一地办"。

不动产登记机构应加强将业务场景与信息技术融合的研究，使各项不动产登记业务办理依托信息技术实现，对业务流程改造、业务审核规则和逻辑进行重构，加强对基础不动产登记数据的管理，确保基础数据准确无误；加强对网办业务逻辑校验的分析和研究，在申请人身份认证、申请人与产权信息、电子签名（签章）、登记原因文件与产权信息等之间的关联关系和校验关系，信息不一致时提示或卡控，尽最大限度地预防和消除信息技术环境下带来的登记风险。

二、未来之不动产登记

（一）申请渠道多元化

未来的不动产登记申请渠道更加多元化，更多的业务将通过线上渠道申请，除法律法规规定必须到现场办理的事项外，按照"应上尽上"的原则，不动产登记事项尽可能提供线上办理渠道，提供申请受理、审查决定、颁证送达等全流程全环节网上服务，实现申请人"单点登录、全国漫游、无感切换"，采用身份认证、电子签名、电子签章、电子合同、电子证照，减少纸质材料申请材料的使用；同时设置智能办事一体机或与政务服务集成，延伸服务至社区，一周24小时服务，为不便线上申请的群众提供服务；需要线下核实申请材料的业务或者不会上网的老年群体可去服务大厅现场由人工服务；为行动不便的群众提供代办帮办服务，将不动产登记申请服务送到千家万户。

多元化的申请渠道为各类群体提供适宜的办事途径，缩短办事时间，提升办事体验，为优化营商环境中登记财产指标做出应有贡献。

（二）信息查询一体化

目前不动产登记信息查询以属地查询为主，部分省市已建立统一的查询服务平台供公众查询省域内不动产登记信息，个别省市公众查询时还需按不动产所在地的地市分别查询，极为不便，跨市、跨省查询仍没完全实现。未来，随着不动产登记数据汇交工作的完善，有望由自然资源主管部门统筹建立国家级不动产登记信息查询平台，将全国范围的不动产登记数据整合为一个数据库，公众可按照国家不动产登记资料查询相关规定查询本人或他人在全国范围内的不动产登记信息。

（三）业务流程一体化

未来之不动产登记将适应信息技术的发展对业务流程再造，将对不动产登记带来质的变化。以不动产抵押登记为例，过去的不动产抵押业务流程其实是分两段，前一段工作主要是抵押权人（银行）与借款人和抵押人就借款、抵押事项达成协议，后一段工作由抵押权人（银行）和抵押人共同向不动产登记机构办理抵押权登记。其根本原因在于抵押权人（银行）不掌握抵押物的登记信息和不动产登记簿，不动产登记簿按法律规定由不动产登记机构管理，法律规定抵押权必须由不动产登记机构依法登记后方能设立，使得这一完整的业务流程被拆分成两个不同的业务段。不动产登记机构审核办理抵押权登记相对又不复杂，抵押登记作为不动产登记常规业务又占了不动产登记机构业务量的一半，这些不动产登记机构在抵押权登记上更多的是流程意义，优化前后端业务流程对不动产登记的效率提升意义重大，且在现实上不动产抵押也同样有极大的变革空间，需要大胆进

财产保护与不动产登记

行业务流程再造，将过去被人为拆分的业务整合成一个完整的流程，使前后段融为一体，同时又能界定清楚抵押权人（银行）和不动产登记机构各自的责任。

面向未来的营商环境，"不动产登记+金融模式"仍有优化空间。银行与不动产登记机构更多是通过信息交互的方式实现银行贷款业务与不动产抵押登记业务的融合。在抵押登记申请环节，银行通过数据共享的方式向不动产登记平台发出调取抵押人的不动产登记信息请求，生成主债权合同和抵押登记合同，确保抵押物登记信息与抵押人信息一致，自动生成不动产登记申请表并由抵押权人和抵押人双方签字（签章）后自动推送给不动产登记机构，不动产登记机构登记信息平台收到银行推送的抵押业务后调取银行端数据和电子文件，由登记信息平台自动校验抵押登记申请表、主债权合同、抵押合同中抵押人信息与不动产登记信息的权利人是否一致，信息一致的自动受理，不一致的由不动产登记信息平台自动发出不予受理信息给银行。受理后，由不动产登记信息平台按审核逻辑自动审核，符合登记条件的，自动生成登记证明，需要缴费的可以由银行批量缴费。这样就实现了抵押登记一体化，将银行的贷款业务系统和前端操作与不动产登记信息平台两个隶属不同机构的业务系统通过数据交互的方式实现一体化，将极大压缩业务流程和办理时间，对不动产抵押登记将是一个根本性变革。

可以大胆地畅想，未来之不动产抵押登记将如同现如今我们用手机银行办理转账一样便捷，一键即成。与之相匹配的是数据在不同机构之间的交互和跑动，真正实现"让群众少跑腿"。目前最大的障碍还是在于数据由不同的机构占有和利用，出于职责和风险考虑，不动产登记机构不愿意将此部分数据交互给银行，更不愿意让登记行为及结果在银行端进行，需要打通影响数据交互的环节。

（四）业务平台一体化

由于法律法规规定不动产登记由不动产所在地的登记机构办理，所以目前不动产登记跨市、跨省通办还停留在代收代办阶段，还不是真正意义的通办。其具体做法是，对法律法规明确要求必须到现场办理的政务服务事项，在不改变各省区市原有办理事权的基础上，通过"收受分离"模式，打破事项办理的属地化管理限制，申请人可在政务服务大厅设置的"跨省通办"窗口提交申请材料，窗口收件后对申请材料进行形式审查、身份核验，通过邮件寄递至业务属地部门完成办理，业务属地部门寄递纸质结果或网络送达办理结果。同步建立异地收件、问题处理、监督管理、责任追溯机制，明确收件地和办理地的工作职责、业务流转程序等，确保收件、办理两地权责清晰、高效协同。支持各地进一步深化"异地受理、无差别办理"服务。未来，可以考虑修改相关法律法规，除必须由不动产所在地登记机构办理外，实现异地收办，统一登记簿管理。

另外，由于我们不动产登记为属地办理原则，自然资源主管部门只是制定业务规则和数据库规则，各地登记业务产生的数据通过数据汇交的方式逐级汇交，以此实现统一数据库的建立，但是对登记信息管理平台却是各地自建，各地有自己的业务系统，形成各自的数据库，各地之间也互不共享登记信息，此种情况下，无法真正实现全国一盘棋和跨区域办理。未来，可能由自然资源主管部门统筹建立统一的不动产登记信息平台，各地均使用同一登记信息平台，受理异地登记业务时可调取总库数据办理登记，登簿后数据上传至总库。

三、不动产登记向数字化转型和升级

"互联网＋不动产登记"是不动产登记业务与信息技术、互联网的结合，其根本特征是将登记业务流程由线下"搬到"线上，其内在的业务逻辑、流程和表单体系并没有改变，属于业务的"附件"，未来的不动产登记要向数字化转型，对业务逻辑、业务流程和表单体系进行全新的数字化升级和改造，实现数字驱动，成为不动产登记创新驱动发展的新引擎。数字化与过去的信息化相比，最大的区别就在于业务模式的重构，数字化是颠覆性的，是对业务模式在数字化背景下的重构，而信息化则从信息技术层面应用信息技术将业务由线下转为线上，其流程和载体转换了形式，但其实质并没有改变，仍然按申请—受理—审核—登簿—发证这一线下模式，只是将申请渠道变成线上，申请材料转为电子材料，但其所需的流程、材料本身没有变化，只是由纸质材料变成了电子材料。而数字化不动产登记业务流程要重构，所需的材料多数是自动生成的或提取的电子数据，而不是在纸质材料基础上的电子化翻版。

只有认识到不动产登记数字化转型和升级这一大趋势，才能引领未来不动产登记的潮流，在现有"互联网＋不动产登记"的基础上，实现业务流程信息化，进而向数字化转型和升级，信息化是数字化的必经之路，只有经过信息化才能实现数字化，信息化为不动产登记打下了数字化转型基础，其基础层更新夯实，数字化转型也才能取得成功。

不动产登记数字化转型和升级势必带来不动产登记组织和业务模式的重组和重构，现有的组织方式和业务模式将会被打破，促使登记机构适应新的业务模式，倒逼组织变革和管理变革。鉴于登记机构量大庞杂，水平又参差不齐，数字化转型与升级的任务任重而道远。

不动产登记数据统计体系构建

一、引言

不动产登记是不动产物权公示的重要手段，也是营商环境"登记财产指数"的重要构成部分，事关营商环境优化和群众的财产权保护，同时也是房地产市场的"晴雨表"，在经济和社会发展中起到重要作用。随着国家对不动产统一登记的深入推进，对土地、房屋、海域、林权、土地承包经营权等不动产物权实施统一登记，随之而来的是不动产登记数据迅速增长，每天产生海量的数据，如何对这些数据进行有效的统计、分析、管理已成为摆在登记机构面前的问题。目前，各地不动产登记机构对不动产登记数据不够重视，较少设置专业的统计机构和岗位，尚无建立数据统计体系，没有形成定期的统计报告制度，数据统计不全面、不准确，影响了不动产登记数据的有效利用。笔者对比国内主要大中城市如北京、上海、广州、深圳、杭州、苏州、青岛、武汉、珠海、长沙、合肥等地公布的不动产登记统计公报，各地对不动产登记数据统计在统计项及统计口径上没有统一的标准，对统计口径也没有详细的注释，缺少数据背后的分析，不利于全国范围宏观管理、横向对比。

财产保护与不动产登记

因此，建立一套适应国家不动产登记行业标准和登记机构业务实际的统计体系非常有必要，本部分通过对外部、内部需求角度，结合不动产登记实际业务的需要，设计各类统计方案，完善各种统计分类、统计指标解释和统计口径，提出一种可行的不动产登记统计体系。该体系充分利用、整合日常业务生产的各种业务数据和成果数据，借助信息技术、数据挖掘技术，提供深度的数据关联查询及分析功能，并将最终成果以数据表格、统计报表、分析报告、各种分析图表等形式提供数据输出，使不动产登记数据统计标准化、流程化、日常化，提高科学决策效能，进一步提升不动产登记服务广大群众的工作效率、深入挖掘"互联网＋不动产登记"业务内涵，打造阳光高效、便民利民的不动产集成服务体系，为政府经济发展趋势预测提供数据支撑，保障交易安全，提升治理效率，助力市场监管，为政府决策和宏观调控提供支撑服务。

二、不动产登记数据统计体系构建

统计的目的是为了管理和决策服务，笔者试从内外部相关方出发，分别从外部统计需求和内部统计需求出发，构建不动产登记统计体系。为增强可操作性，经对比国内主要城市统计报表，按照《不动产登记暂行条例》《不动产登记实施细则》和《不动产登记规程》（TD/T 1095-2024）等行政法规、规章和标准，围绕不动产登记的主体、客体、权利和业务等四类信息，以不动产权利类型（建设用地使用权、宅基地使用权、国有建设用土地使用权及房屋所有权、海域使用权及建筑物构筑物所有权、林地使用权及森林林木所有权、抵押权、地役权）的首次登记、转移登记、变更登记、注销登记和其他登记（更正登记、异议登记、查封登记、预告登记）为统计项，重点是明确各类分类标准，对每种权利类型的各种登记的登记数量、不动产登记单元数量（栋、层、套等）、面积的统计，以及其发展变化趋势、结构统计、布局统计、自然人权利人统计、经济统计等构成了不动产登记统计体系

（一）不动产登记数据统计外部需求统计体系

不动产登记数据统计外部需求方主要包括政府、机构和社会公众。它们对于不动产登记数据统计的需求主要包括各类不动产登记总量统计、不动产登记变化趋势统计、不动产登记布局统计、自然人权利人统计、不动产登记数据经济统计、不动产登记数据交通统计等。

1. 不动产登记总量及时点数据统计

公众关心本地区本月、季、年不同权利类型登记总量，登记机构需要定期发布本地区（含下辖行政区域）各类不动产登记多源数据，包含土地、房屋、林业、海洋等各类数据，如各类权利类型和登记类型的登簿量统计、发证量统计、户均登记住房面积统计、房屋登记均价统计、购房群体特征统计、首次购房平均年龄统计、不动产抵押统计、房地产抵押规模统计、自然人权利人户籍和拥有的住房套数统计、房地产交易登记频率统计、房地产交易金融统计等，以各类统计分析图表和数据列表的形式公报。尤其是社会公众较为关心的不动产首次登记、新建房地产（一手房）首次登记、转移登记以及存量房地产（二手房）转移登记、抵押权登记的登记总量、登记套数、登记面积、登记金额等，需要登记机构定期公报。统计表单设计见表 3-1 所示。

财产保护与不动产登记

表 3-1 存量已登记发证房地产现势数据统计表

统计截止时点： 年 月 时　　　　　　　　编制单位：

房屋用途大类	房屋用途小类	登记单元数量		
		栋	层	套
住宅	住宅			
	别墅			
	高档公寓			
	集体宿舍			
小计				
工业、交通、仓储	工业、交通、仓储			
	工业			
	公共设施			
	公共运输			
	仓储			
小计				
商业、金融、信息	商业、金融、信息			
	商业服务			
	经营			
	旅游			
	金融保险			
	电讯信息			
小计				
教育、医疗、卫生、科研	教育、医疗、卫生、科研			
	教育			
	医疗卫生			
	科研			
小计				

续表

房屋用途大类	房屋用途小类	登记单元数量		
		栋	层	套
文化、娱乐、体育	文化、娱乐、体育			
	文化			
	新闻			
	娱乐			
	体育			
小计				
办公	办公			
军事	军事			
物管用房	物管用房			
其他	其他			
总计				

注：以上登记单元（栋、层、套）数量统计，以现势有效登记状态为准，是时点数，以实际登记单元统计

表3-2 存量已登记发证住房现势数据统计表

统计截止时点： 年 月 时　　　　　　　编制单位：

房屋用途	房屋性质	按栋登记		按层登记		按套登记		合计建筑面积
		栋数	建筑面积	层数	建筑面积	套数	建筑面积	
住宅（含别墅）	市场商品房							
	安居型商品房							
	公共租赁住房							
	经济适用房							
	其他							
单身公寓	市场商品房							
	其他							

财产保护与不动产登记

续表

房屋用途	房屋性质	按栋登记 栋数	按栋登记 建筑面积	按层登记 层数	按层登记 建筑面积	按套登记 套数	按套登记 建筑面积	合计建筑面积
商务公寓	市场商品房							
酒店式公寓	其他							
其他公寓	市场商品房							
	其他							
宿舍	市场商品房							
	安居型商品房							
	其他							
集体宿舍								
其他	市场商品房							
	其他							
合计								

注：以上登记单元（栋、层、套）数量统计，以现势有效登记状态为准，是时点数，以实际登记单元统计。单位：栋、层、套。

表3-3 不动产首次登记统计表（按权利类型）

统计周期：　　年　　月　　　　　　　　　　　　　编制单位：

权利类型 行政区划名称	国有建设用地使用权	国有建设用地使用权及房屋所有权	宅基地使用权及房屋所有权	集体建设用地使用权及房屋所有权	海域使用权及建筑物、构筑物所有权	地役权	抵押权	合计
总计								

注：以上数据按正常办结（登簿）数量统计。单位：件。

第三部分 "互联网+不动产登记"篇

表 3-4 建设用地使用权首次登记统计表

统计周期：

行政区划名称	建设用地使用权登记		其中					
			国有建设用地使用权		集体建设用地使用权		宅基地使用权	
	登记数量（件）	面积（平方米）	登记数量（件）	面积（平方米）	登记数量（件）	面积（平方米）	登记数量（件）	面积（平方米）
总计								

注：以上数据按正常办结（登簿）数量统计

表 3-5 国有建设用地使用权首次登记统计表

统计周期：　　　　　　　　　　　　　　　　编制单位：

行政区划名称	国有建设用地使用权登记								
	登记数量	面积	其中：住宅用地		其中：商业用地		其中：工业用地（含新型产业用地）		其中：其他类型用地	
			登记数量	面积	登记数量	面积	登记数量	面积	登记数量	面积
合计										

注：以上数据按正常办结（登簿）数量统计。单位：件、平方米

财产保护与不动产登记

表 3-6　新建房地产登记统计表

统计周期：　　年　　月

行政区划名称	新建商品房（住宅）					新建商品房（商业）					其他房地产				
^	首次登记		转移登记			首次登记		转移登记			首次登记		转移登记		
^	登记数量	登记面积	登记数量	登记面积	合同金额	登记数量	登记面积	登记数量	登记面积	合同金额	登记数量	登记面积	登记数量	登记面积	合同金额
总计															

注：以上数据根据正常办结（登簿）数量、首次登记登记簿记载及房地产买卖预售合同统计。单位：件、平方米、万元。

表 3-7　存量房转移登记统计表（按房屋性质）

统计周期：　　年　　月

行政区划名称	商品房			保障性住房			其他住房		
^	套数	建筑面积	合同金额	套数	建筑面积	合同金额	套数	建筑面积	合同金额
总计									

注：以上数据根据正常办结（登簿）数量、房地产买卖合同统计。单位：套、平方米、万元。

表 3-8　存量房转移登记统计表（按房屋用途）

统计周期：

行政区划名称	住宅			商业			办公			商务公寓			其他		
^	套数	建筑面积	合同金额	套数	建筑面积	合同金额	套数	建筑面积	合同金额	套数	建筑面积	合同金额	套数	建筑面积	合同金额
总计															

注：以上数据按正常办结（登簿）数量统计。单位：套、平方米、万元。

表3-9 不动产抵押首次登记统计表（按权利类型）

统计周期：　　　　　　　　　　　　　　　　　　　编制单位：

权利类型 行政区划名称	土地抵押	土地和在建建筑物抵押	土地和房屋抵押	预购商品房抵押	海域使用权抵押	林地及森林林木所有权抵押	合计
总计							

注：以上数据按正常办结（登簿）数量统计。单位：件。

表3-10 房地产抵押登记统计表

统计周期：　　　　　　　　　　　　　　　　　　　编制单位：

行政区划名称	其中									合计	
	土地抵押			土地和在建建筑物抵押			土地和房屋抵押				
	抵押数量	抵押面积	抵押金额	抵押数量	抵押面积	抵押金额	抵押数量	抵押面积	抵押金额	抵押面积	抵押金额
总计											

注：以上数据按正常办结（登簿）数量统计。单位：件、平方米、万元。

2. 不动产登记变化趋势统计

本行政区及下辖行政区一定时期内发证量趋势、新增房屋面积趋势、不动产抵押趋势、新建商品房屋量价抵押趋势等。根据登记类型、权利类型，选择类别、时间、地区坐落等提取信息指标字段，分析指标字段变化趋势，对比不同区域不动产的各项指标情况，生成各类统计分析图表和数据列表，以折线图的方式展示出来。增量分析提供两种增量形式：一是对比分析，根据设置的查询条件对提供的资源目录进行两个时间点之间（包括两个时间点）的区间统计显示。根据登记类型、权利类型、类别选择、时间、地区坐落等提取信息指标字段，分析指标变化趋势。对比不同区域不动产的各指标情况，生成各类统计分析图表，以折线图的形式展示，并提供数据列表。二是结构分析，主要提供不动产登记类型和权利类型分析、不动产一级市场分析和二级市场分析。每个类型分析中，可以通过选择行政区、时间、类别等多种条件组合分析。结构分析中根据类型分析，组合行政区、类别、起始时间等分析数据，分析报告期内的不动产类型，结果以饼状图的形式展示。

3. 不动产登记的布局统计

通过选择登记类型分布、权利类型分布、登记面积分布、不动产发证量分布、土地性质（出让或划拨）及面积分布、土地抵押量分布、建筑物建造时间、房地产交易活跃程度，进行不动产布局的分析。在布局分析中，根据不动产登记总量分布、起始时间、行政区组合条件，分析报告期内登记总量在行政区内的布局，结果以图表展示。

4. 不动产登记人口统计学分析

通过不动产登记数据与人工智能等技术，分析人口增长率、人口年龄结构、文化水平、权利人性别比例及人口统计学特征，自然人权利人户籍分类统计（国内本地区户籍、国内其他地区户籍），登记本地区自然人权利人总量，拥有一套住房的本地区自然人权利人数及占比，拥有两套以上（含两套）住房的本地区自然人权利人数及占比以及与不动产登记数据尤其是房地产数据的关联关系，为智能决策提供支撑。

5. 不动产登记数据经济统计

通过对不动产登记与社会经济数据的对比分析，分析社会经济与土地、房产等不动产登记数据之间的关联关系，建立土地、房产与经济增长关系模型。

6. 不动产登记数据交通统计

通过对比不动产登记与交通网络数据，分析不动产分布与交通网络的相关性，进而分析不动产通达性、不动产登记与交通分布的相关关系，为交通干网的建设提供数据支持。

（二）不动产登记统计内部需求统计体系

不动产登记数据统计内部需求方主要为登记机构上级主管部门、登记机构领导、登记机构的内设机构等。它们对于不动产登记数据统计的需求主要包括不动产登记业务办理统计、业务办理时效统计、业务办理时限统计（按期办结率、超期件统计、提前办结件统计）业务人员绩效统计、不动产交易登记税费统计、不动产抵押渠道办理量统计、不动产登记档案查询统计、异常数据统计、服务日志统计等。不动产登记机构通过对登记数据的统计分析，可以查找不动产登记流程中存的问题和不足，进行有针对性的改进，提高服务群众的工作效率，提升工作质量，打造阳光、高效的不动产集成服务体系，构建"用数据管理、用数据决策、用数据创新"的不动产管理新模式，促进不动产登记工作的精细化、决策分析的科学化。

1. 不动产登记业务办理统计

不动产登记业务办理统计是不动产登记机构了解和掌握本机构在一定时期内办理的业务总量，一般按受理总量和办结总量统计，将所有权利类型的各类登记业务量汇总，以业务条数为统计口径，如表3所示。另外，不动产登记并非所有业务都发证，有些业务是在登记簿记载不发证，有些业务所需发证，故需要统计核发不动产权证书和不动产登记证明数量，如表3-11至3-14所示。

财产保护与不动产登记

表 3-11 不动产登记业务办理统计表

统计周期： 编制单位：

行政区划名称	办理情况	登记类型									合计
^	^	首次	转移	变更	注销	更正	异议	预告	查封	其他	^
	受理总量										
	办结总量										
总计	受理总量										
	办结总量										

注：以上数据按出具受理回执、办结（登簿）数量统计。一个文号为一件。单位：件。

表 3-12 核发不动产权证书和不动产登记证明统计表

统计周期： 编制单位：

行政区划名称	不动产权证核发总量	不动产权证书核发量	不动产登记证明核发量
总计			

注：以上根据缮证数量统计，不含作废的证书和证明。单位：本。

2. 不动产登记业务办理时效、时限统计、人员绩效统计

不动产登记业务办理时效统计是登记机构为监管业务流程的有效性，对各类业务流程平均完成时间进行动态统计监测，以便优化业务流程，提升工作效率；不动产登记业务办理时限统计是登记机构对业务条件是否有

按规定时限办结进行动态统计监测，包括按期办结率、超期办结率及提前办结率；人员绩效统计是登记机构对登记业务各岗位人员办理业务的数量及质量的动态统计监测，包括受理量、办理量及差错率等。

3. 不动产登记数据质量统计

不动产登记机构为实时、动态监测登簿数据质量，根据设定的数据监管规则模型，检查出逻辑异常，对显示数据逻辑异常的业务进行统计分析，以确保登簿数据准确无误。另外，还可通过不动产登记系统统计数据修改日志、查询访问日志，确保数据安全。

4. 不动产交易登记税费统计

对不动产交易登记税费统计，可使有关部门、不动产登记机构掌握不动产交易税费规模，为政府宏观经济调控和决策提供数据支撑。

表3-13　不动产交易登记税费统计表

统计周期：

行政区划名称	税收							收费		
	契税	增值税及附加	土地增值税	印花税	个人所得税	其他	小计	登记费	其他	小计
总计										

注：根据相关部门对接共享相应数据统计或依据税务局委托征税完税凭证统计，不含退税。

5. 不动产登记渠道办理量统计

对不动产登记各渠道办理量的统计可使登记机构有针对性地引导申请人通过不同渠道办理不动产登记，可有效平衡各渠道业务办理量，充分利用各种资源。如表3-12所示。

表 3-14　不动产登记渠道办理量统计表

统计周期：　　　　　　　　　　　　　　编制单位：

时间	办理渠道	数量（万份）	占比（%）
	实体窗口		
	互联网		
	自助机		
	总计		

注：实体窗口指登记机构设在线下的各类人工受理窗口；互联网渠道包括登记机构门户网站、微信公众号、政务服务网及 App、小程序等；自助机指登记机构设置的借助人工智能受理、办理不动产登记业务的机器、设备。

三、结语

本部分通过对不动产登记机构内、外部的不动产登记统计需求分析，提出了一种不动产登记统计体系，包括不动产登记报表、指标内容，并结合不动产登记实务对统计项和统计口径进行了统一、完整的论述。由于不动产登记统计在登记机构内部也未受到足够的重视，偶有分散公报，导致不动产登记统计缺少一定的标准和体系，各地公布出来的统计缺少统计口径的描述，不利于对比分析，加之不动产登记目前正与互联网加速融合，云计算、大数据、人工智能蓬勃发展，一些统计方法将结合"互联网＋不动产登记"进行更新，本部分提出的不动产登记统计体系尚需根据实践的发展进一步完善。

不动产登记数据的深度应用

> 在现代市场经济活动中，不动产交易登记数据扮演着越来越重要的角色，不动产统一登记制度落地实施以来，不动产登记数据库日益完善和丰富，急需强化不动产登记数据统计分析的应用广度和深度，尤其是要加大对不动产首次登记、转移登记、抵押登记数据分析的研究力度，以发掘不动产登记与不动产登记数据变化趋势和宏观经济运行、房地产行业发展的相关关系，以及不动产抵押与防范金融风险之间的关联关系。

不动产登记数据统计分析表现在维度多、数据项目繁杂、非结构化数据较多。来自内外部的数据统计需求较多，需求多样化使得登记机构需要经常性统计不动产登记总量、结构、趋势分析，以及各类统计指标、统计项及统计口径下的登记数据清单。不动产登记数据统计面对的是庞大的数据库，不动产登记数据统计分析的任务，一是以统计思维设计统计方案，将常用的统计报表形成定期（月、季、年）统计报表体系，设计统一的统计指标，并有明确的指标说明、指标解释、统计分类标准、统计范围、统计口径，使统计结果能达到分析目的；二是将统计及研究目的转化为不动产登记系统及存量结构化数据能够实现的统计结果，使得数据统计结果准确无误，满足登记数据统计需求方的要求。在统计体系上，定期统计与专项统计相结合，以定期统计为主，专项统计为辅，设计切实有效的统计方案，深入挖掘数据信息，提供准确可靠的统计数据。

一、定期（月、季、年）统计分析

（一）房地产首次登记

《不动产登记暂行条例》《〈不动产登记暂行条例〉实施细则》规定，不动产首次登记，是指尚未登记的不动产的首次登记，即不动产权利第一次登记。未办理不动产首次登记的，不得办理其他类型登记，但法律、行政法规另行规定的除外。统计的重点是房地产首次登记主要为国有建设用地使用权及房屋所有权首次登记，体现的是某个统计期间某地区增量房地产首次登记发证总量，及增减变动情况。

统计在一定时期按行政区划分房地产权首次登记的宗数、建筑面积，及按房屋用途大类（住宅、工业交通仓储、商业金融信息、办公、教育医疗卫生科研、文化娱乐体育、军事、物管用房、其他）、房屋用途小类统计各类用途房屋的登记宗数、面积；还可以按房屋性质（如商品房、房改房、经济适用住房、廉租住房、自建房等）分类统计其宗数、建筑面积。宗数以登簿数为准，一个登记单元为一宗，登记单元可以是以栋、层、面积为单位登记建筑面积。

（二）二级市场转移登记

根据相关法律法规规定，已办理首次登记的不动产，包括房地产开发企业销售的市场商品房，企事业单位经房改出售的房改福利房，市、区住宅局销售的安居房、集资房等政策性住房以及拆迁赔偿房等，因购买市场商品房、单位房改房、购买保障性住房（包括不限于政策性住房、经济适用住房、安居型商品房、人才房）、拆迁赔偿、生效法律文书、权利人自行委托拍卖、作价入股（出资）、集资合作建房等各种情形导致权属发生转移的，当事人应办理房地产转移登记。一般将房地产首次登记后第一次转移登记称之为二级市场转移登记。本部分所述房地产二级市场转移登记主要为国有建设用地使用权及房屋所有权转移登记（二级转移）。

统计在一定时期内按行政区划分二级房地产市场转移登记的宗数、建筑面积，也可按权利人类型、房屋性质、登记原因等分类统计。宗数以登簿数为准，一个登记单元为一宗，登记单元可以是栋、层、套，面积为登记建筑面积。也可以结合商品房成交量（主要依据商品房买卖合同网签数据），统计网签成交的当期、环比、同比、本年累计、累计同比等指标，与二级市场转移登记的当期、环比、同比、本年累计、累计同比等指标相比较，预测其未来发展趋势。在统计项上，还可以按住宅、商业、办公及其他分类统计其建筑面积、套数的当期、环比、同比、本年累计、累计同比等多维指标。

（三）三级市场转移登记

根据相关规定，凡不动产在已办理二级市场转移登记后权属又发生转移的，应办理转移登记，如房地产买卖、互换、赠与、继承或受遗赠、分割合并导致权属发生转移、作价出资（入股）、法人或组织分立合并导致权属发生转移、共有人增加或减少以及共有份额变化，因人民法院、仲裁委员会的生效法律文书导致权属发生转移以及法律法规规定的其他情况导致权属发生转移，以及其他视为转让的情况等。一般此类及其以后发生的转移登记称之为三级市场转移登记。本部分所述房地产三级市场转移登记主要为国有建设用地使用权及房屋所有权转移登记（三级转移）。

统计在一定时期内按行政区划分三级房地产市场转移登记的宗数、建筑面积。也可按权利人类型、房屋性质、登记原因等分类统计。宗数以登簿数为准，一个登记单元为一宗，登记单元可以是栋、层、套，面积为登记建筑面积统计。也可以结合商品房成交量（主要依据商品房买卖合同网签数据），统计网签成交的当期、环比、同比、本年累计、累计同比等指标，与三级市场转移登记的当期、环比、同比、本年累计、累计同比等指标相比较，预测其未来发展趋势。在统计项上，还可以按住宅、商业、办公及其他分类统计其建筑面积、套数的当期、环比、同比、本年累计、累计同比等多维指标。

（四）抵押权登记

根据《民法典》的规定，抵押权是担保物权的一种。它是为担保债务的履行，债务人或者第三人不转移财产的占有，将该财产抵押给债权人，债务人不履行到期债务或者发生当事人约定的实现抵押权的情形，债权人有权就该财产优先受偿。建筑物和其他土地附着物、建设用地使用权可以抵押，不动产抵押应当办理抵押登记，抵押权自登记时设立。已办理预售合同备案的商品房抵押登记俗称为预售抵押登记，本部分所述的预售抵押主要为已办理预售合同备案的商品房抵押登记，包括一般抵押权首次登记（预售）。商品房办理了房屋所有权登记后再抵押的称为现楼抵押，本部分所述的现楼抵押包括一般抵押权首次登记（现售）、最高额抵押权首次登记。

统计在一定时期内按行政区分类办理的预售抵押登记宗数、抵押登记面积、抵押登记金额（本币或外币）。

统计不动产登记抵押数据的规模、结构、区域分布以及变化特点；通过对比宏观经济运行数据和区域不动产登记工作推进情况，分析不同区域、不同类型不动产登记数据的动态变化规律，判断不动产抵押登记状况和系统风险。

登记机构通过定期收集积累不动产登记数据（含抵押数据）和宏观经济运行数据，确保及时性和全面性，并通过运用计量分析方法、构建数据模型，探究各类不动产交易数据运行特征，研究不动产交易（抵押）数据和宏观经济运行之间的相关关系和变化规律；分析本地区不动产抵押的规模、结构和强度特征，分析判断潜在的各类风险，并提出具有针对性的政策建议。

（五）安居房换证登记

安居房在经批准后可取得全部产权并进入市场，统计在一定时间段内按行政区划分房地产权首次登记的宗数、建筑面积。宗数以登簿数为准，一个登记单元为一宗，登记单元可以是栋、层、套，面积指登记建筑面积。

二、专项统计

（一）存量已登记发证各类房地产现势登记数据统计

存量已登记发证各类房地产现势总量统计是为摸清本地区已登记产权

状态仍有效的各类房屋的规模、类型、结构,结合存量建筑物普查查清合法建筑及违法建筑的规模、类型、结构,未登记房地产的数量、类型、特点和未登记的主要原因等,以便主管部门更好地开展房地产管理、规划土地监察、税收管理等行政管理服务。该类统计的数据作为时点数据应有明确的时点要求及统计标准,可以每年度12月31日24时为统计时点按年统计,也可以根据需要按月统计。在统计项上,可按房屋用途分类标准的大类(住宅、工业交通仓储、商业金融信息、办公、教育医疗卫生科研、文化娱乐体育、军事、其他)、房屋用途小类统计各类用途房屋的登记宗数、建筑面积;还可以按房屋性质分类统计宗数、建筑面积。

(二)房地产交易登记税收统计

根据税收征管法、契税法、《土地增值税暂行条例》、《增值税暂行条例》、个人所得税法等法律法规的规定,在房地产交易环节应征收的契税、增值税、增值税附加、土地增值税、个人所得税、印花税、贴花等各种税收按区域、时间段、税种、纳税主体类型等分类统计。还可以结合房地产交易数据(如商品房买卖合同中建筑面积、成交价)、计税参考价、实际纳税额等进行综合分析,为税务部门税务稽查提供参考,同时房地产交易税收统计可为房地产调控决策提供决策依据。

(三)房地产交易登记非税收入统计

登记机构的非税收入收费依据主要为价格部门、财政部门文件,含行政事业性收费、经营服务性收费和政府性基金,与之相关的包括不动产登记费、工本费、土地收益金等。近年来,随着国家"放管服"深入开展,政府切实减轻企业负担,非税收入项目、收费金额越来越少。登记机构可以统计在一定时间段内按行政区各类非税收入的笔数、收费金额，还可以按缴费人类型（自然人、企业、事业单位、国家机关、其他）、登记类型、缴交渠道分类统计，包括涉企收费的收费金额、小微企业的减免金额等。

（四）房屋历次转移登记登记价款拟合统计

一手商品房、二手商品房经过历次转让根据商品房买卖合同记载的合同价款记载登记价款，这种登记价款客观、真实地反映了房地产在一定时期内的市场行情及价格指数。登记机构可以将商品房的历次转移登记登记价的均价拟合成房价曲线，在较长期间内形成时间序列，还可以按行政区、一手商品房、二手商品房、房屋用途大类分类（住宅、商业、办公、工业）、房屋小类分类统计。通过对商品房登记价的趋势分析，可以了解商品房登记价均价的变化情况、房地产市场的周期变化及房地产调控政策的效果。

（五）自然人权利人性别统计

对存量房地产自然人权利人进行人口统计可以了解权利人的分布类型，如男性单独户权利人人数及比例、女性单独户权利人人数及比例、户籍男性单独户权利人人数及比例、户籍女性单独户权利人人数及比例、非户籍男性单独户权利人人数及比例、非户籍女性单独户权利人人数及比例。

不动产登记数据统计需求多样化、个性化，统计主要依靠信息化手段实现，但需要有数据统计思维，建立统计体系，规范统计指标、统计范围和统计口径，再用人工筛选的方式将各类数据根据统计目的进行清洗，以便更好地描述问题、思考问题、拆解问题，更精准的运用方法论，得出结果，这样的数据分析的输出成果就更严谨，更有依据，更具说服力。更重要的是要从不动产登记业务视角出发，具有鲜明的行业特色，统计分析的目的是站在多方角度，用数据来精确描述现状，分析问题，解决问题，其实质是揭示业务本质，故统计要反哺业务，在数据基础上基于业务逻辑进行分析。

综上所述，就不动产登记统计现状，还普遍存在重信息系统建设和维护、轻信息数据挖掘和应用的情况，登记机构信息化建设的目的主要还是为了满足不动产登记业务的需要，统计的内涵和外延都不够，对数据资产的开发利用还未提到应有的高度，在不动产登记统计专业机构及人员的配备上也严重缺乏，多数仅仅满足于填报上级部门布置的各类报表，统计专业能力建设和统计专业化、个性化服务任重而道远。

不动产登记数据监管分析系统的建设和应用

不动产登记信息化建设前期更多是为满足登记业务的需要，围绕着不动产权籍成果管理、不动产登记、不动产档案管理、不动产电子登记簿、信息共享、信息协同、信息查询、"互联网＋不动产登记"等进行，随着不动产统一登记的深入开展，不动产登记业务类型和数据的增加，尤其是"互联网＋不动产登记"的深入推广和应用，"不见面审批""网上办"成为未来的大势所趋，由此所带来的风险和内部监管难度越来越大，使得不动产登记机构应用信息化手段对登记业务和数据的监管变得越来越重要，不动产登记数据监控分析系统的建设和应用对登记机构加强内部管理、提升综合服务水平将起到重要的支撑作用。本部分结合深圳市正在开展的"深圳市'互联网＋不动产登记'工程项目"中，由笔者负责需求分析工作的"不动产登记数据监管分析系统"的建设和应用情况，旨在重点探讨在"互联网＋不动产登记"背景下不动产登记数据监管分析系统的需求分析、系统规划、功能设计等。

财产保护与不动产登记

一、不动产登记数据监管分析系统概述

充分利用全市不动产空间信息数据库的资源，以业务监管、证书监管、登记簿核查等为手段，重点辅助解决登记业务办理中审批逻辑规则、登簿成果完整性等不动产登记管理中出现的问题，强化政府综合监管职能，同时实现对下辖各区节点的网络与应用系统运行状态的集中统一监管，为构建"事中防范、事后监管、综合分析"的立体监管分析模式提供辅助支持。

通过构建不动产登记数据监管分析系统，开发登记信息监管、登记业务监管等实时监管信息的综合统计展示功能，对全市不动产登记信息进行动态监测和统计分析，实现不动产登记工作流程中的数据采集、分析处理、查询统计和各种表单的优化展示和灵活输出。面向主管部门、不动产登记中心领导及管理层以及登记中心履行质量督查、政策法规（标准化）、信息管理、综合、人事、计划财务、档案管理等职能部门，提供综合监管展示屏实时显示全市不动产登记业务运营情况，市不动产登记中心通过综合监管展示屏查看全市不动产登记工作的业务执行情况、人员绩效情况、资料移交情况、窗口设置情况；实现汇交、上报工作中的监管模块控制、报文检查情况和证书使用情况的监管；对不动产登记执行的多个方面进行监督把控，从而督促各环节不动产登记任务能够快速有效地执行。通过对全市各区不动产数据的深度挖掘，从空间和时间等层面进行多维度统计与分析，以满足市级用户监管分析的需求，并为政府决策工作提供辅助的科学参考依据。

不动产登记数据监管分析系统通过大数据处理技术，实现数据的清

洗、融合和挖掘，建立数据之间的逻辑关联，提供数据抽取、转换与加载（ETL）、数据综合查询、基础数据报表分析、自定义报表分析、多维即席分析、指标提取与评价、模型预测、分析报告制作与输出等功能，对不动产登记数据开展综合应用分析，构建不动产相关的指标体系，通过指标的动态变化反映不动产发展的趋势，对指标的运行区间进行监控，为领导管理层提供决策支持依据。

二、建设内容

（一）大屏监控首页

系统建设一个实时监控界面，该界面实现登记信息动态监测和统计展示，对全市各区日常登记数据进行动态监测，可实时查看全市以及各区业务办理状态（受理、办结等）；并基于不动产大数据构建指标模型体系，实现对重点对象的实时动态监测。通过大屏展示的方式，对登记数据质量、业务办理状态、办结率等不动产登记业务运营情况进行实时监控；通过接入各区登记大厅窗口服务评价系统，实现对各不动产登记大厅服务评价监管，最终实现不动产登记立体式、全方位的综合监管，为中心不动产登记业务管理工作科学化、智能化提供强力支撑。

（二）不动产登记监测预警子系统

为了全面、实时地监测全市不动产登记业务状态，建设不动产登记监测预警子系统，利用云计算、大数据、GIS、人工智能、地理信息可视化等技术，结合智慧城市时空大数据信息，进行不动产登记业务流程监管、办理时限监管、数据汇交监管、登记数据质量监管、空间叠加分析监管、协同共享监控、证书使用监管、大厅服务评价监管、各区服务状态监控；对不动产登记工作的多个方面进行监督把控，从而督促各环节不动产登记任务能够快速有效地执行。

（三）不动产登记数据分析子系统

建设不动产登记数据分析子系统，为主管部门、中心各部门对不动产单元情况、不动产登记情况、各区及业务人员工作的绩效情况的归纳统计提供高效准确整理及展示，为领导层和中心提供各类专项数据分析，实现全市不动产登记信息空间化、可视化、智能化的大数据综合展示分析。探索"用数据管理、用数据决策、用数据创新"的不动产管理新模式，促进不动产综合监管的精细化以及决策分析的科学化，满足不同层级机构和人员对登记信息的需求，才能保障交易安全，提升治理效率，助力市场监管，为政府决策和宏观调控提供支撑服务。

三、系统架构

不动产登记数据监管分析系统的系统架构如图 3-1 所示。

（一）基础设施层

基础设施层是系统运行的基础环境，包括软件支撑平台、网络平台、硬件平台以及其他一些计算机基础设施。将服务器、网络等物理资源进行整合，满足海量不动产登记数据存储、高并发用户登记业务办理和信息共享查询。

图 3-1 系统架构

（二）数据支撑层

为不动产登记数据监管分析系统提供数据支撑。数据包括覆盖全市区域的、通过历年土地、房屋、林地、海域登记积累的登记信息，还包括面向个人、开发商企业、银行金融机构等提供线上、线下服务入口的业务申请数据、查询数据、预约数据等。

（三）平台服务层

负责对物理资源、业务流程、电子表单、共享数据服务、资源服务目录、开发环境等进行统一管理、监控与调度。

（四）应用服务层

负责面向主管部门、中心领导及管理层用户提供不动产登记信息监管分析功能服务，包括综合展示屏、不动产登记监测预警子系统、不动产登记数据分析子系统。

（五）用户层

通过不动产登记数据监管分析系统提供监测预警、统计分析服务，用户覆盖不动产登记中心领导层、上级主管部门领导层、业务处室等。

（六）相关标准及规范体系

相关标准及规范体系包括数据和应用服务方面的技术标准规范及管理制度，确保不动产登记数据监管分析系统各组成部分之间，以及系统与外部系统之间能够有效衔接、交互，规范运转。

（七）安全保障和服务体系

安全保障和服务体系包括安全管理制度、安全基础设施、网络安全、主机安全、应用安全、数据安全等内容，采用"制度＋科技"手段保障数据存储、传输、访问、共享的安全。

四、功能设计

(一) 大屏监控首页

监控首页采用 3D 动画的大屏可视化展示方式，对不动产登记业务办理过程、登记信息、数据汇交等监管情况和统计分析情况进行展示。

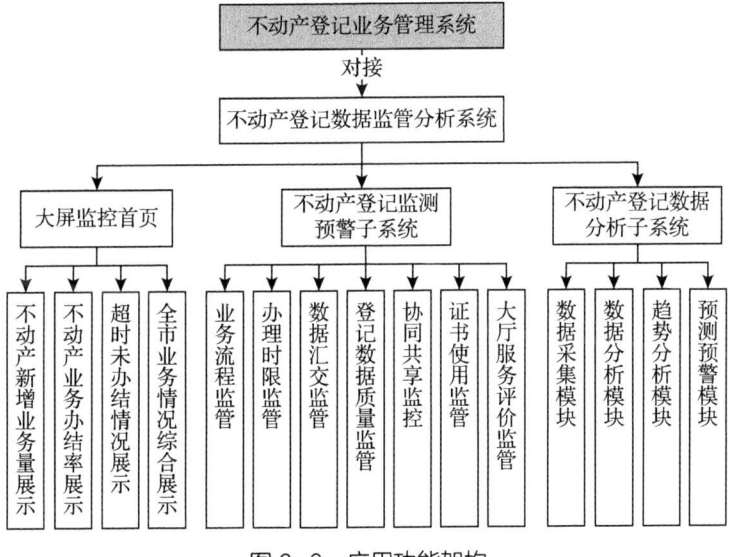

图 3-2 应用功能架构

1. 不动产新增业务量展示

对全市当天新增的业务数量进行统计和展示（前提：业务生效才进行统计，新增但删除的业务不在统计范围内），包括当天所有新增的业务数量、当天所有新增的数据申请业务数量、当天所有新增不动产查档业务数量等。

2. 不动产业务办结率展示

对全市不动产登记业务办结率进行统计和展示，包括日办结率和月办结率，日办结率 = 当天办结业务数 / 当月新增业务数 ×100%，月办结率 =

当月办结业务数/当月新增业务数×100%。

3. 超时未办件情况展示

对不动产登记业务超时未处理情况进行统计和展示，包括超时1—2天未处理业务数量、超时2天以上未处理业务数量两个指标的展示。

4. 全市业务情况综合展示

实现业务情况在地图上进行分区展示，支持多种业务指标在多个区域的综合展示，点击其中一个业务指标可显示该指标的详细情况。

以不动产登记新增业务数量为例，在全市行政区划地图上可分别展示各区当日新增业务量，"业务量"指标又可细分为新增登记申请业务量、新增查档业务量等。

（二）不动产登记监测预警子系统

1. 业务流程监管

提供业务流程信息监管功能，市级平台可以根据需要在线调用、查阅各区的每宗不动产登记业务流程信息，包括对收件、受理、初审、复审、核定、登簿、缮证、收费、发证和归档等环节信息的全程监控；并支持利用警示性功能对违反行政审批条件、不按程序、超过行政审批期限、违规收费等情况进行自动预警和提醒警示。

2. 办理时限监管

研究分析确定登记时限的监管指标，并以登记时限监管指标对全市不动产登记业务的登记全流程时限以及各环节时限进行监管，支持监管结果的统计输出。

（1）办理时限监管指标管理

按照相关规定，总结各类型不动产登记业务办理时限的监管指标，并支持对全流程、各环节办理时限监管指标进行配置与管理。

（2）办理时限执行过程监控

基于登记时限监管要求，对不同业务类型的不动产登记业务办理流程进行监控，监督业务过程中各环节办理时效是否严格地按照规定的登记时限进行执行。

3. 数据汇交监管

实现对数据上报情况的监管查看。各区业务报文上报省厅后，市登记中心可以对数据上报情况、上报状态、失败补报等情况进行监管，支持分时间周期、地区进行筛选查看。

对于省级反馈上报失败的业务，市登记中心还可对省厅反馈失败后未重新上传报文的地区进行统计汇总与监督。系统提供失败报文未补报信息的检测功能，检测并记录失败报文未补报的具体地区、报文信息、失败时间，并支持进行汇总统计和可视化输出。

4. 登记数据质量监管

引入数据质量评价体系，对不动产登记数据质量进行分析评价，包括数据的必填字段检查和数据规范性、完整性、逻辑一致性检查等，从宏观上掌握全市各区的不动产登记数据质量情况，厘清各区业务办理质量和效能以及影响不动产登记办件效能和质量的原因，以便对各区业务办理工作提出更有针对性的指导。

同时，优化数据更新机制，实现存量数据与增量数据更好地衔接，维护好数据的历史与现势关系。包括以下两个方面：

（1）存量数据质量评价体系，对各区存量不动产登记数据进行质量评价。

（2）增量数据质量评价体系，对各区每日新增的不动产登记数据信息进行质量评价。

5. 协同共享监控

（1）共享统计

共享统计模块统计银行、政务 App、法院等共享部门调用不动产查询接口的请求次数以及请求成功量。

（2）各区服务监控

各区服务监控模块是监控各区提供的不动产查询服务接口的服务状态，监控方式为调用各区服务接口 3 次，测试运行结果反馈，若 3 次中有一次联通，则服务状态标识为联通，否则为失败；响应时间选取 3 次请求的平均响应时间，最新请求时间为第 3 次调用各区接口的反馈时间，监控数据存放在服务监控表中，结果以表格的形式展现。

6. 证书使用监管

开发证书使用情况监管功能，加强证书印制使用监督管理。对证书使用情况（颁发新证、废证）进行监管，支持查看证书的使用时间、使用人员、使用事由等信息。

7. 大厅服务评价监管

通过接入各区登记点窗口服务评价系统，实时获取各登记大厅每宗业务的服务评价数据，实现对各不动产登记大厅服务评价的监管。

（三）不动产登记数据分析子系统

1. 数据采集模块

建立数据分析子系统与业务管理系统的数据交互通道，实现各类登记业务办理数据的实时汇总、更新。为数据分析子系统提供数据支撑，为实现对不动产登记业务的全方面、多维度统计分析提供完整、及时、准确的信息。

(1) 数据抽取入库

实现从业务数据库中抽取信息，包括存量和增量数据，并进行清洗、转换、加载等处理，形成统一的统计分析数据库。

(2) 统计分析

按照数据抽取时间、类型等维度，以图表方式直观展现抽取数据量（次数）的统计信息，辅助用户直观了解数据交换的整体情况。

(3) 日志服务

通过记录操作日志，监控数据抽取及入库的具体情况，包括时间、IP地址、操作详情、数据状态等。

2. 数据分析模块

(1) 统计分析模型

系统提供统计分析模型的自定义设计功能，无须通过功能开发的方式，只需通过配置参数即可实现自定义统计分析功能。应用这种方式，用户可以根据实际需求，灵活设定统计条件、统计指标和统计样式。

系统提供自定义查询、统计分析内容提供可视化配置界面，包括业务类型、视图名、查询字段、查询结果字段（输出字段）、是否记录日志、输出格式等信息。

根据统计指标的配置，可以对不动产登记工作进行不同角度或类型的统计，统计样式可选报表、统计表、柱图、饼图或曲线等各类统计样式。

(2) 统计分析及报表输出

系统可以按不同期间（旬、月、季、年）分类汇总不动产登记业务，包括但不限于对业务办理量、数据汇交情况、业务办理时效、业务人员绩

财产保护与不动产登记

效、共享服务调用情况等的统计分析。

系统支持以行政区、权利类型（国有建设用地使用权、国有建设用地使用权及房屋所有权、海域使用权、林地使用权及森林林木所有权、地役权）、登记类型（分首次登记、转移登记、变更登记、更正登记、抵押登记、注销抵押登记、预告登记、注销预告登记、异议登记、注销异议登记、注销房地产登记、查封登记、注销查封登记、其他登记）、受理件数、办结件数、建筑面积、发证（不动产权证书、不动产登记证明）数量等不同的统计项任意组合汇总统计。

系统支持按照统计类型、统计类别、统计区域、统计年度、统计单位等条件进行分类汇总统计，统计结果以列表等多种方式展示，支持图表类型切换显示，并提供报告生成、导出。

（3）系统提供以下统计分析功能，并支持对应统计报表的生成与输出。

A. 不动产单元登记情况

系统支持对不动产单元按照权利类型、权利性质、用途三大分类项按某一时间点对已登簿现势有效的登记面积和登记量的分类统计。需要将分散的统计功能尽量保有高度通用性而进行整合，通过不同的查询条件的组合，配以最大限度地查询脚本优化及展示方式，实现特定的查询统计功能。

B. 不动产登记业务情况

a. 系统支持对各种业务类型的受理量、办理量进行统计分析。

系统支持按期间汇总统计各类业务在一定时期内的受理量、办理量、建筑面积等分类汇总数据。

系统支持按任意不同选项组合输出需要的数据清单，如以房地产所

第三部分 "互联网+不动产登记"篇

在区、登记单元类型、业务事项、业务事项情形、业务受理部门、受理日期、登记日期为字段任意组合输出业务受理（办理）数据清单（支持Excel和pdf文档格式），如办文编号、房地产所在区、登记单元类型、不动产坐落、房地产名称（楼名栋号房号）、业务事项、业务事项情形、业务受理部门、权利人姓名或名称、权利人身份证件号码、不动产权证号、宗地号、宗地面积、土地用途、土地所有权来源、建筑面积、套内面积、竣工日期、用地面积、房屋性质、房屋用途、共有情况、登记价、产权状态、受理日期、登记日期、受理人、初审人、复审人、核准登簿人。系统除可以支持按照选项精确查询统计外，还可支持模糊查询和批量查询，如根据宗地号、权利人身份证号批量查询输出数据清单，根据关键词输出需要的数据清单等特定目的的查询统计。

系统支持用户根据登记类型的不同选择不同的输出内容，如抵押登记的还可以输出抵押编号、押权人姓名或名称、抵押权人证件号码、抵押人、被担保的主债权数额、抵押登记日期、不动产登记证明号；转移登记的还可输出转让方、受让方、转让前后不动产权证号、合同签订日期、合同金额、是否涉税（如有则显示完税金额）、计税参考价；查封登记的还可输出查封编号、查封机关、查封文号、查封被执行人、查封期限、查封说明、查封类型（查封/轮侯查封）、解封日期、解封说明；异议登记的还可输出异议登记编号、登记申请人、被异人姓名、异议登记时间、注销日期；居住权登记的还可输出居住权登记编号、居住权登记日期、居住权人姓名和证件号码、义务人姓名和证件号码、不动产状态（有无查封、抵押等）、居住权设立依据（合同设立还是遗嘱设立等）、不动产登记证明号、居住权期限、注销日期；预告登记的还可输出预告权人、预告人、预告登记日期、注销预告登记日期。

财产保护与不动产登记

b. 系统支持对业务办理环节用时、整体用时的统计分析。

c. 系统支持按照专题分类进行统计，如不动产首次登记、房地产二级转移登记、房地产三级转移登记、房地产变更登记、房地产抵押登记、房地产注销抵押登记、房地产查解封登记。

C. 系统支持部门（人员）工作量及工作绩效情况统计。以业务受理部门、业务办理部门、岗位、各业务流转环节分别统计。

D. 系统支持按照统计表样式输出以下统计报表：

a. 不动产登记统计表

b. 核发不动产权证书和不动产登记证明统计表（总表）

c. 核发不动产权证书和不动产登记证明统计表（按类别）

d. 不动产登记统计表

e. 不动产首次登记统计表

f. 建设用地使用权首次登记统计表

g. 国有建设用地使用权首次登记统计表

h. 新建房地产登记统计表

i. 二手房转移登记统计表（按房屋性质）

j. 二手房转移登记统计表（按用途）

k. 不动产变更登记统计表

l. 不动产更正登记统计表

m. 不动产抵押权首次登记统计表（按权利类型）

n. 不动产抵押权首次登记统计表（按办理渠道）

o. 房地产抵押权登记统计表

p. 不动产注销登记统计表

q. 林权登记统计表

r. 不动产查解封统计表

s. 不动产登记档案查询统计表

t. 不动产登记收费情况统计表

u. 不动产登记收税情况统计表

（四）趋势分析模块

1. **不动产市场供求关系分析**

（1）不动产市场供求关系空间分析

系统支持分析不动产新建商品房（商品房按住宅、商业、办公、厂房等用途进行详细划分）、二手房网签套数、建筑面积和待建面积的数量、结构、空间分布，反映不动产的供给、需求在空间上的关系。

（2）不动产市场供求时间趋势分析

系统支持分析不动产新建商品房、二手房网签套数、建筑面积，在一定期间内（年、月）的环比、同比、时间列序等，反映不动产的供给、需求在时间上的变化趋势。

（3）不动产期末库存去化分析

系统支持通过统计分析新建商品房网签面积、新建商品房待售面积，建模分析获得库存去化特征（库存去化周期、去化率）和空间分布，反映不动产的库存去化特征在时间上的增减变化情况及发展趋势；通过统计不同时期新建商品房网签面积、新建商品房待售面积，反映不动产的库存去化特征在时间上的变化趋势。

2. **不动产登记人口统计学分析**

系统支持对不动产登记数据中的自然人权利人进行人口统计学分析，为研究城市人口迁徙、人口结构、人口聚集与不动产经济发展的关联关系提供数据支撑。如掌握现商品房权利人的户籍、性别结构及住房对市民基本居住需求的保障程度，预测住房全生命周期需求，研究市外人口流入、集聚程度。

（1）人口结构变化与购买需求分析

系统支持分析存量不动产权利人及增量不动产权利人的年龄结构，并结合城市人口年龄结构信息，为研究人口结构变化带来的住房需求研究提供数据支撑，预测住房需求（数量、面积），评估现有住房存量是否满足因人口结构变化带来的需求变化趋势。

（2）年龄结构与购房需求分析

系统支持分析存量不动产权利人及增量不动产权利人的年龄结构与住房的数量、面积以及流转动态变化的关联关系，研究各年龄阶段的住房需求类型，预测住房全生命周期需求。

（3）存量房地产权利人人口统计学分析

系统支持统计报告期末在不动产登记中心已登记的产权状态非无效状态的、房屋用途为住宅类的单独所有房产户主中的总人数，同一权利人有多套房的按实际数计；统计报告期末在不动产登记中心已登记的产权状态非无效状态的、房屋用途为住宅类的单独所有房产户主中的本市户籍人口的总人数，同一权利人有多套房的按实际数计；统计报告期末在不动产登记中心已登记的产权状态非无效状态的、房屋用途为住宅类的单独所有房产户主中的非本市户籍人口的总人数，同一权利人有多套房的按实际数计。以上均按性别分别统计。

3. 经济产业结构和布局分析

系统支持通过对本市及各区不动产的用途、比例以及所在区不动产的价值、跨市人口流动情况进行统计和分析，可以为城市的产业结构研究和功能布局配置合理性、资源承载力提供重要的数据支持。

(1) 房屋规划用途类型和空间布局分析

系统支持对房屋规划用途类型和空间布局分析，通过分析能准确反映国民经济的产业布局，从而可精确地判断市场状况，为制定区域功能的规划和不动产相关的方针政策提供科学依据。重点分析土地用途、房屋类型(住宅；商业用房；办公用房；工业用房；仓储用房；车库；其他)、房屋用途(住宅；工业、交通、仓储；商业、金融、信息；教育、医疗、卫生、科研；文化、娱乐、体育；办公；军事；其他)的数量、面积、各区分布情况，进行时空变化趋势分析，并结合国民经济状况、经济社会发展规划、产业规划等信息，掌握产业结构、经济结构现状，为宏观经济发展规划、产业结构规划和空间布局提供辅助决策。

(2) 不动产登记与商品房网签对比统计分析

系统支持分析不动产登记的首次登记、转移登记、抵押登记的频率、规模等实时状态及任意时点、时期统计。对商品房首次登记、一手商品房转移登记、二手商品房转移登记、抵押登记定期统计分析其本期数、本年累计数、去年同期数、去年同期累计数、环比、同比进行定期统计监测，并与商品房网签数量、同比、环比结合分析和预测，便于不动产登记机构进行内部人力、物力、财力等资源调配和工作安排，同时能更深层次地发现不动产发展变化规律，以及不动产经济发展的活跃水平。

4. 金融风险辅助决策分析

调取不动产抵押的规模、结构、强度信息，了解不动产抵押人主体、抵押权人主体的类型及其抵押投放额度，分析不同类型不动产抵押的规模、抵押强度及其动态变化，为金融政策的制定提供"风向标"和"晴雨表"，便于科学有效地防范金融风险。

（五）预测预警模块

1. 不动产登记指标分析模型

根据省要求以及本市的实际业务需求，根据各类不动产登记业务办理过程，在深入分析各业务过程的基础上，运用理论分析法、逻辑分析法和成果借鉴法判断各业务过程中的监管指标，构建不动产登记监管指标体系。基于这些可量化、可判断的分析指标，建立不动产登记指标分析模型。

2. 综合预警指标计算

利用数据分析模型，对数据采集模块形成的数据源加以分析，系统自动判断各业务过程中的监管指标，动态监测分析结果。基于阈值管理，在即将超出或超出阈值时予以提示，达到对不动产登记业务预测预警的目标。

3. 预警阈值与信号灯管理

对预警指标（参数）的预警区间进行五级划分，分别用蓝、浅蓝、绿、黄、红灯显示，根据预警指标（参数）的计算自动显示。

五、结语

不动产登记数据监管分析系统是基于不动产登记业务系统的基础上设计并运行，数据来源于登记业务系统的各项生产数据，其稳定性、可靠性、准确性和数据质量除取决于自身系统架构及计算逻辑外，还取决于登记系统的业务流程、业务标准，在设计和开发时要充分结合现有登记业务系统的架构及逻辑。

"不动产登记+金融"的深度融合——以深圳市为例

国家建立不动产统一登记制度十年来，各地在以登记机构、登记簿册、登记依据和信息平台"四统一"等改革任务方面取得显著成效，其中以压缩不动产登记时间为核心的信息集成、流程集成和业务集成工作体系已取得质的飞跃。不动产抵押权登记由法定30个工作日压减到5个工作日再到3个工作日，时至今日很多地方已实现抵押登记全流程网办，深圳市更是做到涉企首次抵押30分钟内办结，注销抵押"秒批"，为不动产统一登记十周年交出了一份优秀的答卷。

一、深圳市"不动产登记+金融"模式推出背景和实施现状

在压缩不动产登记的历史进程中，国务院办公厅、自然资源部、广东省自然资源厅等上级机关陆续发文要求压缩不动产登记办理时间，推动

财产保护与不动产登记

"互联网＋不动产登记",提出不动产登记机构与金融机构深化登记金融协同,推进不动产抵押登记全程电子化系统建设,将登记服务场所延伸至银行网点,推广应用在线身份认证、电子签名、电子印章、电子合同、电子证书证明,实现抵押登记全流程网办、不见面审批。近年来,各地不动产登记全流程网办发展迅速,"不动产登记＋金融服务"深化协同取得巨大进步,申请方式、业务模式、办理时限等方面均取得了实质性突破。

2019年9月,深圳市在省内推出"不动产登记＋金融服务"新模式,与市内各大银行合作共建"不动产登记＋金融服务"平台,银行、抵押企业和市民"零跑动",足不出户办理抵押权登记。深圳"不动产登记＋金融服务"平台自上线以来,不断根据业务需求进行优化、迭代。目前,不动产登记系统与银行之间通过专线的方式连通,未来可能采用不动产登记系统与银行之间通过互联网的方式连通,系统间的链路增加安全设备加密传输,确保信息安全。

深圳市通过与银行签订《合作协议》明确双方权利义务,建立信息安全保障机制,签订保密协议,严格用户权限管理,制定不动产抵押相关登记网上办事流程和银行端操作手册,收集常见问题解答,对银行查询不动产登记信息做日志和查询统计,并制定《主债权合同及不动产抵押合同(简化版本)》并电子化,专门用于通过线上办理一般抵押权首次登记和最高额抵押首次登记使用,使线上抵押权登记业务标准化、简化,实行银行端线上申请,不动产登记机构受理、审核、登簿、发证、归档,最终实现线上申请、线上缴费、线上领取电子登记证明等全程电子化。目前,深圳市办理抵押权首次登记1小时内办结,抵押权注销登记"秒批"。2022年,深圳市又接通了"广东省不动产登记金融服务"平台,实现了广东省内深圳市外的银行不见面办理不动产所在地为深圳的不动产的抵押和注销抵押。2022年，深圳市通过"不动产登记+金融服务"平台办理的抵押权登记（含抵押权注销登记）业务量达31万件，占抵押权登记（含抵押权注销登记）业务总量的79%。"不动产登记+金融服务"极大地方便了银行、企业和群众，使企业和群众获得感明显提升，对深圳创建国际一流营商环境做出了应有的贡献，取得了良好的社会效益。

深圳"不动产登记+金融服务"用户通过广东统一身份认证服务平台完成注册申请后登陆"不动产登记+金融服务"平台，平台目前具有的功能主要有：一是贷前查册。可查信息主要有个人住房套数、不动产登记信息查询（如坐落、共有情况、不动产单元号、不动产权证号、权利性质、用途、面积、使用期限、登记时间、不动产登记状态、不动产权属状态，以及是否存在预告、查封、异议、居住权、地役权、抵押权等类型登记或内部提示备注、司法裁定过户备注业务）和预售备案查询；二是抵押权首次登记申办（对私业务和对公业务）和抵押权注销登记申办；三是办理进度查询。银行用户可通过查询日期查询自己经办的抵押登记业务办理情况，按办文编号、业务标题、抵押人、申办编号、申请日期、办理进度、退件原因等列示；四是待办事项查询。待办事项查询显示银行经办人名下已录入未提交的抵押登记业务，按业务标题、抵押人、创建时间、申办进度、申办编号列示；五是贷后跟踪。主要是押品登记情况变化查询，用户选择欲查询的登记业务类型，输入查询日期范围查询当前银行在指定日期范围内，在抵押的不动产在办理该抵押登记后又存在预告、查封、异议、居住权、地役权、抵押权等类型登记或内部提示备注、司法裁定过户备注业务。

一个完整的不动产抵押登记线上申办业务从申请开始。业务申请由银行在平台录入银行抵押合同编号，平台通过银行接口自动获取抵押数据（包括电子申请材料附件，如电子不动产登记申请表、电子抵押合同、电子抵押权人身份证明等），由银行通过平台功能向抵押人发送短信告知抵押人进行电子签名，抵押人通过身份验证并完成电子签名后上传电子身份证明提交后生成抵押业务件至登记机构审核，登记机构核准登簿后生成缴费单据并由抵押权人扫描缴费或输入缴款码缴费，生成并下载电子不动产登记证明，最后对电子不动产登记材料进行归档，一个完整的抵押权首次登记完成。

与蓬勃发展的"互联网＋不动产登记"实践相比，各地的创新举措与现行法规规范不完全一致，银行业金融机构在使用"不动产登记＋金融服务"平台时的一些需求与现行的规范有冲突，需要在优化营商环境、创新"互联网＋不动产登记"中通过规范实现风险可控、业务合规、互利共赢的目标。

二、"不动产登记＋金融"实践建议

（一）银行业金融机构对不动产登记信息共享和查询的边界需要进一步明确

现实工作中，不动产登记机构通过政务平台或业务平台提供接口实现与其他部门间信息的共享查询。《国务院办公厅关于压缩不动产登记办理时间的通知》（国办〔2019〕8号）（以下简称《通知》）指出"有关部门和单位应当及时提供不动产登记相关信息，与不动产登记机构加强协同联动和信息集成，2019年底前实现互通共享。"这里指的信息共享是不动产登记机构在办理不动产登记时需要共享的其他部门和单位的与不动产登记有关的信息。

银行业金融机构在办理抵押登记时需要的贷前查册和贷后跟踪信息，

属于不动产登记信息，显然不属于《通知》中规定可以向商业机构共享的不动产登记信息内容，在《个人信息保护法》出台后，对个人信息的保护提到更高层面，不动产登记信息属个人信息中的财产信息，对自然人的不动产登记信息查询应遵循《不动产登记资料查询暂行办法》的相关规定。银行业金融机构有抵押不动产意向或办理抵押登记时需要查询抵押人的不动产登记信息，如未取得不动产权利人的授权委托，只能以《不动产登记资料查询暂行办法》第四章"利害关系人查询"的有关规定以不动产具体坐落位置、不动产权属证书号、不动产单元号等索引信息查询不动产的自然状况，不动产是否存在共有情形，不动产是否存在抵押权登记、预告登记或者异议登记情形，不动产是否存在查封登记或者其他限制处分的情形等不动产登记信息，不能"以人查房"，即通过姓名和身份证号查询权利人的住房套数及其名下不动产登记信息。登记机构须通过技术手段加强银行业金融机构使用"不动产登记+金融服务"平台用户管理、查询审计和日志功能，通过接口实时传送业主对银行业金融机构查询其本人名下不动产的授权委托书并确保授权委托书与银行业金融机构查询行为和内容一一对应，方可按授权委托书的相关内容在线查询。

抵押登记完成后，银行业金融机构希望在"不动产登记+金融服务"平台银行端"贷后跟踪"中登记机构对在押品后续办理抵押、预告、查封、异议、居住权登记等类型登记或内部提示备注、司法裁定过户备注业务及注销等情况后系统能自动批量推送至"贷后跟踪"模块并进行提示或标注，银行能通过设定条件查询统计和导出，银行能够快速获取在押品最新限制登记状态。该项需求很多银行等商业机构均有现实业务需求，但于法无据，只能按照实行规定查询不动产登记信息，希望将来修改《不动产登记资料查询暂行办法》时予以考虑。

（二）不动产登记簿和不动产登记证明设定与抵押权人的业务需求存在脱节

对于不动产登记簿、不动产权证书和不动产登记证明的式样、使用和填写，自然资源部有统一的规范，地方不动产登记机构采用部发文件标准操作执行。但是，某些标准与抵押权人等当事人业务需求之间存在脱节，需要进一步扩大使用面，广泛地听取各方意见，进一步修改完善不动产登记簿、不动产权证书和不动产登记证明的式样、使用和填写。

银行业金融机构在业务实操提出，希望不动产登记证明（抵押权登记）中能记载抵押合同编号、债务履行期限（债权确定期间），在办理抵押权变更登记时，不动产登记证明能记载抵押权首次登记日期。但是，不动产登记簿之抵押权登记信息页无抵押合同编号内容，不动产登记证明（抵押权登记）使用和填写说明中对证明"其他""附记"两栏均无要求记载债务履行期限（债权确定期间）和抵押权首次登记日期（抵押权变更登记时）。登记机构出于规范统一性和业务标准化考虑，未能满足抵押权人的要求。

（三）电子登记材料的效力需要进一步明确

"不动产登记＋金融服务"的核心是电子化、数据化，不动产抵押登记之所以能够提速增效，从5个工作日缩短至1小时办结，全程电子化功不可没。《通知》中提出，与不动产登记相关的材料或信息能够直接通过共享交换平台提取的，不得要求申请人重复提交。推进不动产抵押登记全程电子化系统建设，将登记服务场所延伸至银行网点，申请人可以在银行现场签订抵押合同的同时提交抵押登记申请材料，通过网络传输至登记机构，无须当事人再到登记机构提交申请。

第三部分 "互联网＋不动产登记"篇

有些地方仍然要求银行业金融机构在办理完抵押权登记后定期将纸质材料派专人移交或邮寄至不动产登记机构,其中,简化版主债权合同和抵押合同在线上提交,线下仍要求提交完整版合同原件,这就增加了申请人负担,也使"不动产登记＋金融服务"效果大打折扣。建议规范进一步明确在"不动产登记＋金融服务"中使用电子签名、电子印章、电子合同、电子证书证明,符合规定条件的电子签名与手写签名或者盖章、电子印章与实物印章具有同等法律效力,经电子签名或加盖电子印章的电子材料合法有效,通过共享获得的信息以及当事人提交的电子材料可以作为办事依据,电子材料可以不再以纸质形式归档。进一步明确银行业金融机构作为不动产登记服务延伸点,如果信息共享集成暂时不能到位的地方或者尚不具备电子签名、电子印章、电子合同、电子证书证明以及电子身份证件等条件的,经银行业金融机构核实并通过"不动产登记＋金融服务"平台上传的抵押权人和抵押人身份证明、抵押合同、不动产登记申请表、不动产权证书等纸质申请材料扫描件上传视为已核验,相应责任由上传银行负责。

抵押登记业务量已占登记机构业务一半的比例,在不动产登记机构中的"地位"非常重要,同时抵押登记对促进经济发展、协同防范金融风险,支撑强化房地产市场调控具有重要作用,同时也是创建国际一流营商环境"登记财产"指标的重要内容。进入新时代,做好"不动产登记＋金融服务"利国利企利民,具有深远的意义,需要主管部门统筹规划,将各地的实践凝结汇聚,形成高效、便民、合规的"不动产登记＋金融服务"新局面。展望未来,线上抵押权登记有望与转移登记、变更登记、预告登记等其他类型登记实现一并线上办理,希望未来当事人办理单一抵押权首次登记和抵押权注销登记就如同我们使用手机银行 App 转账一样便捷、快速。

不动产交易登记数据管理及其资产化研究——以深圳市为例

在大数据时代背景下，数据已成为一项重要资产。如何对庞大的数据进行有效的管理和利用已成为摆在全社会和机构面前的一道难题。政府数据作为数据的一种，它蕴含着巨大的社会、经济和政治价值，《促进大数据发展行动纲要》《政务信息系统整合共享实施方案》《中华人民共和国国民经济和社会发展第十四个五年规划和2035年远景目标纲要》《中共中央国务院关于构建更加完善的要素市场化配置体制机制的意见》等均明确提出，要推进政府数据开放共享和整合利用，激活数据要素潜能。

不动产交易登记数据是政府数据的一部分，是不动产交易和登记机构实施机构建设、管理、使用的各类不动产交易登记业务应用系统，以及利用业务应用系统依法依规直接或间接采集、使用、产生、管理的，具有经济、社会等方面的价值，权属明晰、可量化、可控制、可交换的非涉密政府数据。在现代市场经济活动中，不动产交易登记数据扮演着越来越重要的角色，不动产统一登记制度落地实施以来，不动产登记数据库日益完善和丰富，急需强化对不动产交易登记数据资产的管理，尤其是要加大对商品房网签备案、不动产首次登记、转移登记、抵押登记形成的数据资产的管理，发掘不动产登记与不动产登记数据变化趋势和宏观经济运行、房地产行业发展的相关关系，以及不动产抵押与防范金融风险之间的关联关系。

一、政府数据及政府数据资产的概念和内涵

政府数据是指各级政府及其工作部门和派出机构以及具有行政管理职能的事业单位、法定机构和其他组织在依法履行职责过程中制作或者获取的，以一定形式记录并保存的文件、资料、图表等各类数据资源，包括行政机关直接或者通过第三方依法采集、依法授权管理和因履行职责需要依托政务信息系统形成的、与政府计划和服务相关的数据资源。

贵州省颁布的《贵州省政府数据资产管理登记暂行办法》（黔数据领办〔2017〕19号）对"政府数据资产"的概念有明确界定，即政府数据资产是由政务服务实施机构建设、管理、使用的各类业务应用系统，以及利用业务应用系统依法依规，直接地或间接采集、使用、产生、管理，具有经济、社会等方面价值，权属明晰、可量化、可控制、可交换的非涉密政府数据。从这一官方的定义出发，所谓政府数据资产化就是指挖掘和促进政府数据产生具有经济、社会等价值的相关合规、管理和运营过程。

二、国内及深圳政府数据资产管理的现状

（一）国内政府数据资产管理的现状

数据的管理发展历程共分为数据管理、数据资源管理和数据资产管理

三个阶段。政府数据资产管理是在数据管理的基础上发展起来的，国际上将数据资产管理定义为：数据资产管理（Data Asset Management，简称DAM）是对规划、控制和提供数据及信息资产进行管理，进而提升数据资产的价值。政府数据资产管理在政府大数据中处于承上启下的位置，处于政府数据平台和政府数据应用之间，即对下承载政府数据平台，对上承接以价值实现为目标的数据应用，占有非常重要的位置。

目前，我国在政府数据资产管理从理论到实践方面仍处于探索阶段，对其内涵概念、范围、实现途径和管理模式等尚不明晰。实践方面，各地陆续制定了具体办法和举措，如《贵州省政府数据资产管理登记暂行办法》（黔数据领办〔2017〕19号）《山西省政务数据资产管理办法》《潍坊市大数据创新应用突破行动方案》（潍政办字〔2021〕70号）等文件的制定对加强政府数据资产的管理、数据资产的流通和利用、政府数据资产化实现路径及模式进行了有益探索。

（二）深圳市政府数据资产管理的现状

2021年6月29日，深圳市人大常委会通过《深圳经济特区数据条例》，对公共数据共享、公共数据开放、公共数据利用、培育数据要素市场以及数据安全作出了规定，是国内在数据领域的首部综合性立法，具有重要的里程碑意义。

近年来，随着国家、省、市对"互联网+政务服务"的不断推进，深圳市成立了专门的政务数据服务管理机构，各部门在"互联网+政务服务"中加大了部门间数据共享、交换的力度。

但是由于组织机构、体制机制和资源配置等多方面原因，目前仍然存在条块分割分散，信息系统和数据分散在各部门、机构，在政府数据管理方面仍存在重信息系统建设轻数据管理的倾向,尚未将政府数据作为一项重要的资产来管理。数据资产定义、数据盘点、数据确权及交易仍处于空白,政府数据治理工作未全面开展,存在数据不准确、利用不充分等情况,这与深圳创建社会主义先行示范区的目标不相适应。

近年来,随着数字经济、数字政府和数字社会等的发展,对不同政府部门之间的数据管理和协作提出了更高要求,数据部门"独享数据"显得越来越不合时宜,数据难以互联互通和高效利用成为数据价值难以有效释放的瓶颈。在这一背景下,数据的资产化管理正是对以往碎片化、零散化的"数据管理"思路的纠偏,实质上是要释放数据的潜在价值。

三、深圳市不动产交易登记数据管理存在的问题

从不动产登记业务内容划分,不动产登记数据包含主体、客体、权利和业务4类信息。主体信息是指不动产权利归属的权利人信息(权利人由权属来源证明文件确定,这些权属来源证明文件可以是自建、买卖、互换、出资入股、分割合并共有房屋、继承、受遗赠、生效法律文书等),包含权利人名称、权利人证件号等数据。客体信息是指不动产的自然状况信息,包含土地、海域以及房屋、林木等定着物的面积、坐落、四至、用途等数据。权利信息是指所有权、用益物权和担保物权等物权信息,包含各类权利的权利类型、登记类型、登记时间、起止时间、权利转移的价格、权属状态、不动产权证书号或不动产登记证明号等数据。业务信息是指受理、审核、缮证、发证等业务流程信息,包含流程起始时间、办理人员等相关数据。从数据类型划分,不动产登记数据包含空间数据和非空间数据。空间数据是不动产的空间图形和位置的表达形式。非空

间数据是不动产登记包含信息的属性字段、档案资料等内容信息的表达形式。

从数据生产的角度划分，不动产登记数据包含不动产登记业务生产的数据和共享集成的相关部门数据，涉及的数据项主要有：地籍调查与测量、土地出让、建设用地（含临时用地）规划许可、建设工程规划许可、竣工测绘、建设工程竣工验收备案、商品房网签合同备案、金融许可、户籍登记、婚姻登记、死亡医学证明、出生医学证明、商事主体登记、统一社会信用代码、纳税完税（减免税）、司法限制或强制执行、社保缴纳、国资监管及处置等。

就不动产登记交易相关的职能而言，深圳市因机构改革，房地产交易管理职能包括房地产预售许可、商品房网签、合同备案、购房资格审查等由市住房建设局（含市住建局下属事业单位市住房公积金中心）、各区住建局承担；土地招拍挂交易职能由市交易集团承担；不动产（含土地、房屋、海域、林权等）登记职能由市规划自然局下属事业单位市不动产登记中心承担；与不动产交易登记相关的部分税费由市税务局、市财政局委托市不动产登记中心承担。

分散的职能管理，使得深圳市不动产交易登记数据分属不同的机构管理，为数据资产统一管理带来困难。

四、深圳市构建不动产交易登记数据资产管理体系构想

（一）建立不动产交易登记数据资产管理体系

不动产交易登记数据资产管理体系由数据基础管理、数据应用管理、数据资产管理三大部分内容构成，具体的管理体系见图3-3。

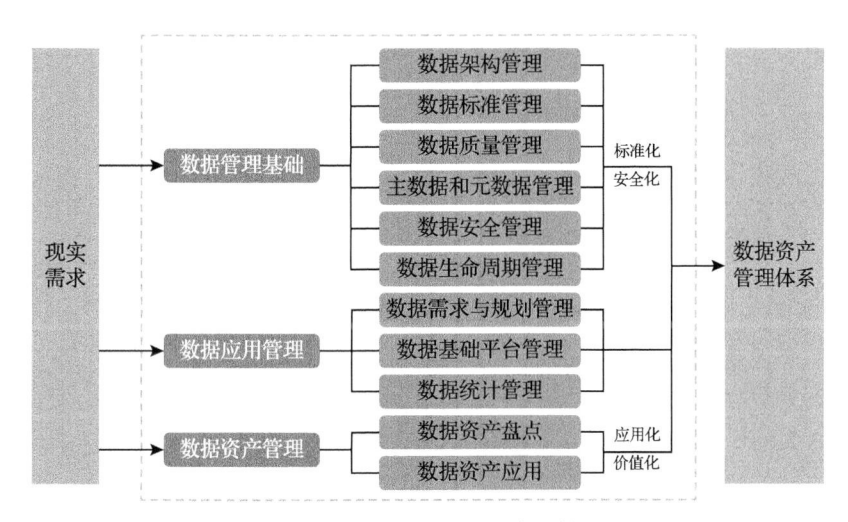

图 3-3 不动产交易登记数据资产管理体系

（二）构想中的建立跨部门不动产交易登记数据管理组织

不动产交易登记数据管理组织架构是通过建立与全市不动产交易登记数据管理和应用工作相适应的跨部门、跨职能的虚拟组织机构和岗位，并明确各层级权责，保持内部沟通顺畅，确保全市不动产交易登记数据管理战略的实施，其构成可分为三个层次，自上而下划分为决策层、管理协调层以及执行层，见图 3-4 所示。

不动产交易登记数据管理决策层是不动产交易登记数据管理的最高决策机构，由数据治理指导委员会、数据管理委员会组成。

数据治理指导委员会的主要职责包括审批不动产交易登记数据管理整体方针和策略，以及定期听取数据管理委员会对数据管理工作的汇报。

数据管理委员会的主要职责包括审议数据战略目标和策略、体系规划、政策制度以及数据管理领域的重大事项；统筹资源，协调解决数据管理领域重大事项；对不动产交易登记数据管理工作进行监督评价。

财产保护与不动产登记

```
数据治理指导委员会 ---- 高层管理人员
       │
数据管理委员会 ---- 市、区住建部门
       │          市规划自然资源部门
       │
数据管理协调层 ---- 市住建局相关处室及事业单位
       │          市规划自然局相关处室及事业单位
       │          区住建部门相关科室
       │
数据管理执行组
       ├── 数据架构管理岗
       ├── 数据库管理岗
       ├── 业务标准规范化岗
       ├── 信息系统需求分析岗
       ├── 数据质量管理岗
       └── 数据统计岗
```

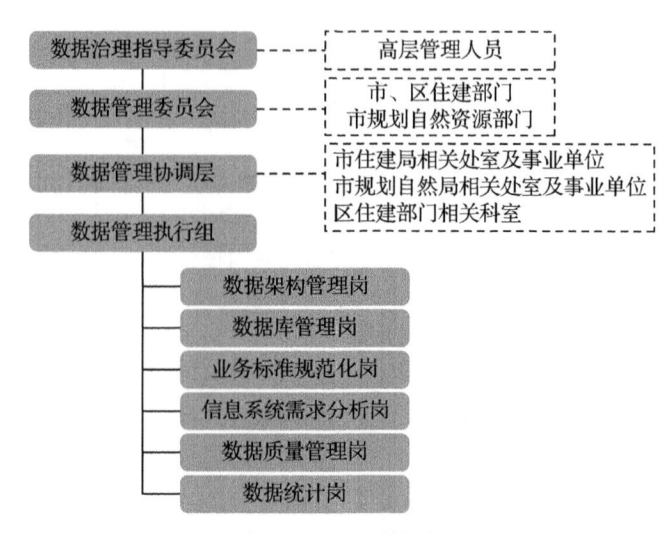

图 3-4　不动产交易登记数据管理组织架构

数据管理协调层是不动产交易登记数据管理各领域工作的直接领导与组织部门，设立数据管理领导小组，由市住房建设局及其相关处室、市规划自然局及相关处室、规划自然数据管理中心、市不动产登记中心负责人担任。

数据管理执行组负责全市数据管理工作的具体执行，设立数据管理执行组。

数据管理执行组由市住房建设局及其相关处室和下属事业单位、各区住房建设部门、市规划自然局及其相关处室和各区管理局、市规划自然数据管理中心、市不动产登记中心相关数据架构管理岗、数据库管理岗、业务标准规范化岗、信息系统需求分析岗、数据质量管理岗、数据统计岗（以下统称数据管理相关岗）的任职人员组成。具体岗位由各部门委派人员担任，且应至少确保一名在职在编员工担任或兼任。

数据管理执行组的主要职责包括数据架构管理岗、数据库管理岗、业务标准规范化岗、信息系统需求分析岗、数据质量管理岗、数据统计岗负

责各项具体工作的推进，包括制定和完善数据管理各个领域的专项工作规章制度和流程，推进数据管理工作，数据管理相关项目的立项和验收，以及数据管理系统的功能需求及系统管理。

数据管理相关岗代表本部门长期参与数据管理工作，负责整理和反馈数据标准、数据质量、数据统计等相关工作需求，在部门内部宣传和提高数据管理意识。

一线业务人员参与数据管理执行工作，履行数据管理相关职责，主要负责按照数据标准和数据质量管理要求进行数据的录入与维护工作，并按照各项数据标准与数据管控制度开展数据管理工作。

数据管理执行组中各岗位人员的变动及调整，需报送至数据管理领导小组批准。

（三）不动产交易登记数据管理

1. 数据标准管理

数据标准是一整套数据规范、管控流程和技术工具，用以确保全市不动产交易登记的各种重要信息，在全市内的使用和交换都是一致、准确的。数据标准管理内容包括：建立数据标准体系框架与规划，对包括数据的定义和分类、业务属性、技术属性和标准代码在内的数据标准进行制定、评审、发布与维护，执行并监督数据标准在各系统中的落地，审核系统设计是否符合数据标准管理规范，建设并维护数据标准平台等。

不动产登记数据标准包括不动产登记中涉及的不动产单元、不动产权利、不动产利权人、不动产登记业务、不动产登记类型以及属性值字典表等数据，其以不动产单元为单位进行组织。不动产登记数据标准由一系列描述表构成，如不动产登记要素代码与描述表、结构分为空间要素属

财产保护与不动产登记

性结构表和非空间要素属性结构表，不动产登记要素代码与描述表又从要素代码、要素名称、要素类型定义。数据库结构定义由各种属性结构描述表构成，这些数据表主要有宗地基本信息属性结构描述表（ZDJBXX）、宗地变化情况属性结构描述表（ZDBHQK）、宗海基本信息属性结构描述表（ZHJBXX）、用海状况属性结构描述表（YHZK）、宗海变化情况属性结构描述表（ZHBHQK）、幢属性结构描述表（ZRZ）、构筑物属性结构描述表（GZW）、逻辑幢属性结构描述表（LJZ）、层属性结构描述表（C）、户属性结构描述表（H）、土地所有权属性结构描述表（TDSYQ）、建设用地使用权宅基地使用权属性结构描述表（JSYDSYQ）、房地产权（项目内多幢房屋）属性结构描述表（FDCQ1）、房地产权（项目内多幢房屋）项目属性结构描述表（FDCQXM）、房地产权（独幢、层、套、间房屋）属性结构描述表（FDCQ2）、建筑物区分所有权业主共有部分属性结构描述表（FDCQ3）、海域（含无居民海岛）使用权属性结构描述表（HYSYQ）、构（建）筑物所有权属性结构描述表（GJZWSYQ）、土地承包经营权、农用地的其他使用权（非林地）属性结构描述表（NYDSYQ）、林权属性结构描述表（LQ）、地役权属性结构描述表（DYIQ）、抵押权属性结构描述表（DYAQ）、更正登记属性结构描述表（GZDJ）、预告登记属性结构描述表（YGDJ）、异议登记属性结构描述表（YYDJ）、查封登记属性结构描述表（CFDJ）、权利人属性结构描述表（QLR）、申请属性结构描述表（SQ）、受理属性结构描述表（SL）、收件属性结构描述表（SJ）、审核属性结构描述表（SH）、登簿属性结构描述表（DB）、发证属性结构描述表（FZ）、收费属性结构描述表（SF）、归档属性结构描述表（GD），每个属性描述表又从字段名称、字段代码、字段类型、字段长度、小位数位及值域构成，并规定了必填项字段，部分字段又有明确的属性值代码字典表，这样就从根本上确保了数据的统一性和唯一性。

深圳市参照自然资源部制定的《不动产登记数据库标准（TD/T 1066-2021）》设定深圳地方不动产交易登记数据库，升级改造本地不动产登记系统，对针本地数据库与国家数据库标准的差异，从表单、字段及关联逻辑出发，完善本地不动产登记数据库的结构和内容，使本地不动产登记数据库标准符合国家要求，并满足数据监管和汇交的需要。

2. **数据质量管理**

数据质量是指数据满足业务需求与业务规则的程度，主要从完备性、一致性、有效性、唯一性、时效性、精确性和真实性等维度对数据进行描述和度量。

数据质量管理内容包括：定义业务规则、识别数据质量问题，并进行有效的解决；同时持续监控和报告数据质量问题，确保数据质量的持续提升，以满足业务需要；通过数据质量管理活动的反馈，修正数据标准等其他数据管理活动的内容等；组织制订数据质量考核方案，并组织开展数据质量考核工作。

不动产交易登记数据质量管理主要是按照国家要求，持续开展存量不动产交易登记数据整合和日常的数据审计工作，形成数据质量主动管理机制，持续优化数据质量，支持全市不动产交易登记业务运行、管理分析和领导决策，提升数据资产的业务价值。

1989年，深圳率先在全国实行了"房地合一"的登记制度，但在2004年以前，深圳市房地产登记一直处于按片区分散登记状态，登记人员管理、数据标准格式不统一。2004年8月23日，深圳市房地产权登记中心成立，统一负责原特区内房地产权登记。2009年，深圳取消特区内外区分，深圳全市房地产登记实行一体化管理，将宝安、龙岗以及光明新区的

财产保护与不动产登记

房地产权登记业务统一纳入市房地产权登记中心管理。2015 年，深圳市房地产登记中心更名为深圳市不动产登记中心，全面实施不动产统一登记。自 2016 年全面开展数据整合、汇交工作以来，深圳市数据整合工作主要围绕现势权利数据来进行开展，除部分《房屋所有权证》《代用证》外，大部分房屋和宗地已经实现挂接关联，但历史登记数据整合未开展。

作为承担全市不动产登记数据质量管理主体责任的机构，深圳市不动产登记中心在内设机构设立数据管理部，专责数据管理，质量督查部、权籍管理部、信息技术部在各自的职责范围分工负责，从组织层面确保了登记数据质量。质量督查部专职负责登记业务合规性督查，确保登记数据的真实性、准确性；权籍管理部负责登记系统数据整合、数据汇交和数据问题整改；信息技术部负责登记数据管理的信息技术支持和保障。深圳市不动产登记系统在登记监管、日常数据汇交两个环节与广东省登记平台对接，通过在登簿环节发送监管和登簿后实时汇交数据报文相结合的方式确保登记数据符合上级的监管规则。登记系统在登簿环节按照上级接入规范生成数据报文，将其发送给省下发的登记监管模块，登记监管模块收到数据报文后进行校验。校验通过的反馈"通过监管标识码"，允许登簿。校验未通过的反馈校验错误信息，系统提示错误信息，中止登簿。登记系统实时将附有"通过监管标识码"的报文数据上传到省登记平台，省登记平台对数据报文进行质量检查，将检查结果反馈至市不动产登记系统。在这个过程中，无"通过监管标识码"的报文数据无法上传，检查不通过的报文数据省列为失败报文，未通过监管校验。失败报文主要包括宗地代码、不动产单元号、不动产权证号、上一手业务号、自然幢坐标数据、建筑面积等必填字段缺失以及图形无法构面、无法找到上一手业务信息等逻辑性检查不通过等问题。目前，深圳市已初步建立失败报文处理机制。一是安排专人专岗实时监控，及时发现失败报文，加强数据上报监管，在发现省厅反馈失败报文问题后及时处理，重新上报；二是完善失败报文重新上报的系统功能，优化数据上报流程，实现整改成果及时上报的全流程跟踪管理。

（四）数据应用管理

1. 不动产交易登记数据基础平台管理

数据基础平台是面向业务分析和管理决策提供的工具支持，可支持复杂的信息检索及快速在线访问，可处理大量数据。数据基础平台是各项数据应用的技术工具支撑。

目前，深圳市与不动产交易登记数据管理相关的管理基础平主要工作有：（1）深圳市地籍信息系统、不动产籍系统、地政管理系统、多规合一平台、建设项目审批系统、房地产信息系统、不动产登记系统、林地动态监测系统、测绘成果管理系统的建设和维护。（2）按照应用与技术规划要求，从数据架构和数据标准落地的角度，规划和建设数据基础平台，使不同数据管理平台间标准统一，保障各数据基础平台建设满足数据应用的需要。

2. 不动产交易登记数据统计需求与规划管理

数据需求与规划管理是统筹数据应用建设，搭建全市不动产交易登记统一的数据需求入口，使用统一的指标统计口径，并实现全市不动产交易登记数据管理各类报表全生命周期管理的管控活动，为数据应用和数据基础平台运作创造良好环境。

该领域涵盖需求管理、应用与技术规划、统计分析报表管理以及统计指标体系管理4个方面。

财产保护与不动产登记

数据需求包括数据查询、报表制定、数据分析等数据服务需求，根据行政管理和业务管理需要，提出数据需求，对数据统计条件及具体输出的内容（具体字段）提出需求，常用数据需做到统计分析模块中，数据仓库、数据应用系统等数据密切相关系统建设需求，以及源系统建设需求中数据相关部分等内容。

应用与技术规划是指梳理机构内应用系统关系，从整体把握全市不动产交易登记业务重点和未来企业市民需求，统筹规划全市不动产交易登记应用系统建设。

统计分析报表管理是对全市不动产交易登记报表进行统一管理，涵盖报表需求分析、报表种类及版本管理、指标逻辑、指标统计口径等。不动产登记统计分析报表体系根据内外部需求划分，满足政府、机构、社会公众及登记机构主管部门、内设机构对不动产登记数据的需求，主要包括：各类不动产登记总量统计、不动产登记变化趋势统计、不动产登记布局统计、自然人权利人统计、不动产登记数据经济统计、不动产登记数据交通统计、不动产登记业务办理统计、业务办理时效统计、业务办理时限统计（按期办结率、超期件统计、提前办结件统计）业务人员绩效统计、不动产交易登记税费统计、不动产抵押渠道办理量统计、不动产登记档案查询统计、异常数据统计、服务日志统计等。

统计指标体系管理是面向全市土地出让、规划土地监察、建筑物普查、商品房网签备案预售现售、现势已登记发证不动产单元、不动产登记业务受理和办理、不动产首次登记、不动产转移登记、不动产抵押登记、不动产税收及非税收入、"互联网＋不动产抵押"等领域的指标口径进行梳理、定义、统一、维护的管理活动。

五、探索不动产交易登记数据资产化的实现路径

（一）数据资产盘点和目录管理

在政府数据资产化过程中，与固定资产和流动资产的管理相同，数据资产需要定期盘点，这决定了数据能否资产化的前提，只有对数据资产进行定期的系统化分类与盘点，掌握数据资产存量及增量底数及其增减变化，数据资产管理机构才能对自身拥有的数据资产了然于心，才能更好地利用数据资产。

数据资产目录管理首先是要数据资产目录，根据数据资产盘点、变更、处置活动及时更新数据资产目录，对数据库的各类数据的种类、数量、字段、标准、数据字典及状态进行全量编制目录，其目的在于实现"资产可见"，当数据资产发生转移、增减或销毁时，需要进行数据资产目录更新，以保证数据资产与数据资产目录的一致性。

（二）数据资产管理的核心：计量、交易和审计

数据资产作为一种特殊的资产类型，与其他资产一样，可计量、可交易、可审计。机构通过成本、市场价值和财务会计的方式对政府数据价值进行测算分析，并可以通过在数据交易市场交易实现其经济价值。政府机构、市场主体和社会主体共同搭建数据资产交易平台或数据资产安全管控平台，正如基钦（Rob Kitchin）指出的，政府数据的主权正受到公司、机构和其他组织的挑战，这些公司、机构和组织正在产生关于其相互作用、交易的海量数据。

但与企业数据价值评估所不同的是，政府数据资产的公共性决定其价

值评估的首要原则是社会效益的最大化而不是政府机构直接经济收益的最大化，其着眼点主要为数据资产所带来的社会效益，通过数据资产的深入应用，使政府管理更加科学、高效，使市场主体利用数据拉动经济增长，实现经济和社会价值。

具体到不动产交易登记数据资产价值评估，最关键的是探索建立基于多维度、多目标的不动产交易登记数据资产评估和定价模式，建立数据资产评估数学模式，该模型基于数据内生价值（完整性和时效性）、数据应用价值和数据成本等，赋于各定价因素一定的权重构成数据对外定价体系，再根据数据资产定价评估乘以相应的数据质量效益系数，对定价进行动态调节，进而确保定价的合理性、科学性和公益性。

为了充分利用数据资产，以不动产交易登记数据资产利用，与不动产交易登记数据相关的机构除规划和自然资源、住房建设外，还包括法院、税务局、国家金融监督管理局、公安局、公证中心、国有资产监督管理委员会等机构间数据共享与集成，以形成准确、完整的不动产交易登记数据。

（三）不动产交易登记数据的深度应用

不动产登记机构可通过对不动产首次登记、转移登记、抵押登记等各项业务产生的各类数据的分类梳理和挖掘，围绕不动产的主体、客体、权利和业务四类核心数据，从机构和社会公众关心的不动产交易登记数据为抓手，以数据库为源头经过统计技术分析，形成有价值的数据资产库。

机构和社会公众普遍关心本地区本月、季、年不同权利类型登记总量，不动产登记机构需要将各类不动产登记多源数据，包含土地、房屋、林业、海洋等各类数据深度挖掘，形成如各类权利类型和登记类型的登簿量统计、发证量统计、户均登记住房面积统计、房屋登记均价统计、购房群体特征统计、首次购房平均年龄统计、不动产抵押统计、房地产抵押规模统计、自然人权利人户籍和拥有的住房套数统计、房地产交易登记频率统计、房地产交易金融统计，以不动产登记业务统计、现势有效登记发证统计、税费统计、不动产登记变化趋势统计、不动产登记的布局统计、不动产登记数据经济统计、不动产登记数据交通统计、不动产成交价统计及不动产权利人社会性别统计等一系列基于不动产登记数据资产。

六、结语

对于政府数据资产管理的内涵、概念以及数据资产化实现路径，学界及实务界尚处于探索阶段，从数据管理阶段上升到数据资产管理阶段的质的飞跃需要理论与实践相结合，总结出更优的政府数据资产的管理体系及实现路径，并在更多的地区推广应用，使数据资产发挥更大的作用。

如何防范"互联网+"背景下的登记风险?

自 2015 年 3 月《不动产登记暂行条例》正式实施以来,因国家对不动产登记改革发展的要求和信息技术的快速发展,不动产登记以前所未有的速度加速改革,短短数年先后经历了统一登记、共享登记、智能登记三个阶段,前三个阶段以统一机构、统一登记依据、统一信息平台为标志,开展部门整合、物理对接、一窗受理等登记能力提升行动,结合"互联网+不动产登记",实现网上申请、受理、登记信息查询,结合线下设备实现智能办理,辅助人工处理,改善了不动产登记业务办理模式,优化了营商环境,对不动产登记体制机制、业务模式创新起到了深远影响。

进入新时代,不动产登记正在加速融合,将从深层次改变整个不动产登记生态及运行,也对政府公共管理提出了更高的要求,未来的不动产登记将进入智慧登记阶段,立足自主可控和安全高效化,大力推动数据共享,挖掘数据价值,放眼持续发展,赋予智慧深度利用。在此背景下,登记模式的改变也使不动产登记工作出现新情况、新问题,面临着新的风险。如何在新形势下应对和解决登记风险,既能顺应不动产登记加快融合和创新的趋势同时又能有效防范登记风险,将是登记机构面临的新课题。本部分

第三部分 "互联网＋不动产登记"篇

试从新时代不动产登记的改革创新出发，探讨登记风险的防范策略。

一、不动产登记改革创新新要求、新发展、新趋势

近年来以提速为核心，从中央到地方以前所未有的程度高度重视不动产登记提速工作。2018 年 7 月，自然资源部发出《关于全面推进不动产登记便民利民工作的通知》（自然资发〔2018〕60 号），提出压缩不动产登记办理时限时间表，要求在 5 年内把除遗产继承以外的登记时间压缩 2/3 以上，缩短至 5 个工作日以内。同时提出推行"一窗受理，并行办理""网上办""一网通办"等要求。2019 年 2 月，《国务院办公厅关于压缩不动产登记办理时间的通知》（国办发〔2019〕8 号）从深化"放管服"改革，深入推进审批服务便民化，优化营商环境，对压缩不动产登记办理时间提出了具体要求。2019 年 3 月，《自然资源部 中国银保监会关于加强便民利企服务合作的通知》（自然资发〔2019〕42 号）对抵押登记银行、登记机构联动提出了新要求。2020 年 5 月 15 日，自然资源部、国家税务总局、中国银保监会三部门下发《关于协同推进"互联网＋不动产登记"方便企业和群众办事的意见》，对不动产登记、税务、银行等机构协同运作，"一窗受理"、开展网上受理审核、推广电子证照和电子材料、深化登记与纳税衔接、深化登记金融协同等工作提出了要求。

办理时间的压缩客观上要求传统登记模式做出变革，各地纷纷开展"数据共享、一窗受理、网上预审、智慧登记大厅"等适应新形势下对不动产登记的建设。传统登记模式按照不动产登记、交易、税收等分办、信息关联或联办，实时共享机制，实现交易、税务、登记信息实时推送和接收，系统通过预设规则进行数据自逻辑核验。在登记端通过人工受理—转

后台人工初审（公告、公示、实地查看）—复审—缴税缴费—核准登簿—缮证—发证，尽管在流程上可以将一些简单业务审核流程压缩为一审、二审，但仍须经过人工传递及人工处理。深圳市已实现对异议登记、在建建筑物注销抵押、现楼注销抵押、楼花注销抵押、遗失补发、不动产权证破损换发、自然人姓名和身份证号码变更等七项业务实行一审制，只要材料齐全承诺即来即办，并于当日领取办文结果，甚至"秒批"，但仍须申请人亲临办公场所办理。

未来的智慧登记将依托"互联网＋不动产登记"，借助身份证识别、人脸识别、视频对话、电子签名、智能自助设备等技术全流程、全业务利用信息系统操作，实现远程预约、异地办理、"不见面审批"，线上通过官网、微信公众号、小程序等多种方式全业务、全流程、全链条网上操作，实行智能查档、智能申请、智能填单、系统审核、智能缴费、自动登簿、自动生成不动产权证书或登记证明（电子证书）、智能打证、智能对比、智能评价。同时打造线下实体智慧登记大厅，提供一系列自助设备完成业务。将大量可以批量处理的"标准件"通过线上处理，登记机构制定一系列标准，使电子申请表填写、拍照或扫描材料等电子文档符合归档要求。涉及历史遗留不动产登记、非公证的继承不动产登记等线上无法操作的业务仍按传统登记模式由人工办理。

二、智慧登记背景下不动产登记面临的主要登记风险

（一）外来风险

1. 信息系统及网络安全漏洞带来的风险

智慧登记所依赖的信息技术、网络技术的可靠性带来的风险。如原来

内网需要与外网挂接，受病毒攻击的风险；系统和服务器瘫痪服务停止；数据丢失难以恢复；系统出错导致登记信息查询或关联出错。

2. 不动产登记数据库数据不准确带来的风险

数据质量是不动产登记的生命，如果因数据出错就会导致错误登记，可能会给当事人带来损失，造成行政诉讼和行政赔偿。对不动产登记数据，尤其是年代久远的存量不动产登记历史数据缺失或错误对后续登记的影响非常致命，如统一登记前有房无地，无符合标准的测绘资料，房屋无法落图、落宗；房地用途不一致；有些老旧楼盘的楼盘表、房号、面积出现错误，从首次登记（分证分户登记）就是错的，直接导致后续变更、转移登记跟着错，常常面临"登记了但是不知道对不对"。这些问题的存在如果不能保证登记数据的正确无误，在智慧登记下可能就产生登记风险。

3. 登记范围的核验所造成的风险

不动产登记主要是依申请行政行为，法规、规章、规范要求登记机构要履行合理审慎审查的法定职责，登记机构对申请登记事项要准确查验登记范围，以免登记错误。但在智慧登记时代，智能化处理申请信息，登记机构可能会面临所受理的登记事项非法定事项的风险。

4. 申请主体查验出错造成的风险

不动产登记申请人包括自然人、法人、非法人组织等多种类型，法人又包括境内法人、境外法人、港澳台法人及其分支机构；自然人又分为境内自然人、香港、澳门自然人、台湾地区自然人，华侨、外籍自然人、境内自然人取得港澳台自然人身份，境内自然人取得国外自然人身份，境外自然人取得境内自然人身份。除申请人之外往往还有代理人。这些繁杂的民事主体身份的准确查验是智慧登记所面临的风险。

5. 委托第三方登记带来的风险

不动产登记申请人多数都是委托代理人办理，未公证或认证的委托书以及自然人委托代理人未经公证的，均存在登记风险，智慧登记时代如何在不见面审批下实现登记风险的防范将是一个难题。

6. 监护人代为申请存在的风险

监护人代为申请是不动产登记中的特殊业务，在智慧登记时代，国家又取消诸多证明事项，如何查验监护人身份将是一个难题。实务中监护关系证明材料繁杂，可以是户口簿、监护关系公证书、出生医学证明，或者民政部门、居民委员会、村民委员会或人民法院指定监护人的证明材料，或者遗嘱指定监护、协议确定监护、意定监护的材料。登记机构需要查明监护人身份，单靠询问表填写可能不足以防范风险。

7. 继承登记中存在的各种风险

非公证继承为登记机构提出了挑战。申请人提供的各种身份证明很难查验其真实性、有效性，继承人与被继承人的关系认定、身份认定成为难点，国家精简各种证明材料，在缺少证明材料情况下，尤其在智慧登记背景下登记机构查验身份并开展继承登记成为一种风险。

（二）自身风险

1. 不履行合理审慎审查义务存在的风险

在传统登记模式下，一个业务从受理、初审（公示、公告）、复审、核准登簿往往需要经过几重关口，但仍然会因审查不慎出现登记错误，在智慧登记模式下，大量业务将依靠信息系统和人工智能处理，一旦标准和逻辑审核设置失当将造成登记错误。

因登记机构和登记人员未能履行合理审慎审查职责造成的登记错误风

险集中在以下方面：在不清楚限制类状态下进行了登记，有房无地情况下进行了登记，不清楚登记簿或在登记簿内容有误情况下进行了后续登记；对历史遗留问题研判不详甚至无判的情况下进行了登记；没有法律法规政策支持情况下凭自己的主观臆断开展的登记。

2. 登记信息泄露及廉洁风险

主要表现在登记机构工作人员违规查询并泄露登记信息，给他人造成损害，属《〈不动产登记暂行条例〉实施细则》第 26 条、第 30 条以及《不动产登记资料查询暂行办法》第 29 条规定的违规行为。此外，登记机构工作人员不履行或不正确履行审查职责，渎职、营私舞弊，对不符合登记条件的登记申请予以登记。

三、智慧登记背景下不动产登记风险防范策略

1. 构建安全可靠的信息安全管控体系

智慧登记所依赖的互联网、大数据、云计算面临巨大的信息安全问题，必须系统化构建信息安全防御体系。防止外来病毒攻击，定期备份数据、设定标准化字段，对需要登簿的信息通过系统自动抓取，减少人工录入信息带来的错误。同时要确保不动产登记信息系统正常运行，避免系统出错引发错误登记。

2. 提高登记数据质量，尤其要做好存量数据整合

智慧登记的前提条件是有准确的登记数据，智慧登记无法解决登记数据库质量问题，一旦数据库不准确，将直接导致登记错误。为解决登记数据质量问题，登记机构要研究分析存量数据现状，以"条块结合"分类解决存量数据质量提升问题。一是开展未关联登记单元的抵押和查封登

记记录清理工作；二是以宗地为单位，逐宗清理，全面开展数据清理工作，必要时开展不动产权籍补充调查，确有错误的要完善变更或更正登记手续，最终形成逻辑关联正确的地楼房数据。用地、规划、建设等手续不齐全的按历史遗留不动产登记有关规定补办手续后再补办首次登记和转移登记，楼盘表有误的需要修正楼盘表，涉及已登记单元登记簿信息更正的，按更正程序办理，已转移登记至第三人的要依法保护善意第三人的利益。

3. 通过系统设定、逻辑审核准确查验登记范围

登记机构在受理不动产登记申请时需要查验申请登记的不动产是否属于本不动产登记机构的管辖范围；不动产权利是否属于《不动产登记暂行条例》《〈不动产登记暂行条例〉实施细则》规定的不动产权利；申请登记的类型是否属于《不动产登记暂行条例》《〈不动产登记暂行条例〉实施细则》规定的登记类型（不属于本登记机构受理范围的不予受理并反馈相应提示信息，申请人有需要的可自动生成《不动产登记机构不予受理告知书》）。这些在传统登记模式下由人工操作的程序在智慧登记模式下需要在信息系统设置并自动操作，由信息系统完成查验登记范围工作。

4. 通过系统识别辅助人工准确查验申请主体

智慧登记系统需要在技术上解决多种申请主体的自动识别和查验工作，根据业务类型设定单方申请、共同申请、一并申请、双方申请等申请类型，根据申请人选择的业务类型自动审核需要申请的主体类别及需要提供的身份证明文件类型，系统无法自动识别的身份证明包括个人身份、法人身份和非法人组织身份，由系统提示申请人联系登记机构线下人工审核，同一申请人的批量申请可先行核验身份，办理时系统自动跳过核验环节，进入下一个环节。

5. 委托代理人未经公证的，系统需要提示申请人联系线下核验

按照现行的《不动产登记规程》(TD/T 1095-2024)，未经公证的代理人行使代理权时其授权委托书需要在登记机构办公场所进行，登记机构工作人员需要核验授权委托书的内容是否明确，登记事项是否在其委托范围内；核验当事人双方的身份证明；由委托人在授权委托书上签字，由不动产登记机构工作人员在授权委托书上签字见证；不动产登记机构应当留存见证过程的照片。

6. 监护人代为申请的需要辨明监护人身份，询问清楚登记原因

监护人代为申请是有一种特殊类型的委托，基于法定或指定监护关系由监护人代理申请不动产登记。智慧登记在登记系统设置时应对申请人、代理人类型进行细分设定，遇到代理人为监护人选项时应由系统提示申请人到登记机构核验身份。处分被监护人不动产申请登记的，还应当出具为被监护人利益而处分不动产的书面保证（承诺书）；监护关系证明材料可以是户口簿、监护关系公证书、出生医学证明，或所在单位、居民委员会、村民委员会或人民法院指定监护人的证明材料。父母之外的监护人处分未成年人不动产的，有关监护关系材料可以是人民法院指定监护的法律文书、监护人对被监护人享有监护权的公证材料或者其他材料。

7. 严格依照有关法律程序进行审核查验和未经公证的继承登记

继承登记是不动产登记的复杂类型，涉及的申请人众多、法律关系复杂，对继承登记尤其是未经公证的继承登记的风险防范策略主要是登记机构要严格依法依规进行。登记机构应注意以下几点：（1）登记机构对申请材料查验必须完整，避免出现材料不齐即受理；（2）登记机构应重点查验当事人的身份是否属实、当事人与被继承人或遗赠人的亲属关系是否属

实；(3)被继承人或遗赠人生前有无遗嘱或者遗赠扶养协议；(4)被继承人或遗赠人和已经死亡的继承人或受遗赠人的死亡事实是否属实；(5)申请继承的遗产是否属于被继承人或遗赠人个人所有等；(6)被继承人如有遗嘱对立遗嘱人死亡事实应查清楚；(7)被继承人或遗赠人有无其他继承人；(8)应由全部法定继承人或受遗赠人共同到不动产所在地的不动产登记机构进行继承材料查验，登记机构对全部继承人应当逐个询问，被询问人现场签署询问笔录或具结书并做好拍照录音录像记录留存；(9)有遗嘱或遗赠抚养协议等要仔细查看，不动产登记机构可以就继承人或受遗赠人是否齐全、是否愿意接受或放弃继承、就不动产继承协议或遗嘱内容及真实性是否有异议、所提交的资料是否真实等内容进行询问，并做好记录，由全部相关人员签字确认，登记机构应留存照片存档（必要时留存录像），在继承登记登簿前最好按指定的渠道进行公告或公示。

8. 常用、善用询问笔录，保留各种证据

对申请人身份识别及利害关系认定很多已超出了不动产登记机构的专业能力，利用信息共享仍无法完全解决，登记机构在智慧登记背景下，常用、善用询问笔录保留各种证据不失为一种风险防范措施。登记机构可对以下事项进行询问：申请登记事项是否是申请人真实意思表达；申请登记的不动产是否存在共有人；存在异议登记的，申请人是否知悉存在异议登记的情况；不动产登记机构需要了解和提醒的其他有关情况；包括各种风险提示，必要时拍照见证过程留存。

9. 制定历史遗留不动产登记相关法规、政策

智慧登记所面临的最大问题将是历史遗留不动产登记，因混着土地、房屋状况或手续不齐全，按现行规定"应该登记的登记不了"，这些问题不是智慧登记所能解决的，需要制定相关法规政策及加大数据清理、数

据整合力度加以解决。从策略上，要对不动产登记历史遗留问题范围进行界定，包括时间段上界定、是否为政府及其部门原因，当事人有无过错或有无明显过错、历史遗留问题与违法行为等行为的关系等。近几年，各地陆续出台了关于解决历史遗留不动产登记的法规、政策，有的是以地方人大立法方式解决，如天津市出台条例规定在特定情况下未办理首次登记可直接办理转移登记；有些是地方政府发文，明确责任分工和具体政策，如河北、黑龙江、湖南、广东等地通过省政府发文明确有关政策；有的地方是通过自然资源主管部门下发文件，明确有关政策；还有的通过政府会议纪要一事一议加以解决，这只是权宜之计，一般不作直接依据。

10. 强化培训提升素质，建章立制完善政策

智慧登记只是技术手段，并不能取代工人审核，登记机构应顺应互联网时代发展，在智慧登记和传统登记之间寻找到一个结合点，既利用智慧登记速度优势，同时又使传统登记模式下积累的经验和业务人员的专业优势得以发挥。加强培训工作人员专业素质，以适应智慧登记的要求，另外结合"互联网＋不动产登记"对业务模式的改变修订完善各种规章制度，如单位内部不动产登记操作标准、规程，从制度上防范登记风险。

四、结语

智慧登记是不动产登记的发展趋势，它革命性、创造性地解决了登记效率和登记速度的问题，迎合了新时代经济社会快速发展对不动产登记的新要求，未来大量不动产登记业务将依托智慧登记体系开展，但智慧登记不能完全解决登记数据质量问题，也可能引发信息系统带来的相应风

财产保护与不动产登记

险，登记机构应针对智慧登记时代不动产登记风险提前研判，制定相应的应对措施和解决办法，从制度、流程及规范上加以预防。同时不动产登记立法层面也要从对不动产登记新形势、新发展、新做法等方面予以回应。

不动产登记数字化转型的主要内容与实现路径

随着国家、自然资源部对不动产登记压缩办理时间、创建营商环境等要求，不动产登记信息化取得了长足发展。目前，全国基本已不存在手工办理不动产登记业务的地方，以省或地市为单位建立了统一的不动产登记信息管理基础平台。但是不动产登记信息化的目标只是将各项业务依靠信息系统完成，其核心还是在业务处理方式上将信息技术作为手段，数据是其结果。数字化则是以数据驱动，在模式和路径上与信息化存在较大不同。在数字化浪潮中，不动产登记与其他领域一样同样面临数字化转型。

一、不动产登记数字化转型的必要性

国家十四五规划提出"加快数字化发展，建设数字中国"，国家创建营商环境的要求，数字化转型是包括不动产登记在内的政务服务发展的必然选择，推进数字化转型建设已成为高质量发展必经之路。

然而，与金融、交通、零售、旅游等数字化转型速度较快的行业/部门相比，包括不动产登记在内的政务服务数字化程度不高。在较长时期内，不动产登记信息化建设架构和理念以及机构自身历年来依据自身需求，在不同年代、不同时期、不同技术、不同需求的环境下搭建的各个系统，无法实现业务和数据的融合贯通。无论是系统架构、系统功能、信息技术以及登记机构规范化、精细化管理需求，已不能适应办事企业和群众对登记办理时效和质量的要求，公众体验感差，阻碍了不动产登记数字化转型进程。亟需通过先进的数字化建设理念和技术，搭建数据中台，业务中台，重构、融合、升级现有的信息化体系，将不动产登记由信息化转型为数字化。

二、不动产登记数字化转型的主要内容

（一）数字化转型顶层设计

不动产登记机构需要从数字化转型的顶层设计出发，规划数字化转型的战略性目标，打通申请、受理、审核、税费、登簿、发证、档案、查询、数据共享等过程中的信息及需求，打破内外部部门之间的信息壁垒，建立标准化的信息流程及管理手段。培养具有顶层设计思维能力的数字化建设人才库。对数字化涉及到的方方面面进行整体规划，避免出现"盲目上马"、重复建设、"先天不足"等情况的出现。将不动产登记业务全链条数字化，有条件的地方以省统建的方式，采用一套不动产登记操作标准、一套数据库、一套"不动产登记+N"体系、一套不动产登记平台（权籍成果审核管理系统、不动产登记系统、档案管理系统、信息共享系统、信

息公开及查询系统、网上服务系统)开展不动产登记业务。不动产登记平台及其与外部交互的关系见图3-5。

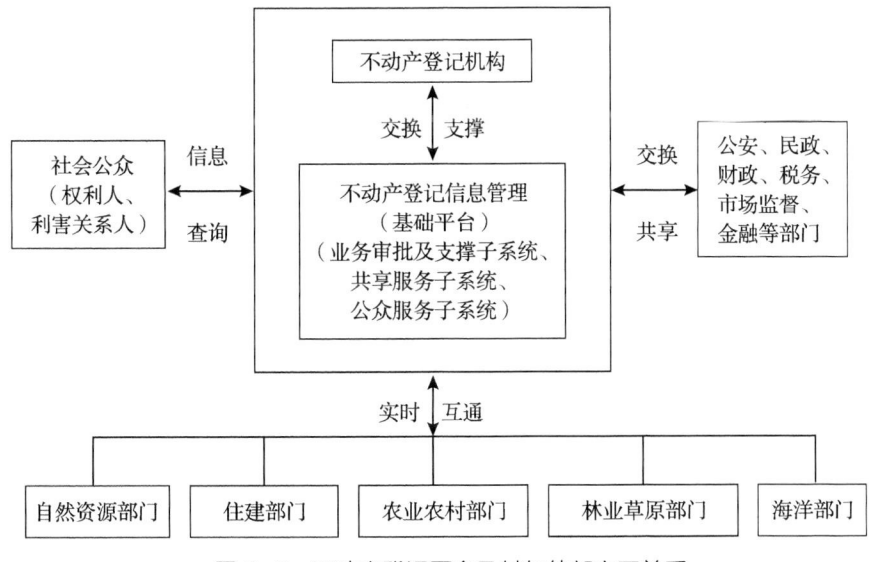

图 3-5 不动产登记平台及其与外部交互关系

(二)做好数字化转型的基础设施建设

对数字化转型所要求的基础设施、网络建设,可通过虚拟化技术,使IT基础设施的统一承载与资源动态调配。网络环境包含电子政务外网、规划和自然资源主管部门办公网、VPN专网、互联网、金融机构不动产业务专网等网络设施。

(三)开发各种应用平台

不动产登记应用平台方面。不动产登记应用平台主要包括不动产权籍成果审核管理系统、不动产登记业务系统、档案管理系统、网上服务系统。

不动产登记业务系统。不动产登记业务系统主要包括单元表管理、受理、审核、登簿、缮发证、信息查询、统计分析、信息共享、监管汇交、业务协同（不动产登记与交易、税务、财政、司法、公安、金融、民生、公证）等功能。

不动产登记档案管理系统。不动产登记档案管理系统主要包括档案接收、出入库管理、著录、编目、检索、出入库管理、统计、数字化加工等功能。

（四）建设不动产登记网上服务应用

不动产登记机构依托一体化政务服务平台提供的统一身份认证、人脸识别、人像比对、电子签名、电子签章、信息共享、智能核验、在线支付、电子证照签发等支撑能力和公共服务，实现不动产登记业务情形的申请、受理、审核、缴款、发证等全流程全环节网上办理，为办事企业和群众提供更多的"网上办、异地办、零次跑"场景化应用。

1. 网上预约

不动产登记机构建多渠道、多方式的网上预约体系，办事企业和群众可通过政务服务网、政务服务APP、微信公众号、办事小程序等多渠道随地随地预约办理不动产登记业务。

2. 网上申请

政府政务服务网、政务服务APP、微信公众号、办事小程序等多个政务平台公共入口提供各种情形的不动产登记、不动产登记＋金融、不动产登记＋税务、不动产登记＋法院、不动产登记＋民生、不动产登记＋公安、不动产登记＋公证、不动产登记交易和缴纳税费等网上申请渠道。

3. 线上线下同步业务受理

不动产登记业务受理根据申请渠道的不同，分为线上线下两种方式，线下受理宜采用"前台综合受理、后台分类审批、统一窗口出件"的模式方便业务的快速受理。服务大厅窗口宜采用综合窗口无差别受理，企业和群众可在登记机构任一不动产登记服务大厅办理不动产登记业务。线上申请业务可采用数据校验方式实现自动受理。现场申请业务应用人像比对、电子证照用证、数据核验填充、高拍仪拍照采集等技术支撑业务受理。

登记服务大厅需配置自助查档机、触摸屏一体机、自助缮证领证机、评价器、高拍仪、银联POS机、扫描枪等智能化设备，为受理环节数字化提供硬件条件。

现场申请业务受理后需同步进行前置扫描，与线上申请业务采用一体化模式实现"随机、均衡分文"，"无纸化审核"，"全城通办"。尽量通过数据调取和自动生成录入数据，减少人工采集数据带来的差错。

申请人通过"不动产登记＋金融"系统"点对点"和"总对总"的模式线上申请抵押权的首次、转移、变更、更正、注销等业务事项，由登记系统自动校验后受理。

4. 人工和智能审核

登记机构在"全城通办"实现动态均衡分文基础上，宜对高频业务，如转移登记、变更登记、抵押登记、查解封登记等由后台集中办。数字化程度较高、条件具备的地方还可以在风险可控前提下将高频业务采用智能审核，彻底改变人工操作的模式。

不动产登记机构与税务部门协同建立能够覆盖房地产交易环节所有税种的业务协同和信息共享的"不动产登记＋纳税服务"模式。由登记系统采集申请人提供的纳税申报数据，由税务系统自动核税。同时采用任务分发、并列办理、信息集成共享等模式，实现不动产登记与交易、税务、财政、金融、司法、公安、民生等部门的业务协同。

5. 网上缴税费

不动产登记机构对涉及不动产登记交易税费的业务，宜采用"税费同缴"的模式。引入清算机构，按"线上线下一体化、跨部门深度协同"模式，实现"税费一次缴清、后台自动清分、税费实时入库、实时获取电子票据"。

6. 登簿、发文、归档

登簿。在登簿前调用统一监管服务，登簿后实时汇交数据，并同步签发证书证明电子证照。

发证。发证（含登记结果）宜全城通发，可支持办事企业和群众领取纸质证书、邮寄纸质证书、领取电子证书等方式领取办理结果。办事企业和群众可通过政务服务网、APP领取电子证书证明。服务厅提供24小时自助打印不动产证书、证明服务。

归档。可支持纸质材料人工归档和电子材料的自动归档。

7. 线上不动产登记信息查询

不动产登记信息及地籍图可视化查询。企业和市民通过公众号可按电子地图可视化检索或不动产关键字定位查询等方式，可查询选定宗地、宗地内的建筑物和房屋的自然状况信息及关联的限制权利状况（含抵押、查封、异议、居住权等）、地籍图信息等。

不动产登记资料线上查询。不动产权利人、利害关系人可通过政务小程序、官方公众号等多个渠道提供个人名下不动产登记情况、监护人代未成年子女开具无房证明、不动产利害关系人查询申请、不动产自然状况查询、企业综合信息查询、破产管理人查询、法人不动产登记资料查询。

除此之外，线上还可提供不动产登记资料查询、办理进度查询、计税参考价价查询、登记服务厅实景导览、业务智能导办等多样化的自助、就近查询服务。

8. 不动产登记跨域通办

在不动产登记政务服务网网上申请服务的基础上，结合"跨域通办"应用场景，实现不动产登记跨域通办，打破地域限制，为申请人提供帮办服务，进一步提升政务服务便利化水平。

（五）不动产登记、交易和缴纳税费"一件事一次办"

建设不动产交易登记和缴纳税费"一网通办"平台，以APP、政务服务网为线上申办入口，充分应用一体化政务服务平台的统一身份认证、电子签名、数据共享、电子证照等公共支持能力，完善交易、登记、税务、政务数据服务部门的信息系统对接，采用互通共享实现数据线上流转、业务在线审核。实现买卖合同备案、不动产登记、缴纳税费多个业务事项的"一网申请、并联办理、全程网办、零次跑动"。

（六）不动产登记业务"全流程网办"

不动产登记数字化转型从落实国家深化"放管服"改革、优化营商环境要求出发，要不断优化不动产登记办事程序，构建便捷高效、便民利民的不动产登记工作体系，有效满足企业、群众网上办事需求，构建不动产登记"全流程网办"服务，将不动产登记从线下延伸到线上办理，实现不动产登记业务24小时不打烊，随时随地可申请。

依托政务服务网公众用户电子签名平台、统一印章平台、统一申办平台、电子证照库等一体化政务服务平台提供的基础支撑能力和公共服务，通过业务系统与一体化政务服务平台的全面对接、深度融合，为企业、群众提供全流程全环节网上服务。打破时间、空间限制，满足企业、群众的随时、随地、多人共同申请的需求，实现了不动产登记业务24小时不打烊；使用电子签名签章服务保障了签署材料的有效性，确保签名（章）人的真实意愿表达，有效防范线上业务的登记风险；深化应用共享数据确保了申办数据的及时、准确，使政务数据高效流转应用，做到"数据多跑路、群众少跑腿"。

（七）不动产登记信息及地籍图可视化查询

不动产登记信息及地籍图可视化查询以可视化地籍图数据系统为基础，将不动产登记房屋的测绘坐标数据在地籍图上进行精准定位，实现地籍图信息与不动产登记宗地、楼宇、房屋信息的"点面结合"，并以地图的形式对外展示，构建出立体可视化的房屋信息系统。实现以户为最小单元的登记数据在可视化的宗地图上精准"落地"，解决传统查询方式房屋信息与实际地点无法对应关联的"盲区"。提高不动产登记信息网上查询便利度，给查询人提供更准确实用的信息查询服务。

该数字化应用使数据与地图完美结合，将产权数据落地到地图上，从"定点查"到"上网查"，从"查数据"到"查地图"，对外查询结果的展示方式更直观、更实时、更精准、更全面，提升用户的体验感。"以图查房"系统将优化查询方式，拓展查询渠道，提升登记业务办理效率，为不动产的交易、处置和转移等环节提供信息安全保障，有效规避交易风险。

（八）不动产登记"全城通办"、自动随机分文、无纸化审查

登记机构可以地市为单位，在全行政区范围内统一登记机构、工作流

程、标准和要求，制定业务通办模式，明确岗位职责，建立有效沟通协调机制。突破区域限制，企业和群众可以在全行政域内任一不动产登记服务大厅办理不动产登记业务。推行前置扫描，实现受理后半小时内完成收件材料的整理、扫描工作；以工作人员平均人数为基准，实现自动分文、随机分文；实行无纸化审查，以 TIF、PDF 等电子文件载体替代传统纸质文件，减少纸质文件流转、提高工作效率；结合网上预约、网上缴税费、统一邮寄、电子证照签发等服务和公共支撑能力，满足不同群体的差异化需求，助力通办事项"一次办好"。

（九）建设"不动产登记+N"体系

通过信息数据互联共享、部门互认方式，打造"不动产登记+N"体系，将不动产登记与住建、税务、财政、金融、公证、法院、公安、水电气企业等部门业务实现联办、联动，极大便利办事企业和群众。

1. 不动产登记+金融

不动产登记机构与银行等金融机构合作共建"不动产登记+金融服务"平台，银行、抵押企业和市民"零跑动"，通过网上办事平台办理抵押登记，实现线上提交申请、线上缴费、线上领取电子登记证明。

2. 不动产登记+法院"

根据部院联合发文精神，通过"总对总"和"点对点"实现不动产登记机构与法院协同开展不动产查询、查封、解封、强制过户全流程信息化、网络化办理，其中解封登记实现"智能秒批"。不动产登记系统接入法院系统，为法院提供的"点对点"、"总对总"法院服务。

3. 不动产登记+公安

不动产登记系统接入公安总对总服务，依托"公安服务平台"对公安

财产保护与不动产登记

部门提供网上查解封申请服务。

4. 不动产登记+民生

采用"一窗受理、信息共享、并行办理"模式，实现"不动产登记+水电气视网"联动办理服务。业务受理后，不动产登记部门向水电气视网部门共享不动产登记信息，水电气视网部门开展并行审查。

5. 不动产登记+交易+纳税

集成不动产登记、交易、缴纳税费、水电气开过户"一件事一次办"。与住建部门、税务部门共建不动产登记和缴纳税费"一网通办"平台，以政务APP、政务服务网为线上申办入口，完善交易、登记、税务、财政的信息系统对接，采用互通共享实现数据线上流转、业务在线审核，实现买卖合同备案、不动产登记、缴纳税费、水电气视网开过户多个业务事项的"一网申请、并联办理、全程网办、零次跑动"。

6. 不动产登记+公证

当事人在公证处"便民窗口"办理有关继承、赠与、互换、买卖、共有产权分割、居住权协议等公证时，可以在领取公证书的同时，直接在公证处通过政务服务网不动产登记专题入口，在线申请转移等相关不动产登记手续，无需再到不动产登记机构窗口现场申请或提交纸质材料。

7. 不动产登记"税费同缴"

《国务院关于开展营商环境创新试点工作的意见》（国发〔2021〕24号）提出了一系列优化营商环境新举措，不动产登记机构通过数字技术赋能不动产登记业务办理，以不动产登记系统为核心支撑，以多部门业务数据共享为基础，建立快捷高效的集成化办公系统，实现不动产登记系统、税务房产交易税费管理系统、财政非税收入电子化管理系统、银联支付平台的数据对接，利用登记信息、完税信息、非税收入信息的实时共享，实现

"前台一次缴纳税费、后台自动清分入账"。企业、群众可选择线上线下多种支付方式完成不动产交易税费的缴纳，实现一次缴清税费，线上申报、线上支付、线上领取票据和登记结果。

三、不动产登记领域信息共享

信息共享的结构化数据依托政府构建的一网共享平台，将公安部的人口信息、市场监管总局的企业基本信息以及民政部的婚姻登记、收养登记、殡葬火化、基金会法人登记、社会团体法人登记、民办非企业单位登记、社会组织信息、国家卫生健康委的出生医学证明、中央编办的事业单位及党群机关信息等20项国务院部门数据共享；依托地方"互联网＋不动产登记平台"共享小微企业名录、联合奖惩名单等地方数据；使用地方渠道共享公安部门的户籍、人口信息，住建部门的买卖合同、商品房预售合同备案、住房维修金缴纳信息，税务部门的税费计征、完税凭证、税务失信名单信息，自然资源部门的规划、土地出让、土地审批、房产测绘成果备案信息，司法部门的法律文书、公证书信息，财政部门的非税收入缴交信息，银行等金融机构的被担保债权数额信息，生态环境部门的土地污染企业名单信息等地方结构化数据共享。

信息共享使用的电子证照依托地方电子证照库，调取和共享市场监督系统的营业执照，公安部系统的身份证、户口簿，民政部门系统的婚姻信息查询表，卫生健康部门系统的出生医学证明、死亡医学证明、社会团体法人登记证书、收养登记证，机构编制部门系统的事业单位法人证书电子证照的共享；使用地方渠道共享自然资源部门的工程规划验收合格证明、付清地价款证明，住建部门的电子买卖合同、竣工验收备案收文回执电子证照的共享。

二、不动产登记数字化转型的路径

（一）业务标准化、数据标准化

在不动产登记数字化转型中，通过整合业务流程、推动信息共享、实施业务协同、拓展网上业务、优化窗口服务等工作，实现不动产登记标准化、数字化。

1. 信息平台标准化

采用一套不动产登记标准、同一套数据库、一套"不动产登记+N"体系、一套业务系统（网上服务、不动产登记系统、档案管理系统）。平台的基本架构、功能模块和数据字典，以及各类数据项的属性、格式符合标准化要求，保证不动产登记信息平台的规范性和一致性，为数字化转型奠定基础。

2. 数据标准化

不动产登记机构应按照《不动产登记数据库标准》（TD/T 1066-2021），逐步规范本地不动产登记数据标准，将本地系统数据标准、业务操作标准等按照国家标准进行规范化改造工作，保证了本地数据标准与国家数据标准的一致性。

不动产登记涉及与政务、民生、金融等部门的系统互联互通和资源共享。通过建立关键信息分类、采集、利用标准，确保信息的规范性和一致性。如不动产登记单元信息与住建、税务、评估、水电气部门的楼栋、房屋数据保持一致。

3. 业务协同标准化

登记与交易、税务、财政、水电气视网等部门，采用"一套综合业务标准、一张申请表、一并申请、一窗受理、任务分发、并联办理"模式，通过建立跨部门的标准化业务流程和协同机制，提升政务服务效率和协同管理能力。

4. 业务流程标准化

以申请、受理、审核、登簿、发放登记结果为主流程环节，以缮证、特殊流程（挂起）、延期、撤回申请、补充材料、驳回、不予登记、前置扫描、电子归档等为辅助环节，各环节功能按照业务类型采用标准化、规范化的通用功能，实现不同审制（一审、二审）、并案办理等功能、流程的组合叠加。

5. 线上服务标准化

依据权责清单的业务事项、材料等要求，统一网上服务标准，接入网上办事大厅，提供查询、预约、缴款、领取结果等标准化服务。网上申请方面，充分发挥政务服务网等公共入口作用，提供不动产登记+金融服务（点对点、省级总对总）、不动产登记+法院服务（点对点、省级总对总）、不动产登记+民生服务（点对点）、不动产登记+公安服务（省级总对总）、不动产登记交易和缴纳税费"一件事一次办"、不动产登记业务全流程网办等网上申请渠道；线上缴款方面，实现"税费一次缴清、后台清分"；发放登记结果方面，提供纸质证书邮寄、电子证照线上领取等服务。

6. 窗受理标准化

不动产登记业务纳入一窗综合服务受理范围，按行政确认事项"前台综合受理、后台分类审批、统一窗口出件"的要求，对接不动产登记系统和一窗综合服务受理平台，实现受（理）审（批）分离和业务办理信息实时上传。

7. 资源共享标准化

在国家标准化政务信息资源库基础上，依托电子证照库、一网共享等平台，采用总对总方式实现资源的共享利用。在信息化建设方面，通过总对总平台，规范政务信息共享方式和接口规范，降低数源、需求部门系统耦合度，提高系统接口运行保障工作效率，对同类共享需求采用"一个数据资源目录，多个部门复用"方式提高复用率。对于总对总平台暂未提供数据资源接口的，通过部门间点对点对接方式，实现相关数据资源共享。

8. 政务一体机自助服务标准化

依托政务一体机，应用身份认证能力，提供不动产登记资料查询、自助领证等服务，采用标准化接口，支撑后续的政务服务下沉社区工作。

（二）打造数据中台

不动产登记数字化转型是全方位的转型，而不仅仅只是在不动产登记业务"生产"领域的数字化转型，登记机构需要打造自己的数据中台，将分散在各个平台的大、零、散的数据汇聚到统一平台，实现与平台的数据联动，形成灵活有效的数据仓库，提供业务范围的全局数据视图，应对业务未来多变的数据分析需求，形成数据挖掘库、知识库和决策支持库。不动产登记机构以数据支撑及算法辅助打造数据中台，边缘端设备、业务系统数据整合，引入算法模型，以数据支撑业务开展。以数据驱动的方式感知不动产登记机构内外的运营态势；通过科学、具有前瞻性的洞察挖掘数据的价值，提供业务指引；通过算法模型帮助各层级的管理者或业务人员更好地作出响应。

（三）建立全链条数字化

不动产登记机构充分利用现有系统，纵向从基础抓起，完善数据采集，再到数据深化应用，最后到多部门协同；横向服务于不动产登记的全流程、全生命周期，从申请、受理、审核、登簿、税费、发证、档案管理、不动产登记资料查询，优化资源配置。从智能化生产、数据利用、远程运维、网络化协同、智能决策等方面赋能不动产登记，促进不动产登记数字化转型。

参考文献

[1] 自然资源部办公厅.关于印发不动产登记流程优化图的通知：自然资办发〔2019〕23号［A/OL］.（2019-03-17）.https：//gi.mnr.gov.cn/201903/t20190313_2398929.html.

[2] 自然资源部办公厅.关于转发中央编办修订整合不动产登记职责文件的通知：自然资办函〔2019〕1720号［A/OL］.（2019-09-30）.https：//www.mnr.gov.cn/gk/tzgg/201609/t20160908_1991497.html.

[3] 国土资源部 住房城乡建设部.关于房屋交易与不动产登记衔接有关问题的通知：国土资发〔2017〕108号［A/OL］.（2017-09-11）.https：//www.mnr.gov.cn/gk/tzgg/201709/t20170920_1992655.html.

[4] 中国人大网.中华人民共和国民法典［EB/OL］.（2020-05-28）［2021-01-01］.https：//flk.npc.gov.cn/detail2.html?ZmY4MDgwODE3MjlkMWVmZTAxNzI5ZDU-wYjVjNTAwYmY%3D.

[5] 国土资源部.土地利用现状分类：GB/T 21010—2017［S］.北京：中国标准出版社，2017：11.

[6] 国土资源部办公厅.关于规范不动产权籍调查有关工作的通知：国土资厅函〔2017〕1272号［A/OL］.（2017-08-24）.https：//g.mnr.gov.cn/201709/

t20170908_1585904.html.

［7］自然资源部.关于进一步做好地籍调查工作的通知：自然资发〔2023〕195号［A/OL］.（2023-10-10）.https：//gi.mnr.gov.cn/202310/t20231011_2802963.html.

［8］自然资源部.地籍调查规程：GB/T 42547—2023［S］.北京：中国标准出版社，2023：05.

［9］自然资源部.地籍调查基本术语：TD/T 1077—2023［S］.北京：地质出版社，2023：07.

［10］国家测绘局.房产测量规范：GB/T 17986—2000［S］.北京：中国标准出版社，2000：05.

［11］国家林业局.森林资源规划设计调查技术规程：GB/T 26424—2010［S］.中国标准出版社，2011：03.

［12］国家海洋局.海籍调查规范：HY/T 124—2009［S］.中国标准出版社，2009：04.

［13］中国人大网.中华人民共和国农村土地承包法［EB/OL］.（2018-12-29）[2019-01-01］.https：//flk.npc.gov.cn/detail2.html？ZmY4MDgwODE2ZjEzNWY0NjAxNmYyMTA0NTMxZjE3NzQ%3D.

［14］中国人大网.中华人民共和国城镇国有土地使用权出让和转让暂行条例［EB/OL］.（2020-11-29）[2020-11-29］.https：//flk.npc.gov.cn/detail2.html？ZmY4MDgwODE3NzdkMGM5NDAxNzdiOGMyZjU5ODM2NWQ%3D.

［15］国土资源部 中央编办 财政部 环境保护部 水利部 农业部 国家林业局.关于印发自然资源统一确权登记办法（试行）的通知：国土资发〔2016〕192号［A/OL］.（2016-12-20）.https：//g.mnr.gov.cn/201701/t20170123_1430383.html.

［16］自然资源部办公厅.关于印发自然资源确权登记操作指南（试行）的通知：自然资办发〔2020〕9号［A/OL］.（2020-02-14）.https：//gi.mnr.gov.cn/202002/t20200225_2499737.html.

［17］白楷卿.《民法典》背景下住宅小区车库车位的确权登记［J］.上海房地，2023（1）.

［18］国务院办公厅.关于完善建设用地使用权转让、出租、抵押二级市场的指导意见：国办发〔2019〕34号［A/OL］.（2019-07-06）.https：//f.mnr.gov.cn/201907/t20190719_2448422.html.

［19］国土资源部.闲置土地处置办法：国土资源部令第53号［A/OL］.（2012-06-

01).https：//g.mnr.gov.cn/201701/t20170123_1428747.html.

[20] 白楷卿.如何审慎审查建设用地使用权转移登记[J].中国不动产，2018（10）.

[21] 白楷卿.协商收回出让的建设用地如何办理注销登记[J].中国不动产，2020(11).

[22] 白楷卿.居住权登记及其几个相关问题[J].上海房地，2022（5）.

[23] 白楷卿.依职权撤销登记行政行为探析[J].中国不动产，2021（6）.

[24] 中国人大网.最高人民法院关于适用《中华人民共和国民法典》婚姻家庭编的解释（一）[EB/OL].（2020-12-29）[2021-01-01].https：//flk.npc.gov.cn/detail2.html?ZmY4MDgwODE3N2U3NWY4ODAxNzgwMDY3MzZmMjFhYWY%3D.

[25] 中国人大网.最高人民法院关于适用《中华人民共和国民法典》继承编的解释（一）[EB/OL].（2020-12-29）[2021-01-01].https：//flk.npc.gov.cn/detail2.html?ZmY4MDgwODE3N2U3NWY4ODAxNzgwMDZhMzA4NjFhYzM%3D.

[26] 中国人大网.最高人民法院关于适用《中华人民共和国民法典》物权编的解释（一）[EB/OL].（2020-12-29）[2021-01-01].https：//flk.npc.gov.cn/detail2.html?ZmY4MDgwODE3N2U3NWY4ODAxNzgwMDZlNWFlOTFhZTM%3D.

[27] 中国人大网.最高人民法院关于适用《中华人民共和国民法典》有关担保制度的解释[EB/OL].（2020-12-31）[2021-01-01].https：//flk.npc.gov.cn/detail2.html?ZmY4MDgwODE3N2U3NTdhYzAxNzgwMDc3ZDIyOTFiNzc%3D.

[28] 中国人大网.中华人民共和国土地管理法[EB/OL].（2019-08-26）[2020-01-01].https：//flk.npc.gov.cn/detail2.html?ZmY4MDgwODE2ZjNjYmIzYzAxNmY0NjI2OTAzNDI3ZmM%3D.

[29] 中国人大网.中华人民共和国土地管理法实施条例[EB/OL].（2021-07-02）[2021-09-01].https：//flk.npc.gov.cn/detail2.html?ZmY4MDgxODE3YjYzYjg5NTAxN2I3YjA3MWI2ODQzYzA%3D.

[30] 中国人大网.中华人民共和国城市房地产管理法[EB/OL].（2019-08-26）[2020-01-01].https：//flk.npc.gov.cn/detail2.html?ZmY4MDgwODE2ZjNjYmIzYzAxNmY0NjJjNmNjODI4MGM%3D.

[31] 中国人大网.中华人民共和国海域使用管理法[EB/OL].（2001-10-27）[2002-01-01].https：//flk.npc.gov.cn/detail2.html?MmM5MDlmZGQ2NzhiZjE3OTAxNjc4YmY2MTNlMzAyOTk%3D.

[32] 中国人大网.中华人民共和国契税法[EB/OL].(2020-08-11)[2021-09-01]. https：//flk.npc.gov.cn/detail2.html？ZmY4MDgwODE3MzZiYTc0MjAxNzNlNz-FlZjc1NjM3NTM%3D.

[33] 国家发展改革委 财政部关于不动产登记收费标准等有关问题的通知：发改价格规〔2016〕2559号[A/OL].(2016-12-06).https：//www.gov.cn/xinwen/2016-12/13/content_5146927.htm.

[34] 国土资源部办公厅.关于转发不动产登记收费有关政策文件的通知：国土资厅函〔2016〕2036号[A/OL].(2016-12-14).https：//g.mnr.gov.cn/201702/t20170204_1435224.html.

[35] 财政部 国家发展改革委.关于减免部分行政事业性收费有关政策的通知：财税〔2019〕45号[A/OL].(2019-05-08).http：//szs.mof.gov.cn/zt/mlqd_8464/2013yljfcs/201907/t20190702_3289114.htm.

[36] 国土资源部.关于启用不动产登记簿证样式(试行)的通知：国土资发〔2015〕25号[A/OL].(2015-02-15).https：//f.mnr.gov.cn/201703/t20170329_1447131.html.

[37] 自然资源部办公厅.关于不动产预告登记有关事项的函：[A/OL].(2020-09-30).https：//gi.mnr.gov.cn/202009/t20200930_2563306.html.

[38] 卢为民.我国土地二级市场存在的问题及其规范路径[J].城市问题,2015(3).

[39] 魏凌,成立.对深圳土地二级市场预告登记转让制度的思考：基于宁波和南宁的改革经验[J].中国房地产,2021(3).

[40] 万江波,丁永平,楼立明.土地二级市场政策新探：浙江省宁波市的探索与实践[J].中国土地,2018(11).

[41] 程啸,尹飞,常鹏翱.不动产登记暂行条例及其实施细则的理解与适用[M].北京：法律出版社,2016.

[42] 庄诗岳.中国式不动产物权期待权的批判与反思[J].河北法学,2021(11).

[43] 房绍坤,吕杰.创设预告登记制度的几个问题[J].法学家,2003(4).

[44] 熊敏瑞.债权物权化的预告登记制度[J].特区经济,2005(11).

[45] 程啸.论我国民法典中不动产登记制度的完善[J].法学杂志,2004(5).

[46] 谭启平.我国不动产物权登记制度的反思与构建[J].河北法学,2005(8).

[47] 朱琳.构建科学全面的预告登记制度[J].法制与经济,2009(10).

[48] 杨雪飞.预告登记制度比较考察[J].河北法学,2005(11).

[49] 谭峻.不动产登记制度评论[J].中国土地科学,2014(11).

[50] 程啸.我国法上预告登记客体的几个疑难问题[J].中国房地产,2011(3).

[51] 常鹏翱.预告登记制度的死亡与再生[J].法学家,2016(3).

[52] 金俭.不动产预告登记制度的搁浅与重启:以我国《民法典》颁行为契机[J].政治与法律,2020(12).

[53] 林梦笑.土地转让25%投资额限制条件的历史分析与制度创新[J].上海国土资源,2020(4).

[54] 李伟.不动产预告登记制度若干问题研究[J].改革与战略,2007(8).

[55] 李波.土地转让预告登记制度助力经济发展的思考[J].中国房地产,2023(4).

[56] 高轩,张洪荣.区域协作背景下飞地治理立法研究:以深汕特别合作区为例[J].江汉论坛,2020(3).

[57] 王璇,邬艳丽."飞地经济"空间生产的治理逻辑探析:以深汕特别合作区为例[J].中国行政管理,2021(2).

[58] 叶佳.推进信息数据共享 提升不动产登记效率[J].中国房地产,2020(32).

[59] 陶倩.浅谈不动产登记大数据分析与应用[J].中国房地产,2019(36).

[60] 司法部网(国家行政法规库).不动产登记暂行条例[EB/OL].(2024-03-10).http://xzfg.moj.gov.cn/front/law/detail?LawID=1717&Query=%E4%B8%8D%E5%8A%A8%E4%BA%A7%E7%99%BB%E8%AE%B0%E6%9A%82%E8%A1%8C%E6%9D%A1%E4%BE%8B.

[61] 自然资源部网.不动产登记暂行条例实施细则[EB/OL].(2024-03-21).https://f.mnr.gov.cn/201908/t20190813_2458553.html.

[62] 自然资源部.不动产登记规程:TD/T 1095—2024[S].北京:地质出版社,2024:09.

[63] 国土资源部.关于做好不动产权籍调查工作的通知:国土资发〔2015〕41号[A/OL].(2015-03-30).https://www.mnr.gov.cn/gk/tzgg/201505/t20150504_1991473.html.

[64] 自然资源部.不动产登记信息管理基础平台接入技术规范:TD/T 1079—2023[S].

北京：地质出版社，2023：10.

［65］国家标准化管理委员会.中华人民共和国行政区划代码：GB/T 2260—2007［S］.北京：中国标准出版社，2008：01.

［66］国家标准化管理委员会.基础地理信息要素分类与代码：GB/T 13923—2006［S］.北京：中国标准出版社，2011：01.

［67］自然资源部.关于印发《国土空间调查、规划、用途管制用地用海分类指南》的通知：自然资发〔2023〕234号［A/OL］.（2023-11-22）.https://gi.mnr.gov.cn/202311/t20231124_2807521.html.

［68］国家海洋局.海域使用分类体系：HY/T 123—2009［S］.北京：中国标准出版社，2009：05.

［69］易明，冯翠翠，莫富传等.政府数据资产的价值发现：概念模型和实施路径［J］.电子政务，2022（1）.

［70］白楷卿.基于内外部需求的不动产登记统计体系构建［J］.中国房地产，2021，（10）.

［71］白楷卿.不动产登记统计数据的深度应用［J］.上海房地产，2021（11）.

［72］白楷卿.论不动产登记数据监管分析系统的建设和应用：全国不动产登记实务研究（2022）［M］.天津：天津科学技术出版社，2022.

［73］白楷卿.不动产登记+金融服务助力提升服务能力和服务水平［J］.中国不动产估价与登记，2023，（10）.

［74］中央人民政府网.国务院关于印发政务信息资源共享管理暂行办法的通知［EB/OL］.（2016-09-05）.http://www.gov.cn/gongbao/content/2016/content_5115838.htm.

［75］中国新闻网.贵州率先出台政府数据资产管理登记办法［EB/OL］.（2017-07-14）.https://www.chinanews.com.cn/gn/2017/07-14/8278139.shtml.

［76］胡昱，王煜慧，张相文.数据资产管理体系及其新产业机遇［J］.软件，2017，38（10）.

［77］宋晶晶.政府治理视域下的政府数据资产管理体系及实施路径［J］.图书馆，2020，（9）.

［78］深圳市人大网.深圳经济特区数据条例［EB/OL］.（2021-07-06）［2022-01-01］.

https://www.szrd.gov.cn//v2/zx/szfg/content/post_966173.html.

［79］宋锴业，徐雅倩，陈天祥等.政务数据资产化的创新发展［J］.电子政务，2022（1）.

［80］张莹光，李彦，张菲菲.不动产登记数据资源建设研究［J］.中国房地产，2021（5）.

［81］自然资源部.不动产登记数据库标准：TD/T 1066—2021［S］.地质出版社.2021：10.

［82］夏义堃，管茜.政府数据资产管理的内涵、要素框架与运行模式［J］.电子政务，2022（1）.

［83］Ruppert E，Isin E，Bigo D.Data politics［J］.Big Data & Society，2017，4（2）.

［84］陶倩.浅谈不动产登记大数据分析与应用［J］.中国房地产，2019（36）.

［85］张潆文，吴春岐，李裕瑞.不动产登记大数据分析应用的时代价值［J］.中国房地产，2017（25）.

［86］自然资源部办公厅.关于印发《"互联网＋不动产登记"建设指南》的通知：自然资办函〔2020〕1355号［A/OL］.（2020-07-24）.https：//gi.mnr.gov.cn/202007/t20200729_2534784.html.

［87］中央人民政府网.国务院关于在线政务服务的若干规定［EB/OL］.（2019-04-26）.https://www.gov.cn/gongbao/content/2019/content_5389312.htm.

［88］中国人大网.优化营商环境条例［EB/OL］.（2019-10-22）[2020-01-01].https：//flk.npc.gov.cn/detail2.html?ZmY4MDgwODE2ZjNjYmIzYzAxNmY0MTQ3YzQ4MjFmZjE%3D，2019-10-22.

［89］自然资源部关于全面推进不动产登记便民利民工作的通知：自然资发〔2018〕60号［A/OL］.（2018-07-31）https：//www.mnr.gov.cn/gk/tzgg/201808/t20180802_2187031.html.

［90］国土资源部办公厅.关于印发《压缩不动产登记时间实施方案》的通知：国土资厅函〔2017〕585号［A/OL］.（2017-04-15）.https：//g.mnr.gov.cn/201705/t20170502_1506573.html.

［91］自然资源部 国务院国有资产监督管理委员会 国家税务总局 国家金融监督管理总局.关于进一步提升不动产登记便利度促进营商环境优化的通知：自然资发

〔2024〕9号［A/OL］.（2023-12-21）.https：//gi.mnr.gov.cn/202402/t20240201_2836868.html.

［92］邹璐，张涛.信阳市：数据赋能打造智慧不动产［J］.资源导刊，2023（4）.

［93］冯颖，方君天."云"端服务"智"取民心：杭州市富阳区创新探索不动产改革之路［J］.浙江国土资源，2022（5）.

［94］李大龙.以数字化助力政务服务提质增效——《广东省政务服务数字化条例》解读［J］.人民之声，2024（3）.

［95］王鹏.数字化转型视角下的政府服务能力建设：以江西省为例［J］.中国商论，2024（9）.

［96］邵祥东，高宇航.数字政府的创新：社保经办数字化转型的困境与对策［J］.科技创业月刊，2024（5）.

［97］刘倍贝.政府全面推进数字化转型的实践与探索［J］.中国管理信息化，2024（6）.

［98］白楷卿.《不动产登记规程》为不动产登记的标准化、标范化保驾护航［J］.中国不动产估价与登记，2024，（09）.

附　录

《不动产登记规程》的亮点、创新与探讨

《不动产登记规程》（TD/T 1095-2024）（以下简称《登记规程》）于2024年9月1日正式实施，它是我国制定并发布实施的第一部关于不动产登记的行业标准，也是全国不动产登记行业内统一的技术要求。《登记规程》是在2016年原国土资源部制定并印发的《不动产登记操作规范（试行）》（以下简称《登记操作规范》）基础上，经过各地近些年的不动产登记实践，总结出实践中行之有效的经验和好的做法，并根据法律法规政策的变化制定出的一个行业标准。

《登记规程》的实施必将推动我国不动产登记工作的合法合规、规范化和标准化，必将为行业发展带来深远影响，是不动产登记行业的一件大事，全行业都需要认真学习和贯彻落实，并在实际工作中按照规程要求办理业务。

附 录

一、《登记规程》的亮点、创新和变化

《登记规程》作为不动产登记行业第一部标准，不但肩负着不动产登记标准化、规范化的重任，同时还有落实法律法规规章的实施以及贯彻落实国家、自然资源部政策文件的作用。《登记规程》将有关最新法律法规规章，以及国务院办公厅、自然资源部、农业农村部等部门对在线政务服务、优化营商环境、压缩不动产登记办理时限、信息共享、不动产预告登记、"带押过户"、地籍调查、林权登记、土地承包经营权登记、农村集体土地确权登记、宅基地和集体建设用地使用权确权登记等方面的政策在《登记规程》中予以体现，有诸多亮点和创新之处值得称道。

（一）《登记规程》与《登记操作规范》相比，为适应互联网＋不动产登记的要求，新增了在线申请、在线受理、部门间信息共享、电子申请材料、电子签名和电子印章、电子不动产权证书证明、在线不动产登记资料查询等方面的相关规定

申请环节，增加了申请人在线申请不动产登记的有关规定，明确了在线申请通过身份认证系统进行实名认证。同时还规定，涉及处分的申请事项，可通过人脸识别、指纹、声纹等各类生物特征信息或者在线录音录屏、不动产登记机构工作人员"互联网＋见证"等方式核验、核实。

受理环节，《登记规程》新增了有关部门信息共享、人脸识别的有关规定。新增了"一窗受理、并行办理"的相关规定，使不动产登记与税收征管等系统无缝衔接，从而压缩办理时间，降低办理成本。

在不动产登记资料管理方面，为适应不动产登记＋互联网的发展，以

财产保护与不动产登记

及不动产登记数字化转型，《登记规程》新增一节"电子资料管理"，更加注重IT技术对电子资料的作用，此为《登记规程》修改最大的章节。与《登记操作规范》相比，《登记规程》增加了电子资料的形式规定，对电子资料的形成、办理、传输和存储作了专门规定，并专为电子资料的销毁作出规定。《登记规程》规定了登记机构能够获取符合要求的电子申请材料，不再收取相应纸质材料。《登记规程》增加了公告文书、受理凭证、不予受理告知书、不予登记告知书等不动产登记相关文书应加盖不动产登记专用章的表述，还规定了印章可采用电子印章形式，进一步明确了电子印章在不动产登记中的效力。

（二）《登记规程》依法新增了部分权利登记和登记类型

《登记规程》新增了土地承包经营权登记、土地经营权登记。最大亮点是将土地承包经营权登记、土地经营权登记当做两类不同的用益物权对待，厘清了两者在登记实务上的区别和联系，对两者的首次、转移、变更、注销登记的适用、申请材料、审核要点做出明确的规定，这是为了与《民法典》《农村土地承包法》的有关规定相统一，是一个创新。

《登记规程》新增了国有农用地使用权登记、林权登记。国有农用地的使用权登记权利类型只有一种，登记类型也分首次、转移、变更、注销四种，每种有不同的适用情形和申请材料，国有农用地使用权登记属小众业务，业务量较少，不作重点了解。林权登记则是不动产统一登记后，按照《森林法》、《自然资源部办公厅 国家林业和草原局办公室关于进一步规范林权类不动产登记做好林权登记与林业管理衔接的通知》（自然资办发〔2020〕31号）、《中共中央办公厅 国务院办公厅印发〈深化集体林权制度改革方案〉》有关文件的要求依法明确登记权利类型。林权登记是不动产统一登记后由不动产登记部门统一实施的一项权利登记，现有登记机构多数登记人员从事房地产登记，登记人员对林权登记不是很熟悉，需要深入学习，掌握要领。

《登记规程》新增了居住权登记。居住权是《民法典》新增的一项用益物权，通过合同、遗嘱、生效法律文书设立，居住权自登记设立。居住权有首次登记、变更登记和注销登记，无转移登记。设立居住权的不动产是已经依法登记、房屋登记用途是为住宅；居住权人应为自然人，不能是法人、非法人组织；申请居住权的不动产不能存在查封、预告登记等限制情形；居住权不能重复设立。《登记规程》对居住权设立的适用情形规定了按照合同的约定、遗嘱或者人民法院的生效法律文书设立居住权的，当事人应向不动产登记机构申请居住权首次登记。

《登记规程》根据《民法典》《不动产登记暂行条例》《不动产登记暂行条例实施细则》等法律法规规章的规定及部有关文件要求，新增了抵押不动产的转移登记（即"带押过户"），是为了落实《民法典》的有关规定，其政策依据为《自然资源部关于做好不动产抵押权登记工作的通知（自然资发〔2021〕54号）》。

（三）《登记规程》基于助力构建一流营商环境、便民利民的目的，对不动产登记申请主体、申请材料、办理流程等方面进一步优化

对不动产登记机构可以实地查看的适用情形，《登记规程》删除了"房屋等建筑物、构筑物所有权首次登记"情形，意味着此类业务将无需实地查看，取消了不在办理时限内的不必要环节，进一步方便了办事企业和群众。

财产保护与不动产登记

不动产首次登记公告情形,《登记规程》删除了"土地承包经营权"的情形,增加了"林权(地籍调查或者合同签订时已公告公示的除外)"。

为解决实务中经常遇到的开发建设单位人走楼空,小业主无法办证的问题,对可以单方申请的情形,《登记规程》增加了"因法人或者非法人组织合并、分立等原因申请不动产转移登记且原权利人消灭的"情形。

《登记规程》对预告登记情形增加了"签订其他不动产物权的协议"。申请材料中,"预购商品房的,提交商品房预售合同",删去了"已备案的商品房预售合同",不再要求预告登记需商品房预售合同备案。

《登记规程》在对异议登记注销的申请主体上,除了异议登记申请人外,还增加了不动产权利人,扩大了申请异议登记注销的主体范围。

《登记规程》规定,抵押权人放弃抵押权的,可由抵押权人单方申请抵押权注销登记。而将主债权消灭的、抵押权已经实现的或者人民法院、仲裁机构生效法律文书致使抵押权消灭的,可由抵押权人或者抵押人申请,增加了申请主体的可选择性。《登记操作规范》只将抵押权人放弃抵押权、主债权消灭规定为可由抵押权人单方申请。《登记规程》扩大了抵押权注销登记可由抵押人单方申请的范围。

为了解决未经首次登记的不动产依生效法律文书转移登记的问题,《登记规程》规定,对未办理首次登记的不动产,具备首次登记条件的,不动产登记机构应按照人民法院生效法律文书和协助执行通知书,一并办理首次登记和转移登记或者首次登记和查封登记。

《登记规程》新增了"因登记原因文件无效或者登记被撤销"而依申请或由不动产登记机构直接办理更正登记的有关内容。规定人民法院、仲裁机构的生效法律文书撤销登记原因文件或者认定登记原因文件无效的,不动产权利人和利害关系人可凭生效法律文书申请更正登记,除已办理涉及不动产权利处分的登记、预告登记、查封登记外，不动产登记机构予以更正。行政复议或者行政诉讼中撤销不动产登记行为的，除已办理涉及不动产权利处分的登记、预告登记、查封登记外，不动产登记机构直接予以更正登记。

《登记规程》删去了不动产权证书或者不动产登记证明遗失、灭失，不动产权利人申请补发，由不动产登记机构在其门户网站上刊发不动产权利人的遗失、灭失声明15个工作日后再向申请人补发新的不动产权证书或者不动产登记证明的有关规定，更加方便了办事群众，提高了效率。

《登记规程》在"不予登记"章节，删除了《登记操作规范》中不予登记的"未依法缴纳土地出让价款、土地租金、海域使用金或者相关税费的"情形，更加注重不动产登记的合法性。

《登记规程》在"国有建设用地使用权及房屋所有权转移登记审查要点"与《登记操作规范》相比，删去了"设有抵押权的，是否已经办理抵押权注销登记"的相关表述，这是为了落实《民法典》第406条"抵押期间，抵押人可以转让抵押财产。当事人另有约定的，按照其约定。抵押财产转让的，抵押权不受影响。抵押人转让抵押财产的，应当及时通知抵押权人"的相关规定，也是为了落实《自然资源部 中国银行保险监督管理委员会关于协同做好不动产"带押过户"便民利企服务的通知》（自然资发〔2023〕29号）的政策精神。但是，值得注意的是，在《民法典》实施前设立的抵押权，抵押人转让抵押财产应征得抵押权人同意，而不是只通知。

（四）《登记规程》修改部分表述，与相关规定相衔接

地籍调查的有关内容依据《地籍调查规程》（GB/T 42547-2023）及部

财产保护与不动产登记

有关地籍调查的文件规定重新表述，改"权籍调查"为"地籍调查"，并新增了应当补充开展地籍调查、地籍调查应用范围等有关内容。

《登记规程》将"共同申请"改为"共有不动产的申请"，指代更明确，原"共同申请"可以理解为权利人和义务人共同申请，也可以理解为多个权利人和义务人时的共同申请。

宅基地使用权及房屋所有权登记首次登记的材料与《登记操作规范》相比更加细化。如，明确了"房屋符合规划或者建设的相关材料"指的是"农村宅基地和建房（规划许可）验收意见表等"。

集体建设用地使用权及建筑物、构筑物所有权登记首次登记的适用范围、申请材料与《登记操作规范》相比，明确了两类集体建设用地的登记，即集体公益性建设用地和集体经营性建设用地，这是与《土地管理法》《土地管理法实施条例》的有关规定相衔接。相应地，集体经营性建设用地登记原因文件也分为出租、出让两种，集体经营性建设用地的出租与一般意义上的房地产出租不同，应符合《土地管理法》《土地管理法实施条例》的相关规定。

抵押权登记与《登记操作规范》相比，抵押财产范围增加了"土地经营权"。不得办理抵押权登记的财产范围删除了"耕地"，增加了"自留地、自留山等集体所有的土地使用权"。将"事业单位、社会团体"修改为"非营利法人"，在教育设施、医疗卫生设施和其他社会公益设施外增加"养老设施"。与《登记操作规范》相比，审查要点对在建建筑物抵押的，抵押财产不包括已经办理预告登记的预购商品房，删除了"已办理预售合同登记备案的商品房"；增加了对通过流转取得的土地经营权申请抵押权首次登记，需承包方书面同意，通过流转取得的耕地、水域、滩涂上的土地经营权抵押的，还应审查是否已向发包方备案。《登记规程》对抵押权变更登记情形新增了"不动产坐落发生变化""最高额抵押担保的债权确定""不动产发生转移导致抵押人发生变化""禁止或者限制转让抵押不动产的约定发生变化"四种情形。

海域使用权及建筑物、构筑物所有权登记《登记规程》变化主要在首次登记和注销登记。一是首次登记情形增加了海域立体分层设权,相应申请材料增加了海域立体分层设权示意图;审核要点删去了海域使用权及建筑物、构筑物所有权首次登记实地查看的有关要求;二是注销登记情形增加了"海域使用权期限届满未续期或者申请续期未获批准"、"依法收回海域使用权"两种情形,相应地申请材料也做了相应增加。

地役权登记《登记规程》主要是在个别条款的增补。地役权首次登记申请材料增加了"土地上已经设立土地承包经营权、建设用地使用权、宅基地使用权等用益物权的,还应提交用益物权人同意的书面材料",《登记操作规范》并无此项规定。这就意味着,设立地役权,如不动产上已设有其他权利负担,须有条件设立(即应取得其他用益物权人的书面同意),包括申请材料和审核都要遵循此原则,这是地役权设立的最大变化之处。

查封登记《登记规程》作了微调。一是对查封机关,增加了"国家安全、监察、公安、税务等国家有权机关"。二是嘱托材料删除了"执行公务的证明文件"。人民法院查封的,除了"查封或者预查封的协助执行通知书"外,增加了"裁定书副本";嘱托文件所述查封事项记载新增"不动产单元号"。三是不动产登记机构认为登记事项存在异议的,可向嘱托机关提出审查建议,并按相关规定继续或者暂缓办理登记。此处为最大的变化。《登记操作规范》对此的规定是,"不动产登记机构认为登记事项存在异议的,不动产登记机构应当办理查封登记,并向嘱托机关提出审查建议。不动产登记机构审查后符合登记条件的,应即时将查封登记事项记载于不动产登记簿。"意味着登记机构并无暂缓办理登记的权限，只能无条件协助执行，只有权提出审查建议，查封机关如不理还要继续办。四是，新增规定了轮候查封转查封、续封。查封注销适用情形新增"查封的不动产被依法全部处理的，排列在后的轮候查封自动失效。"一般指被查封财产解除查封后被拍卖等，物权已转移，其上所有的权利限制均已自然解除。

二、《登记规程》值得商榷之处

（一）《登记规程》仍允许不动产登记证书证明填制错误可以通过换发的方式换证

实务中，目前全国各地基本已全部使用登记系统办理登记业务，证书证明错误基本都是因为系统数据错误或者登记簿错误，不能简单地通过换发证书换证，不宜提倡通过修改系统数据的方式代替更正登记，此种情况似应按更正登记程序办理更为妥当。

（二）《登记规程》对不动产登记资料查询的规定太过简略

《登记规程》对不动产登记资料查询的条款主要是依据《不动产登记资料查询暂行办法》的规定所作的修订，但是精华部分并未完全吸收。如权利人查询（包括可视为权利人的主体）、利害关系人查询（又分为能提供利害关系材料、不能提供利害关系材料）、委托人查询、利害关系人委托的律师查询等，各种查询主体适用的查询条件和可查询的内容并不相同，《登记规程》并未区分。

（三）《登记规程》部分规定与现行行政法规和规章的规定不一致

《登记规程》的部分规定与《不动产登记暂行条例》《不动产登记条例实施细则》的规定不一致。如《登记规程》对实地查看的适用情形，删除了"房屋等建筑物、构筑物所有权首次登记"情形；《登记规程》删除了首次登记公告情形中"土地承包经营权首次登记"情形；《登记规程》规定，处分被监护人不动产申请登记的，应由全部监护人共同申请，还应出具监护人为被监护人利益而处分不动产的书面保证。

（四）《登记规程》对国有建设用地使用权及房屋所有权注销登记的情形仍不完善

《登记规程》关于国有建设用地使用权及房屋所有权注销登记的情形与《登记操作规范》相比并无变化，但是仍然对土地使用权注销登记的一种情形未明确，即出让方与受让方通过协议的方式，受让方自愿交回，出让方有偿收回。此种情形应按注销登记的哪种情形办理，《登记规程》未明确。

（五）《登记规程》对土地经营权的抵押权登记的有关规定不完整

与《登记操作规范》相比，《登记规程》在抵押权首次登记部分，申请材料增加以土地经营权抵押时还应视土地经营权取得的方式不同提交承包方同意的书面材料或发包方备案材料。土地经营权可通过流转取得，也可通过招标、拍卖、公开协商等其他方式取得，各自的适用对象不同。一种对象是家庭承包方式的耕地、水域、滩涂等农村土地，其首次取得的是土地承包经营权，流转后取得的就是土地经营权；另一种是不宜采取家庭承包方式的荒山、荒沟、荒丘、荒滩等农村土地，通过招标、拍卖、公开协商等方式取得的就是土地经营权，这种再次流转还是土地经营权。但是，此处与土地经营权登记的衔接做得不好，没有说清楚哪些需要承包方同意，哪些需要发包方备案。《自然资源部关于印发〈土地承包经营权和土地经营权登记操作规范（试行）〉等文件的通知》（自然资发〔2022〕198号）有专门的章节规定土地经营权抵押权登记，比《登记规程》的规定更为清晰，《登记规程》并未完全吸收。《文件》规定"通过流转取得的土地经营权办理抵押登记的，还需提供承包方同意的书面材料和发包方备案材料。"《登记规程》将此进一步明确为"通过流转取得的耕地、水域、滩涂上的土地经营权抵押的，还应提交发包方备案材料。"对象和主体都进一步缩小。

（六）《登记规程》有关登记原因文件无效或者登记被撤销办理更正登记的规定与更正登记章节没有很好地衔接

《登记规程》规定，人民法院、仲裁机构的生效法律文书撤销登记原因文件或者认定登记原因文件无效的，不动产权利人和利害关系人可凭生效法律文书申请更正登记，除已办理涉及不动产权利处分的登记、预告登记、查封登记外，不动产登记机构予以更正。行政复议或者行政诉讼中撤销不动产登记行为的，除已办理涉及不动产权利处分的登记、预告登记、查封登记外，不动产登记机构直接予以更正登记。

此规定特指当登记原因文件无效或者登记被撤销时应办理更正登记，只是可以分情形由不动产权利人和利害关系人申请更正登记，或者由不动产登记机构直接予以更正登记。该规定不认可地方通过立法确认的不动产撤销登记，意味着以往地方办理的撤销登记应按更正登记办理，但是，在《登记规程》的更正登记章节对更正登记的适用，却删去了《登记操作规范》规定的"人民法院、仲裁委员会生效法律文书等确定的不动产权利归属、内容与不动产登记簿记载的权利状况不一致的，当事人可以申请更正登记"，只适用"权利人、利害关系人认为不动产登记簿记载的事项有错误"，这样就造成了前后表述矛盾。更正登记章节似可按依申请、依职权和依嘱托三种方式办理，不动产权利人和利害关系人申请更正登记的，依申请办理更正登记；行政复议或者行政诉讼中撤销不动产登记行为的，登记机构可依职权或依嘱托办理更正登记，这样的更正登记才更完整。